湖北师范大学学术著作资助出版基金
湖北省重点培育学科：湖北师范大学应用经济学学科
湖北省人文社科重点研究基地：资源枯竭城市转型与发展研究中心
资助出版

产业发展与黄石市生态城镇化的实现研究

李福安　肖六亿　郑　凯　等◎著

中国社会科学出版社

图书在版编目(CIP)数据

产业发展与黄石市生态城镇化的实现研究/李福安等著.—北京:
中国社会科学出版社,2019.4
ISBN 978 - 7 - 5203 - 4295 - 7

Ⅰ.①产… Ⅱ.①李… Ⅲ.①产业发展—关系—生态城市—
城市化—研究—黄石 Ⅳ.①F127.633②F299.276.33

中国版本图书馆 CIP 数据核字(2019)第 068437 号

出　版　人　赵剑英
责任编辑　郭　鹏
责任校对　刘　俊
责任印制　李寡寡

出　　　版　中国社会科学出版社
社　　　址　北京鼓楼西大街甲 158 号
邮　　　编　100720
网　　　址　http://www.csspw.cn
发　行　部　010 - 84083685
门　市　部　010 - 84029450
经　　　销　新华书店及其他书店

印　　　刷　北京明恒达印务有限公司
装　　　订　廊坊市广阳区广增装订厂
版　　　次　2019 年 4 月第 1 版
印　　　次　2019 年 4 月第 1 次印刷

开　　　本　710×1000　1/16
印　　　张　18.5
插　　　页　2
字　　　数　275 千字
定　　　价　80.00 元

序　言

　　党的十八大做出"大力推进生态文明建设"的战略决策意义十分重大。原始社会之后，人类社会的文明发展大致经历了农业文明和工业文明两个阶段，目前正处于从工业文明向生态文明过渡的历史阶段。党的十八大从新的历史起点出发，提出建设生态文明，这不仅是面对资源约束趋紧、环境污染严重、生态系统退化的严峻形势，实现我国经济和社会转型发展和新型城镇化的必由之路，更是关系人民福祉、关乎民族未来，事关"两个一百年"奋斗目标实现的长远大计。2012 年底党中央经济工作会议进一步提出，把生态文明理念和原则全面融入城镇化全过程，走集约、智能、绿色、低碳的新型城镇化道路。按照党中央关于建设生态文明的要求，这条绿色、低碳的新型城镇化道路，也就是生态城镇化的可持续发展道路。

　　生态城镇化是将新型城镇化与生态文明建设相融合，以实现生态环境可持续发展基础上的经济、社会、资源的可持续发展为目的，以生态产业化为动力，以生态平衡、统筹兼顾、协同发展、差异发展为原则，走科学发展、集约高效、功能完善、环境友好、城乡一体、大中小城市和小城镇协调发展的城镇化。生态城镇化代表了城镇未来的发展方向，是实现城镇可持续发展的有效途径，是对新型城镇化的进一步深化。

　　党中央关于"生态文明建设"的战略决策提出以来，全国各地区从本地实际出发，纷纷制定了"生态立省""生态立市""生态立县"的发展战略。2013 年 9 月，黄石市提出"生态立市、产业强市，加快建成鄂东特大城市"的发展战略。湖北省黄石市地处鄂东南,位于长江中游南岸,下辖黄石市市区、大冶市和阳新县三个行政区,市域总面积4582.9平方千米,2015年常住人口245.8万人,其中城镇人口150.68万人,城镇化率61.3%;全体居民人均可支配收入21205元,其中城镇居民人均可支配收入27536元,农村常住居民人均可支配收入12004元。黄石市号称"青铜古都""钢铁摇篮""水泥故乡",是我国中部地区重要的原材料工业基地和国务院确定的全国资源枯竭型城市。

如何通过产业发展实现资源枯竭城市的"生态立市"即生态城镇化,这是随着我国经济社会发展进入"生态文明建设"新阶段而出现的一个新课题。本书以国务院确定的资源枯竭城市之一的湖北省黄石市为例,研究资源枯竭城市"生态立市、产业强市"的发展战略;新型工业化、服务业、现代农业、生态产业发展对生态城镇化的积极作用、有利条件、不利条件和对策;大冶市资源枯竭城市经济转型中的主导产业选择、生态产业发展、生态环境与经济协调发展和阳新县小城镇经济协调发展。资源枯竭城市实施"生态立市、产业强市"战略,实现生态城镇化,有利于污染治理、可持续发展、促进经济结构优化以及生态文明建设,具有发展机遇、自然资源、产业基础、经济区位优势和政策支持等有利条件,也存在产业比例不协调、产业转型压力大、产业发展层次不高、环境污染严重、财政负担重等不利条件。促进资源枯竭城市产业发展与生态城镇化,需要加快资源枯竭城市产业转型和优化升级,提升产业综合竞争力,加大环境污染治理力度,修复生态环境,加强环境保护。

本书由李福安负责总体结构设计与各章结构设计,指导各章的研究与撰写,肖六亿、郑凯协助参与部分章节的指导。初稿完成后,由李福安最后进行统稿定稿。各章执笔如下:序言(李福安、肖六亿)、第一章(王紫薇)、第二章(王重)、第三章(李萍萍)、第四章(李志荃)、第五章(黄小雨)、第六章(罗敏)、第七章(余怡莹)、第八章(岳苗玲)、第九章(王钰)、第十章(付丽)、第十一章(翁亚兰)、

第十二章（周怡馨）、第十三章（宋晓颖）、第十四章（陈晓艳）。

　　受研究水平和资料条件等方面的限制，本书难免有不妥之处，欢迎读者不吝赐教，提出宝贵的批评意见。

李福安、肖六亿、郑凯

2017 年 8 月 30 日于黄石市

目　　录

第一章 黄石市"生态立市"研究

本章提要：黄石市实施"生态立市"战略，有利于污染治理、可持续发展，可以促进经济结构优化以及生态文明建设；具有发展机遇、自然资源、产业基础、经济区位优势以及政策支持等有利条件，取得了一定的发展成效，但同时也存在环境污染严重、产业比例不协调、财政负担重和生态文明制度建设滞后等问题。促进黄石市"生态立市"，需要加大环境污染治理力度，保护修复生态环境；加快服务业发展，促进产业协调；发挥区位优势，引进外来资金；加强监管，建立和健全生态文明制度。

第一节 引言

作为湖北省的老工业基地和资源型城市的黄石市，因矿建厂、因厂建市，采矿经济给这座城市带来辉煌，也留下了巨大的生态赤字。因过度开采资源、依赖重工业的发展，导致资源趋于枯竭，工业发展步入瓶颈，黄石市于2009年被国家批准为第二批资源枯竭型城市转型试点，亟待寻找新的发展出路。历经几年的探索，2013年9月，黄石市提出"坚持生态立市、产业强市，加快建成鄂东特大城市"战略。黄石市"生态立市"的目标包括两个方面：第一，是经济发展生态化；第二，是生活消费生态化，本研究主要从黄石市生态经济发展的角度进行分析。

经过"十二五"以来的经济转型，黄石市"生态立市"取得了一定的成效，产业规模明显壮大、产业竞争能力增强、产业集群式发展加快、产业效益质量有提升、产业绿色发展明显推进；生态环境保护工作取得积极进展，黄石市国家森林城市和国家生态城市创建工作不断深入，"绿满黄石"的城市绿化工作快速推进，中心城区全年空气优良天数稳步提升，污染企业减排任务超额完成，湖泊治理扎实推进，为黄石市经济社会快速发展和民生改善提供了环境支撑。但是，黄石市在"生态立市"进程中仍存在一些问题：企业发展中污染仍较为严重、资源利用仍偏粗放型、产业比例不协调、政府财政负担重以及生态文明制度建设滞后。对此加以研究，寻找解决问题的对策，无疑有利于黄石市更好地实现"生态立市"。

第二节 相关理论概述

一 可持续发展理论

可持续发展理论来自于 20 世纪六七十年代，以全球气温变化、人口剧增、资源短缺、环境污染等为主的生态与环境问题，成为人类社会关注的焦点。在《我们共同的未来》报告中提出了可持续发展的定义："既满足当代人的需求，又不对后代满足其需要的能力构成危害的发展"，受到了世界各国政要和舆论的极大关注。在人类可持续发展的进程中，经济可持续是基础，环境可持续是条件，社会可持续才是最终目的。可持续发展最重要的两个原则为公平性原则和共同性原则。公平性原则即为代际公平和代内公平。要在不损害让后代人享有与当代人同等的甚至更多的生存机会的权利又要使同代人中的不同阶层的人们拥有同等的、不受歧视的发展待遇。共同性原则是呼吁世界各国共同承担促进经济社会可持续发展的责任。可持续发展理论主要体现在：人与自然的和谐；发展与环境的和谐；经济效应与社会效应的统一。人类共同追求的应当是以人为核心的经济、环境、社会的持续、稳定、健康的发展，这符合"生态立市"的要求。黄石市实施"生态立市"战略就是要强调可持续发展，因此需要可持续发展理论的指导。

二 生态经济理论

生态经济理论主要研究经济系统和生态系统之间的相互作用，探讨经济活动符合生态和经济规律的要求，是在资源节约、环境保护和经济发展需要的过程中实现经济的持续健康发展，最大限度地节约资源和保护环境。其本质是探索经济、社会和生态复合系统的发展规律，为环境保护、资源节约和经济发展提供理论支撑和措施建议。城市生态经济是指通过满足城市经济的发展，充分高效利用自然资源物质，在环境承载范围内满足社会的进步和经济的增长。总体来说，城市生态经济要求时、空、质与量的协调发展。在时间方面，要求生态与经济两种效益同步协调与发展，而不是"先污染而后治理"的理念；在空间方面，要求生态经济发展在地域上分布协调与和谐，充分利用各地域的优越禀赋、加强横向的优缺互补，使资源在空间范围内融合；在质态方面，要求生态经济在本质上相统一，实现技术、资源、经济、环境和人口的良性循环；在量态方面，主要是人类对自然的开发有一个合理的承载力的度，对自然的开发不能超过阈限，否则将严重破坏生态系统。黄石市"生态立市"要遵从时、空、质和量的协调发展，因此，生态经济理论对黄石市"生态立市"提供了理论支持。

三 产业经济理论

产业经济理论是以产业分析理论和产业政策实践为背景的一门新兴的应用经济学，是现代经济学理论的重要组成部分。产业经济理论探讨产业内部各企业之间相互作用关系的规律、产业本身的发展规律、产业与产业之间互相联系的规律以及产业在空间区域中的布局规律等。主要包括产业结构、产业组织、产业发展、产业布局和产业政策等五个部分。通过研究产业经济理论，为国家制定国民经济发展战略，为制定的产业政策提供最基本的经济理论依据。产业经济理论具有四个特点：①突出重点——核心理论是"三论"，即规律论、结构论、组织论；②突出宽口径原则——以宏观理论为指导；③突出科学发展观；④突出和谐发展——生态经济的发展要贯穿到第一、第二、第三产业，要准确把握产业现状，合理制定出产业政策，优化产业布局，积极高效地维护产业安全。这种发展也要用产业经济的相关理论来优化产业布局，调整产业结构。因此，产业经济理论为黄石市生态经济创新式发展提供了理论支持。

第三节　黄石市"生态立市"的积极作用

一　"生态立市"促进环境污染治理

生态城市是经济、社会、文化、自然等多方面高度协调发展的新型社会关系，是人与自然的和谐共生。黄石市走城市建设生态化发展道路，必然要对污染进行治理，对环境进行改善，以实现人与自然的和谐相处。

由于早年过度开采金属、矿产等资源，导致黄石市工业用地出现地表裸露问题，大量没有被植被覆盖的裸露土壤极易导致水土流失，在梅雨季节容易出现水灾，在秋冬干旱时节遭遇干燥大风时又容易形成扬尘。此外，黄石市水资源、土壤和空气污染问题也比较突出。实施"生态立市"战略后，黄石市对造成水资源、土壤和空气污染的工业污染和生活污染进行了综合治理。在 2013 年之前，黄石市地表水资源量极易因季节变化而出现较大波动，空气质量也较差，而在 2013 年提出"生态立市"并采取污染治理的相关措施后，黄石市地表水资源量明显呈现出逐年递增的良好态势，无论是黄石市辖区，还是大冶市、阳新县的一些湖泊经治理后——如青山湖、大冶湖、舒婆湖的水质达标率都显著提升；此外，黄石市空气质量也因此有所改善：2014 年，黄石市空气中二氧化硫年均浓度为 0.047 毫克/立方米，较 2013 年的 0.066 毫克/立方米显著下降，年均降尘量为 11.50 吨/平方公里·月，较 2013 年的 11.60 吨/平方公里·月（2012 年为 13.26 吨/平方公里·月）也有下降。由此可见，"生态立市"对于黄石市治理污染起到了促进作用。

二　"生态立市"有利于可持续发展

资源型城市在高度依赖自然资源使得经济高速增长之后，会因为资源的不可再生性而进入发展瓶颈期，因此必然要解决资源可持续利用的问题。生态城市必然是一个可持续发展的城市，可持续发展也是生态城市的一个重要特征。生态城市以资源可持续利用、生态环境良好为基础，努力实现生态与经济的优化组合，从而推动社会可持续发展。

黄石市实施"生态立市"发展战略，主要从以下三个方面推动可持续发展：首先，工业方面，生态化改造矿冶、钢铁、有色金属等传统支柱产业，努力提高资源利用率，优化排污降污水平，突破性地发展新能源、新材料等高新技术产业，降低传统采矿业和高能耗产业比重，形成循环产业经济链；其次，农业方面，建设一批生态农业示范园区和无公害绿色有机农产品基地，减少农药化肥使用量，减少水土污染，发展现代农业、观光农业，从而推动农业的可持续发展；最后，"生态立市"方面，努力加快发展生态休闲、旅游等现代服务业的发展，推动服务业生态化，从而实现服务业的可持续发展。

生态文明城市的建设，使得黄石市能够以可持续发展为主要路线，发展循环经济，促进资源的可持续开发利用，提升、优化现有的城市生产生活结构，从而进一步推动可持续发展。

三　"生态立市"促进产业结构优化

实施"生态立市"发展战略，能够有效改善生态环境，拥有良好山水资源的城市可以大力发展生态旅游业，提高服务业产值比重，从而改善资源型城市产业结构不合理的问题，促进产业结构优化。

近年来随着资源枯竭型城市转型，黄石市产业结构不合理、经济过度依赖第二产业、第三产业比重偏低的问题日益凸显。黄石市生态城市的建设可以促使政府采取合理的措施对产业结构进行调整，从而推动城市产业结构的优化。由表 1 - 1 可知，黄石市旅游业占服务业的比重逐年攀升，截至 2015 年，已经达到 22.74%，如果通过"生态立市"使生态旅游业得到进一步发展，那么将持续增加服务业在第三产业中所占的产值比重，有利于优化产业结构。

表1-1 2011—2015年黄石市旅游收入和第三产业生产总值及其占比

年份	2011	2012	2013	2014	2015
旅游总收入（亿元）	50.87	52.64	66.37	72.42	100.00
第三产业生产总值（亿元）	241.58	310.05	347.62	390.08	439.66
旅游业占第三产业产值比重（%）	21.06	16.98	19.10	18.57	22.74

数据来源：2012—2016年《黄石市统计年鉴》。

黄石市拥有许多潜力巨大的旅游景点，在过去，由于自然资源丰富，政府、企业重点发展第二产业而被忽视。实施"生态立市"发展战略，有利于开发黄石市丰富的旅游资源，由此可以带动旅游经济的蓬勃发展，从而推动生态服务业的快速发展，促进产业结构优化。

四 "生态立市"有利于生态文明的实现

党的十七大明确提出要促进生态文明发展，并写进大会的报告中，把人与自然的关系纳入到社会发展目标中统筹考虑，将生态文明提高到前所未有的高度。无论是对于当代人还是后代子孙，建立生态文明无疑都具有重要意义。生态文明的建立可以实现人与自然的和谐共处，达到环境友好、资源节约的目的。建设生态文明城市，首先，从自然资源利用角度上，可以使其达到物尽其用、地尽其力的效果，可以使不可再生的资源得以充分循环利用；其次，从社会功能角度看，生态城市的建设可以调整社会各个系统的结构和功能，协调系统内部和系统之间的关系，达到整个社会和谐共生的目的；最后，从文化意识层面看，在生态城市建设的过程中，社会个体的观念将由单纯地追求经济效益转变为谋求生态经济效益共赢的生态意识，生态文明的建立及维系，将由外在控制转变为内在调节。黄石市"生态立市"发展战略的实施，能从上述三个方面极大地推动生态文明发展。

第四节 黄石市"生态立市"的有利条件

一 发展机遇

黄石市是国家确定的第二批资源枯竭经济转型试点城市，国家设立了专项发展资金对资源枯竭型城市和老工业基地的调整改造予以扶持，中央财政也下拨财力性转移支付资金以加大对资源枯竭型城市转型的支持力度。从国家政策扶持到专项资金拨付，都为黄石市加速转型提供了难得的发展机遇。

从 2007 年起，国家以四年为一个周期通过转移支付的方式对 69 个资源枯竭型城市的发展进行了支持，截至 2015 年，共安排了 987 亿元专项资金，用来解决资源枯竭型城市因资源开发产生的社保欠账以及环境保护、公共基础设施建设和棚户区改造等历史遗留问题。无论是"整、改、关、停"高污染高能耗工厂，废物垃圾无害处理，污染水资源净化还是城市绿化问题等一系列生态文明建设举措，都需要大量的资金投入。如果有充裕的资金支持，就解决了"生态立市"的一大障碍。在民间资本因资源枯竭型城市发展前景黯淡而不愿投资之时，仅仅依靠黄石市财政税收收入进行"生态立市"建设是完全不够的，国家出台相关政策并以专项资金大力支持资源枯竭型城市转型，对于黄石市无异于雪中送炭：一方面，国家专项转移支付资金的专款专用，可以将其用到实处，用到真正需要的地方，另一方面，国家对资源枯竭型城市的重点支持，使得该类城市的发展重见曙光，这必然会吸引民间资本进入城市转型金融市场之中，为资源枯竭型城市产业转型升级和结构调整提供更多的融资选择，满足其多样化的融资需求。

从"先污染、后治理"的老路迈向可持续发展的新征程，需要大量的资金投入。现在国家、地方均高度重视生态文明建设，已经由过去单纯追求经济增长转变为寻求经济发展与生态环境和谐共生的良好态势。无论是国家政策，还是财力支持，都为黄石市"生态立市"提供了难得的发展机遇。

二　自然资源

建设生态城市必然要有一定的基础。良好的自然资源,将支持城市生态系统的协调发展,为生态城市建设奠定根基。

首先,作为资源型工业城市,黄石市矿产资源丰富。尽管由于早年过度开采,大量资源有所消耗,但位于地表更深处的某些种类的自然资源储存量仍非常可观,在相关技术发展到一定水平后,其开采冶炼量依旧不容小觑。自然资源的开发利用,可以通过加强绿色建设,提高资源开采回采率、选矿回收率和综合利用率,促进矿产资源高效利用,进而带动第二产业生态化发展。其次,黄石市拥有不少湿地资源——如位于阳新的网湖湿地省级自然保护区,以及伴随黄石市园博园开幕而开建的磁湖湿地等。湿地中的河滩和池塘,拥有丰富的水生植物和微生物,可以对污染物质进行分解和处理,能够有效净化城市污水。此外,湿地公园集游玩与污水治理于一体,能够让游客在湿地公园漫步游走,欣赏美景,可以推动黄石市生态旅游观光的发展。黄石市还拥有丰富的森林资源——如小雷山、大王山、东方山、黄荆山等省级森林公园,森林覆盖率广,种类繁多,是造氧天堂,具有重要的城市绿化生态功能,对于加快黄石市森林旅游发展,进一步维系国家"园林城市"具有重要意义。此外,黄石市毗邻长江,拥有众多淡水湖泊资源——如磁湖、大冶湖、保安湖等,对于空气、水体的净化也具有重要作用。

黄石市依山傍水,拥有众多良好的自然资源,这些生态宝地由于过去只重视第二产业的发展而被忽视甚至被破坏,生态城市的建设使得这些资源重新得以被重视,并为第二、第三产业的生态化发展提供重要的支持。

三　产业基础

"生态立市"建立在生态产业基础之上,并以生态产业为支撑。城市生态化的发展除了要有良好的山水资源作为基础,还需要生态产业发展作为支持,而生态产业的发展必须具备一定的产业基础。

作为重工业城市,黄石市钢铁、有色金属两大传统重工业曾经占工业比重八成多,重工业集中、规模大,发展历史悠久,积累了很多发展经验,形成了不少国家、省级品牌,占有一定的市场份额。黄石市三千年的冶炼史、一百多年的工业史、六十多年的建市史,使得黄石市现有全国500强企业2家,有湖北省100强企业7家。新冶钢、有色、华新、东贝、劲牌等企业是全国行业领军企业,劲酒在全国同行业首屈一指,黄石市特钢在行业的地位举足轻重,东贝压缩机产量世界第三。这就为技术的革新和设备的升级换代,进而把传统工业转型为生态工业,提供了一个良好的基础。同时,黄石市工业园区的建设和发展,使区域工业优势整合,生产管理得以更高效地进行,还可以将城市工业发展置于城市生态空间之中,把环境保护融于经济活动过程中,实现环境与经济的统一协调发展,同时也为各行业技术设备的集中换代升级以及企业清洁生产提供了绝佳的地位优势。此外,黄石市拥有两百多万常住人口,服务业种类齐全,并形成了一定规模,具备一定的发展经验,为传统服务业向生态服务业转型提供了良好的基础。

四 经济区位优势

良好的经济区位对于生态城市建设至关重要。一方面,它可以大大增加城市吸引力,使资金、人才、技术等涌入具有经济区位优势的城市,参与生态城市建设;另一方面,拥有区位优势的城市也具有较强的对外辐射力,可以加强与周边城市的联系,向外输出生态产品,为周边城市和地区的发展带来活力。

黄石市位于湖北省东南部,长江中游南岸。东北临长江,北接鄂州,西靠武汉,西南与咸宁、通山为邻,东南与江西武宁、瑞昌接壤。对外交通便利,高速公路发达——东连浙赣线,西接京广线;水路可依托长江出海。它还位于国家"十"字形一级发展轴线,处于长江中游城市群四大省会城市的交叉点,是长江经济带和长江中游城市群中的重要节点城市。自提出"生态立市"的目标后,黄石市让人看到了它忍痛断腕,努力摆脱"恋矿情结",寻找新的经济发展点的决心。黄石市

"生态立市"需要发展生态产业，其良好的经济区位可以吸引外来资金、人才参与产业的生态化发展，同时也有利于黄石市生态产业向外输出生态产品和服务，进而更强力促进产业的生态化发展。由此可见，良好的区位优势将为黄石市"生态城市"注入动力。

五 政策支持

如前所述，"生态立市"是建立在生态产业发展基础之上的，而企业受过去单纯追求利润最大化目标的影响，通常对生产设备的技术革新、更新换代、降低生产污染等缺乏足够的动力，因此政府的鼓励政策是推动产业发展的主要动力之一。生态产业的发展以及生态城市的建立，不仅要有原有的产业基础作为支撑，还需要政府政策的大力支持。

以服务业为例，黄石市高度重视发展服务业，把服务业作为重点产业写进了黄石市的发展规划，这是战略指导层面的支持。融资方面，2016 年年初，黄石市建立了 6 亿元市级应急循环资金池，用于支持企业资金临时周转；还争取担保融资资金 10 亿元，为黄石市 1000 多家（包括服务业在内）企业提供融资担保服务。这些政策有利于缓解中小企业融资难题，降低中小企业融资成本。而黄石市目前的服务业企业约有 90% 是中小企业，因此这一政策可以缓解服务业的融资问题，促进服务经济的发展。税收方面，黄石市 2016 年开始"营改增"试点，范围持续扩展到金融保险业、房地产业、生活性服务业，这一举措减少了重复征税的发生，约 70% 的服务业企业的税收负担得以减轻。投资方面，黄石市政府积极成立专项资金助推企业转型。为了支持新兴产业发展，黄石市建立产业投资资金达 20 亿元以上。为了推动工业转型和现代物流业等产业发展，黄石市设立企业奖补资金高达 1.45 亿。招商引资方面，黄石市实施精准招商政策，并且取得了一定的成就。2015 年黄石市引进了 10 个 30 亿元以上项目以及 14 家世界 500 强企业。现代服务业招商方面，全市新注册服务业项目 25 个，占比 24.27%；总投资额 114.7 亿元，占比 26.83%。其中以现代物流为重点的现代服务业发展迅猛，润信农批、日日顺物流等项目相继完成注册。

综上所述，黄石市产业发展有众多政策支持，并且这些政策的实施也取得了一定的成就。这些政策的进一步落实和完善将有利于黄石市生态产业的发展，进而有利于"生态立市"的发展。

第五节　黄石市"生态立市"的不利条件

一　环境污染严重

"生态立市"，是指城市走生态城镇化发展道路。生态城市需要保持一个良好的生态环境，因而必须对污染进行治理。如果生态环境污染严重，治理难度大，就会需要大量的资金投入，这将给政府财政带来压力，导致政府无法对生态产业给予充分的支持，从而不利于"生态立市"的发展。

首先，黄石市矿业开采地区污染严重。以大冶市为例，其铁矿经过多年的开采——尤其是1950年以来的大规模开采，产生了众多环境问题：一是形成大面积的废石排放场。从1890年建矿一直到2012年，共产生废石3.7亿吨，废石排放场占地398平方米。二是形成露天开采大坑。经过一百多年的开采，形成了一个长达2.2公里，边坡垂直深度达444米的露天采矿坑。三是引发一系列地质灾害。特别容易引发滑坡。矿业产生的大量废弃地，造成了大面积地表裸露问题。没有植被覆盖的裸露土壤极易导致水土流失，在梅雨季节容易出现水灾，在秋冬干旱时节遭遇干燥大风时又易形成扬尘，造成空气、水资源污染。其次，黄石市土壤污染现象也十分严重。尤其是重金属如铜、镍、锌、铅、汞等，在土壤中浓度均有超标现象，土壤污染不仅影响市容，而且会通过食物链、地下水危害人的身体健康，不利于生态城市的建设。此外，水资源、空气污染问题也不容小觑。

黄石市矿业污染严重，首先是因为过去缺乏科学系统的规划，对矿产资源进行掠夺式开采使得矿产资源被浪费和矿山生态环境被破坏而造成的。其次是市场利益驱动导致的。黄石市部分企业为了获取更多利益，采用非常简单、粗放的开发模式，在开发的过程中也不愿意加大投资对生态环境进行保护，从而使得矿山生态环境问题愈发严重。最后是政府管理不到位，社会环保意识淡薄所导致。土壤污染与黄石市冶金工业污染、城市废水、废渣排放不无关系，农业用地化肥施用量过多也是污染原因之一。2015 年，黄石市农用化肥使用量接近 5.5 万吨，超量及不合理地投入化肥，致使土壤失去自我调节能力，呈现养分收支不协调以至对立状态，进而导致土壤环境恶性循环。地区污染严重，治理费用高昂，在黄石市"十三五"规划中，仅水资源污染治理一项总投资就高达 14.7 亿元，由此带来的财政压力，必然增加了黄石市"生态立市"的难度。

二 产业比例不协调

"生态立市"需要生态产业协调发展。如果三大产业发展比例不协调，第二产业比重过高，就会造成产能过剩，资源浪费；第三产业比重偏低，一些服务行业发展不能满足经济发展需求，将会阻碍产业生态化发展，从而不利于黄石市"生态立市"。

表 1 - 2　　　　　　　2011—2015 年黄石市三大产业比例

产业	年份 2011	2012	2013	2014	2015
第一产业（％）	7.40	8.00	8.34	8.62	8.84
第二产业（％）	62.40	62.00	61.22	59.37	55.36
第三产业（％）	30.20	30.00	30.44	32.01	35.80

数据来源：2012—2016 年《黄石市统计年鉴》。

由表 1 - 2 可知，黄石市目前总体经济特点是：第一产业比例正常，第二产业比例偏高，第三产业比例偏低，产业结构不合理。虽然目前黄石市的城镇化率达到 61.30％，高于全国平均水平 4 个百分点，但第三产业在黄石市经济中所占比重并不高，低于全国平均水平 19 个百分点。黄石市就业人员主要分布在华新水泥、大冶有色等几个重要工业制造业行业，人员就业模式单一，就业能力有限。此外，现代服务业发展滞后。一方面，黄石市支撑产业转型升级的生产性服务业发展水平有限，无法提供足够的高质量中间服务，与制造业的深度融合也还不够，部分知识和技术高度密集的保险、金融和专利权服务更多地依赖于进口；另一方面，部分生活性服务业的发展还不适应居民消费结构升级的趋势，如家政服务业等还适应不了需求，有效供给能力和水平亟待提高，符合节约节能、环保低碳发展方向的服务供给相对不足，服务便利性仍需增强。

产业比例不协调，主要是由黄石市长期重视工业发展，忽视第三产业所导致的。投资——作为拉动产业发展的主要动力之一，对产业发展有重要的推动作用。2015年，黄石市第二产业的投资量占投资总量比重在三个产业中仍排第一，第三产业的投资量和投资比重低于全省和全国平均水平。2015年，黄石市工业投资占总投资的50.48%，服务业为45.87%，同期湖北省和全国服务业所占比重分别为54.57%和55.50%。黄石市的投资重点依旧是工业，并没有充分发挥投资对服务业的推动作用。对不同产业的重视程度不同，造成了黄石市产业比例不协调。产业发展不平衡将会在产业间产生断层现象，使得生态产业代替传统产业的难度加大，从而加大黄石市"生态立市"的难度。

三 财政负担重

"生态立市"不单单是为了追求经济效益，更是为了追求生态效益，实现经济效益与生态效益的统一。生态效益可能意味着短时间内投入较多但回报却较低，因此，要促进黄石市生态发展需要更多的资金支持。如果政府财力不足，生态城市建设的各个项目就难以为继甚至无法启动，必然会对生态城市建设产生巨大的阻力。

2015年，黄石市公共财政支出达225.76亿元；但公共财政收入只有100.58亿元，还不到财政支出的一半。截至2016年末，黄石市市直政府债务超过60亿元，财政问题令人堪忧。导致黄石市财政负担较重的原因有很多：首先，经济持续发展需要政府的大量资金作为支持。自

2008 年金融危机以来，中央政府采取各种经济刺激措施以减缓经济下滑趋势，地方政府也开始借债征用土地，大兴基础建设，刺激经济发展。由于大量工业用地没有顺利转让，资金无法回流，造成地方政府无力偿债，甚至借债还债，负担愈加严重。其次，政府融资渠道单一，主要依靠发行债券。尽管国家出台了相关措施——如允许地方政府申请发行政府债券置换存量债务，以降低地方政府存量债务的利息负担，而且对资源枯竭型城市给予专项资金予以扶持，但实际情况是，地方政府（比如黄石市）的融资渠道仍然有限，且地方政府债券需要通过省政府代为发行，规模受到严格控制。2014 年湖北省全省发债规模为 156 亿元，其中市州债券规模为 104 亿元，黄石市的份额仅为 6.3 亿元，即使全省发债规模有较大幅度增加，分到黄石市的份额也十分微小。此外，由于黄石市正处于转型阵痛期，经济增长跌至全省后位，企业纳税能力有限，导致黄石市政府税收收入不足，财政趋紧。

"生态立市"，庞大的资金需求给黄石市带来较大的资金压力，其内在经济发展需求与目前生态环境建设之间存在一定矛盾。黄石市政府财政负担重，无力对生态农业、工业、服务业发展予以充分的财力支持，这是制约黄石市"生态立市"的一大因素。

四 生态文明制度建设滞后

生态文明制度建设对于生态城市建设至关重要。建设生态文明，根本在于制度建设，它顺应了可持续发展的要求，是资源枯竭型城市转型发展的制度保证。

自 2007 年以来，国家对于资源枯竭型城市转型加大了支持力度。在转型过程中，生态文明制度建设的确取得了一定的成效，但是仍存在很多问题——如生态环境保护责任追究体系不完善等，这就需要进一步完善和突破。从地方政府的责任落实上看，还存在生态环境保护情况与干部选拔任用挂钩不紧的问题——如过多看重经济社会发展的显性政绩，忽视生态环境保护的隐性政绩；重视经济发展情况的考核，忽视生态环境保护情况的评价，因而造成政府对一些大型企业的污染问题不够重视。以黄石市为例，如新冶钢、大冶有色金属铜山口铜矿、西塞山发电厂、武汉钢铁金山店铁矿等一些支柱型矿冶企业产生的固体废弃物，尽管已经采取许多措施治理，但仍然是生态环境的主要污染源。从职能部门的责任落实上来看，生态环境保护"一岗双责"的要求没有真正落实到位；从企业的责任落实上来看，还存在"违法成本低，守法成本高"的现象；从环境污染监管制度来看，还存在管理制度不健全，对污染源的监管惩治措施不足的问题。由于监管制度不健全，奖惩措施不到位，部分企业仍不惜采用牺牲生态环境，片面追求高消耗的粗放型经济发展方式，企业"先污染、后治理"的现象没有根本扭转。

造成生态文明制度建设滞后的原因有二，一是尽管我国已经出台了一系列环境保护和污染防治的法律法规，但是相关生态法律法规在黄石市宣传普及的力度较弱，缺乏细化可行的实施细则，生态执法监督检查跟不上，执法效果还不理想；二是专门针对黄石市这种资源枯竭型工业城市的生态文明法律政策和制度体系尚且缺乏，黄石市地方生态文明立法也还不够超前主动，缺少目的性和针对性的立法调研和立法建议。

如果不将生态文明制度真正建立和完善起来，将生态文明发展理念真正贯彻到企业的生产活动中，把监管与整治措施落实到位，黄石市"生态立市"建设就很难迈出大的步伐。

第六节 促进黄石市"生态立市"的对策建议

一 加大环境污染治理力度，修复和保护生态环境

环境是人类共同生存、繁衍和发展的物质基础。在发展经济的同时要努力保护生态环境。黄石市"生态立市"，要做好几方面的工作。一是要大力开展生态修复工作，加强针对废弃工矿地的修复，加强针对水土流失的综合治理，加强植被恢复与生态修复。加强环境修复要以政府为主导，强化社会公众的广泛参与，综合推进；要强化政府的宏观调控能力，支撑起环境修复的责任，构建政府、企业、社会相互协作、共同

行动的环境修复和保护的新格局。二是要通过对工业型生产企业的技术改造，淘汰资源消耗大、污染严重的设备，并安装相应的治理废水、废渣、烟尘的环保设施；要加快淘汰污染严重、工艺设备落后、科技含量低的产业，引进环保设施，大力发展新型产业，依靠科学技术，不断提高资源利用率，把工业污染从源头上进行控制，将工业的废弃物进行净化和处理后再排放，降低污染。三是要发展生态农业，治理农业污染，把传统的化肥农业转化为生态农业。要对农业造成的面源污染做好治理工作。要减少农药化肥的使用，引进生物肥等新型肥料，促进土壤肥力的恢复。要对畜禽进行区域规模化养殖，将畜禽粪便进行综合循环利用，转化为有机肥。要控制好水产养殖的规模，以免造成饮用水资源的污染。

二 加快服务业发展，促进产业比例协调

黄石市作为资源型城市，决定了其产业结构发展的基础和出发点必然是第二产业中的重工业，也决定了黄石市产业发展，采矿业、水泥业等几个重要工业制造业行业发展较快，第二产业在三大产业中所占的比重较大。黄石市要实现"生态立市"，就要转变经济发展方式，进行产业结构调整，减少能源消耗，实现节能减排，适当降低资源型产业比重；就要加快发展服务业的速度，提高发展层次，使其发展水平与城市地位相匹配，增强带动性。进一步讲，一方面，要提高黄石市支撑产业转型升级的生产性服务业发展水平，提供足够的高质量中间服务，加强知识、技术以及配套金融服务与制造业的深度融合；另一方面，要调整部分生活性服务业的发展方向，使其适应居民消费结构升级的趋势，加大符合节约节能、环保低碳发展方向的生态服务业的供给力度，增强服务业便利性。

三 发挥区位优势，引进外来资金

黄石市在武汉市"8+1"城市圈中，占据极佳的地理位置——位于武汉市城市圈东轴线上的枢纽，距离武汉市最近。黄石市应积极发挥这

一优势，接受武汉市辐射并继续向东扩散至皖赣地区，充分吸引外来资金使其参与到黄石市"生态立市"的建设之中。首先，应借助国家目前大力主推的PPP项目运作模式，将引进资金与生态城市公共建设深度融合，让生态环保先行。把产业规划和PPP模式深度结合，不仅可以解决政府资本金不足的问题，而且还能通过运营项目来撬动多个可持续发展的产业。其次，除了利用PPP项目使政府与私人资本在公共建设方面进行合作，生态产业的持续发展同样需要外来资金的投入，应充分利用其绝佳的区位优势，加大对外招商引资的宣传力度，对发展生态产业的资本给予政策优惠——如减免税负等，增强城市外资吸引力，以显著加快建设生态城市的步伐。

四　加强监管，建立和健全生态文明制度

制度建设是加强生态文明体系建设的重要保障。加强生态文明建设，既需要市场的经济刺激手段和政府的宏观调控手段，也需要社会各界的共同参与，引导人们养成保护环境和节约资源的消费和生活习惯，健全生态文明体系。要建立生态文明考核评价体系，将生态建设考核分值与政府的工作业绩直接挂钩，将生态文明建设的完成情况作为年终业绩考核的重要内容，考核结果将直接与评比干部等挂钩，建立监督机制。要广泛深入地开展宣传教育活动，充分发挥舆论监督作用和典型模范作用，通过学校教育、理论宣传、舆论媒体传播等途径宣传引导人们遵守绿色生产、适度消费、环境友好和资源永续利用的社会公则，倡导绿色生活与绿色消费。要在各类报纸、电视、网站以及公告栏上设立生态环保专栏，宣传生态文明建设的典型代表事例，调动公众对生态文明建设的热情，将生态文明制度建设融入广大人民群众的日常生活之中，进而提高群众的生态文明意识，营造浓厚的生态文明建设氛围，推进生态文明制度的建设。

参考文献

[1] 廖正军：《生态立市与苏州生态文明建设》，《经济研究导刊》2013年第

18 期。

[2] 任庆海、王兴业、董艳娇：《论唐山市生态立市的全面推进战略》，《唐山学院学报》2013 年第 26 卷第 25 期。

[3] 冯久田：《鲁北企业集团发展生态工业产业链的实践与探索》，《中国人口·资源与环境》2003 年第 13 卷第 1 期。

[4] 冉红：《工业园区生态化与城市建设的探索及实践》，《商业经济研究》2008 年第 4 期。

[5] 彭劲松：《传统工业园区的生态化转型及其与城市共生的发展研究——以重庆同兴工业园区为例》，《城市》2010 年第 2 期。

[6] 夏锦文：《浅议产业不平衡发展的影响因素》，《江苏商论》2006 年第 11 期。

[7] 赵华：《我国生态城市建设的意义与原则》，《中国城市经济》2011 年第 11 期。

[8] 《新时期工矿城市生态文明建设再思考——以湖北黄石为例》，《湖北理工学院学报（人文社会科学版）》2016 年第 33 卷第 4 期。

[9] 《关于黄石在生态文明城市建设中的思考》，《湖北理工学院学报（人文社会科学版）》2016 年第 33 卷第 4 期。

[10] 唐先程：《生态立县让绿水青山变成金山银山》，《绿色中国 B 版》2015 年第 6 期。

[11] 黄石市统计局：《黄石市统计年鉴》（2011—2015 年）。

第二章　黄石市"产业强市"研究

本章提要：黄石市提出了"生态立市、产业强市"发展战略。要想实现"产业强市"，黄石市具有发展机遇、自然资源、产业基础、经济区位、政策支持等有利条件，同时也存在产业发展比例不协调、产业转型压力大、产业发展层次不高、产业发展污染较大等不利条件。要想促进"产业强市"，黄石市需要大力发展第三产业，促进产业协调发展；加大培育新型产业，推进产业转型升级；促进技术进步，提高产业层次；治理产业污染，实现绿色发展。

第一节　引言

黄石市位于鄂东南地区，是武汉城市圈副中心城市，经济发展水平较高，在省内曾排名第二位，是著名的沿江工业城市。2013年9月，黄石市提出了"坚持生态立市、产业强市，加快建成鄂东特大城市"的发展战略。其中，"生态立市"战略目标是：争取经过5年左右的努力，成功创建国家森林城市和国家环保模范城市；再通过5年到10年努力，基本建成鄂东特大城市，成功创建国家生态城市。"产业强市"的目标是：争取用5到10年的努力，2023年黄石市人均GDP进入全省第二位，经济总量进入全省第二方阵。

黄石市实施"产业强市"战略以来，全市经济在新常态下保持平稳较快发展，2015年黄石市地区生产总值跨越1000亿元大关，规模以上工业增加值超过500亿元，地方公共财政预算收入也达到100亿元以上，年均增长率分别是 8.7%、8.8%、15%，高新技术产业在工业中所占比重提高了 12 个百分点。"产业强市"战略实施为黄石市经济发展开创了新局面，但也开始面临一些不利条件：产业发展比例不协调、产业转型压力大、产业发展层次不高、产业发展污染较大。本书对此加以研究，分析黄石市"产业强市"存在的问题及原因，探索解决问题的有效对策，无疑有助于促进黄石市"产业强市"目标的更好实现。

第二节　理论概述

一　五大发展理念

五大发展理念是党的十八大以来提出的，是指"创新、协调、绿色、开放、共享"的发展理念。

创新发展。坚持把创新作为转变经济发展方式的根本动力，提高对科技创新的要素支出预算，发挥政策引导的推动作用，坚持以创新型经济为发展方向，推进高新技术成果转化应用，积极抢占新技术产业制高点，全方位促进企业在其中占主体地位的自身创新技能的提升，使资源带动型的发展更快地向技术、资本带动型的发展转变，形成区域发展的持久动力，争取新一轮跨越的新优势。

协调发展。毫不犹豫地解决破坏城乡一体化发展的主要因素，让要素和公共资源在城乡中尽量得到合理的分配，推动以工促农、以城带乡、工农互惠、城乡一体的新型工农城乡关系的成形，加快县域经济、镇城经济赶超速度，城乡区域发展最好能形成自身特色，同时注重公平，最终实现协调发展。

绿色发展。坚持"生态立市"，把绿色增长作为长期战略，努力实现人与自然和谐发展的理念要求，要集中各方力量进行合理的产业升级，把发展绿色经济、低碳经济和循环经济作为出发点，加强生态环境建设和保护力度，宣传号召绿色健康的生活方式，以促进可持续发展的实现。

开放发展和共享发展。开放发展是指要提高我国对外开放的程度和水平，共享发展的内涵是全体人民共同享有我国的发展成果。截止到2017年，中国的经济已经深深地融入世界的经济，在这种情况下，提高我国对外开放水平很有必要，同时，共享发展又保证了社会的合理分配，有利于社会稳定和促进人民的团结。

二 产业发展理论

（一）产业结构协调化

产业结构反映出某个国家或地区的资源在产业间的不同配置情况、某个产业所占的比重、一些产业间的经济和技术联系。如果三大产业结构都做到合理布置安排，能够有效刺激经济增长和促进社会的可持续发展。产业结构的协调是说以制度创新为基础来完善经济市场的体制，给政府决策提供依据，加强各产业间的联系度，最终形成符合发展规律的产业结构规律，从而为产业发展提供前进的方向，用最小的投入实现最大的效益。产业结构协调化的具体含义包括：产业间相对低位的同步化；产业素质的协调；产业间关联关系的协调；产业阶段交替的协调；产业部门增长速度的协调。本研究选用了产业之间地位的协调化这一具体含义来进行分析。

产业间相对地位的同步化要求三大产业之间有一定的层次性，且这种层次性较明显。从横向来看，同一个等级的产业要明显区分出重点企业和一般企业，且两者之间的数量应满足一定的比例，专业化的合作形式是重点企业和一般企业加强彼此之间联系的桥梁，在加强沟通的过程中，重点企业应起主导作用，带动整个产业的发展，实现效益最大化。区分两者的关键在于，重点企业相对一般企业而言，具有更大的规模、更发达的技术、更快的生产速度和更大的市场份额，会保持较高的竞争力和抗风险能力，一般企业则刚好相反。从纵向来看，产业应具有不同的等级，可划分为基础产业、主导产业和新兴产业。纵向的层次等级如果要加大协调性，就必须将基础产业置于最先发展的位置，将主导产业作为重点产业来发展，同时要鼓励新兴产业的崛起发展，从而实现所有产业的升级。

（二）产业高度化

产业高度化是指凭借技术的提升、技术的引进等方式，在不违反高技术含量、高加工度和高附加值要求的情况下进行产业升级。在这个过程中，创新起着不可代替的作用。

产业高度化的具体内容有：一是主导产业从第一产业依次向第二产业、第三产业转移，第一产业在产业中的比重优势消失；二是产业类型从劳动要素占主导地位逐渐向资本要素、技术要素占主导地位过渡，劳动要素不再一家独大；三是产业核心从基础产品逐渐向中间产品、最终产品发展，产品形态转移的核心越来越有深度。

产业高度化要求把自身的技术创新与外来的技术引进做加法，同时不能忽略传统产业的技术改革；产业高度化还要求产业技术要以主导技术为核心，通过各部门的联系将多样化的生产技术与产业技术相匹配，形成生产体系并使之具有特定的结构。产业技术创新是通过各种生产技术的不断变换次序组合，使技术体系产生结构性变更的过程。当前主要是有秩序地鼓励大中小型企业技术创新，然后通过市场机制将技术转化为生产和服务。从外部学习、借鉴高水平技术能够提高企业效应，使企业的各部分潜力都能够相应地得到发展。提高传统产业技术水准是为了提升劳动生产率，使传统产业产品向多功能、高档次、低损耗、多类型升级，并抓住产业更新换代带来的机遇积极推动产业升级。

第三节　黄石市实现"产业强市"的有利条件

一　发展机遇

在一个地区的经济发展过程中，如果能够抓住良好的机遇，就能使得该地区经济出现跳跃式的进步。2009年3月，黄石市正式被列入全国第二批资源枯竭型城市，可以享受到由国务院和省政府推出的多项扶持政策：一是资金支持。针对黄石市这样的正处在转型期的资源枯竭城市，中央和省级财政将加大资金扶持力度。扶持领域主要有社会保障、教育卫生、环境保护、公共基础设施、专项贷款贴息等方面。二是税负调节。国家转变资源税的体制模式，进一步完善资源税计税标准，确保资源税负担程度合理，促进资源开采地的财政收入增长。另外，国家在资源枯竭城市首次建立专门的可持续发展准备金机制，实行资源开发补偿和衰退产业援助制度，力争环境恢复与生态补偿双赢，在解决企业历史残留问题的同时，鼓励引导其发展替代产业。三是专项调拨。国家设立国债资金和中央预算内基建资金项目，用在支援资源枯竭型城市集中建设项目上，为更多人员提供就业机会，实现资源综合利用率高度提高。黄石市应尽快筛选出有利于经济再次繁荣发展的替代产业。四是项目布局。在国家出现有重大建设项目时，资源枯竭型城市应努力抓住建设机会，以便更好地带动新产业发展。此外，黄石市应支持大冶市、黄石港区、下陆区创建全省服务业示范区。设立产业发展基金和生产性服务业专项基金，对服务业企业和重大项目进行扶持。对黄石市来说，像目前这样多重利好政策集中在一起，为历史少有，为黄石市的"产业强市"提供了有力支持。

二 自然资源

自然资源是城市发展中不可或缺的物质基础，是产业发展的物质保证。黄石市矿产资源优势较大，被誉为"江南聚宝盆"。主要有金属、非金属、能源和水汽矿产四大类，总量共达到 76 种之多，其中包括黑色金属类资源铁、锰，有色金属资源铜、钨、锌、铅、钴，贵重金属资源金、银，稀散元素矿产锗、镓、铊、铟、硒、碲等；非金属资源包括磷、硫、含钾岩石、石灰石、重晶石、方解石、天青石、膨润土、石膏、硅灰石等 39 种矿石；能源有煤炭，其中硅灰石的品质尤为优越，居世界第二位。黄石市矿产资源不仅总量多、种类齐全，而且矿产联系度高，重要矿产分布集中，便于选址和开采，配套联系的矿产还可以进行综合开发利用。

黄石市气候类型为亚热带大陆性气候，气候特点冬冷夏热，四季分明，光照充沛，雨量充沛，热能丰富，优越的水热条件为农作物发展提供了非常有利的环境条件。另外，黄石市湖泊众多，河道密布，物产资源丰富，以"江南鱼米之乡"著称。肥沃的土壤、丰富的河流和山地资源，无一不是支撑黄石市农业发展的优势条件。

黄石市风光秀丽，四周青山绿水环绕，吸引了大批中外游客前来参观。黄石市古文化遗产、近代工业遗产、人文景观等旅游资源丰富，国家矿山公园——亚洲第一天坑，是我国首座国家矿山公园，国家 AAAA 级景区。还有许多像西塞山军事古塞、东方览胜、鹿獐朝晖、磁湖风光、阳新仙岛湖、陈贵小雷山等景点，为发展旅游业提供了自然与人文景观条件。

三 产业基础

近年来，黄石市政府先后共投入 20 多亿元城市建设资金，目前有 100 多项城市重点基础设施已经建成，城市道路数量逐渐由 43 条增加到 48 条，道路的长度也由 325 公里增至 417 公里，城市供水、供电、供气、通信等服务设施十分齐全。

黄石市经过几十年的发展，目前工业生产比较集中，形成了矿产资源开发以及冶金、建材、机械电子、化工、轻工、食品、医药、纺织服装等主导产业。全市已经拥有 9000 余家各种类型企业，其中国有企业加上年销售收入超过 500 万元的非国有企业一共 293 家。全市有 9 家企业已经成功进入全国重点企业行列，有 5 家公司成为在沪、深两市挂牌上市的上市公司。全市拥有工业产品种类 4000 多种，著名优质产品 1000 多种。像美尔雅西装、东贝机电、中国劲酒、华新水泥、美岛服装等知名企业早已经打造出中国著名商标，形成品牌效应。黄石市钢铁等重工业发展历史悠久，形成了一定规模的集群产业，其中有黑色金属、有色金属两大产值千亿产业，有大冶冶钢、劲牌公司、华新水泥等规模达到百亿元的企业。这些产业和企业积累了丰富的技术经验，拥有大量熟练的技术工人，生产的产品出口国外，在同行业占据了市场优势。

由表 2-1 可知，黄石市 2009—2015 年地区生产总值逐年增长，2015 年，黄石市的地区生产总值为 1228.10 亿元。

综上所述，黄石市产业集中，产值规模大，形成了不少品牌，产业发展积累了产业管理经验，培养了大批技术人才，开拓了一定的国内外的市场，为做大、做强三大产业提供了良好的基础。

表 2 - 1　　　　黄石市 2009—2015 年地区生产总值（亿元）

年份	2009	2010	2011	2012	2013	2014	2015
生产总值	571.59	690.12	920.80	1040.95	1142.03	1218.56	1228.10

数据来源：2016 年《黄石市统计年鉴》。

四　经济区位

良好的经济区位具有较强的吸引力和辐射力，有利于产业的更好发展。黄石市位于中国的中部地区，位处吴头楚尾；东边接壤长三角，南面毗邻珠三角，是鄂赣皖三省交通交汇点。从省内区位看，黄石市在湖北省的东南方向，处长江中游南岸，是武汉城市圈副中心城市。东北方向与浠水县、蕲春县、武穴市隔江相对，北边接壤鄂州市，西边靠近武汉市江夏区，西南与咸宁市、通山县毗邻，东南与江西省武宁县、瑞昌市紧邻。黄石市交通十分发达。公路和铁路方面，有"三纵三横一环"的公路结构，基本上普及了村村通公路；九江铁路线刚好从黄石城区穿过。水运方面，黄石市沿长江而建，依靠长江河运向上可以去到宜昌、重庆，往下则可以至南京、上海，可以直接到达入海口，天然的外贸码头能支持完成国际标准集装箱和重大件装卸作业任务。良好的经济区位和便捷的交通条件，有利于黄石市"产业强市"的招商引资，也利于黄石市的产业向外辐射。

五　政策支持

"产业强市"需要政府的支持，政府的政策引导和支持对黄石市优化产业结构和产业发展起着重要作用。在黄石市《关于〈振兴黄石制造加快工业转型发展行动计划〉的通知》中，针对黄石市工业转型发展提出的具体优惠政策有：第一，设立产业发展基金。每年筹措发展资金 1 亿元，用来支持城市工业转型发展。提高信用担保体系可靠度，以互助基金会的组织形式，使所有行业中小企业有利益关联，为帮助工业企业筹集还贷资金、短期周转资金提供多条可行的路径。第二，鼓励企业上市。加大推广工业企业上市融资手段，对那些上市融资的工业企业、在区域性股权市场挂牌上市和采用资产证券化融资方式的企业给予补贴奖励。第三，支持企业集群发展。每一年从转型发展资金内划拨 2000 万元专门用于支持产业集群发展之上，采用专项补助、资本投资等方式，推动企业的集群发展。

黄石市财政局还出台多项具体政策来促进就业，设立国家级创业城市专项创建经费，为创业者提供经费支出；免费为有就业和创业意愿的下岗失业人员进行就业和创业技能培训，增强劳动者就业、创业能力；充分发挥中小企业担保公司资金输转作用，加大小额担保贷款投入力度。这些政策，将有利于促进黄石市的就业、创业发展与产业发展。

第四节　黄石市实现"产业强市"的不利条件

一　产业发展比例不协调

一个地区的发展需要保持协调的产业比例。如果地区产业发展比例不协调，有的产业资源投入过大，比重过高，会造成产能过剩；有的产业资源投入太少，必然会导致产业产出无法满足市场需求。总之，产业比例不协调就会造成资源浪费，资源使用效率低下，制约经济增长。

黄石市"产业强市"需要保持协调的第一、第二、第三产业比例，而黄石市经济发展出现了第二产业、第三产业发展不均衡问题，第三产业在经济中所占比例较低，仅为第二产业占比的一半，其发展明显滞后于第二产业，这非常不利于黄石市产业结构调整。表 2－2 显示，黄石市三大产业发展的比例关系失衡，第三产业所占比例偏低，对经济的贡献率不足 50%。第二产业比重明显偏高，对经济贡献率达 50% 以上。第一产业比例基本正常，变化很小。

表 2-2   2009—2015 年黄石市三大产业产值占黄石生产总值比例（%）

年份	2009	2010	2011	2012	2013	2014	2015
第一产业	7.92	7.77	7.50	8.00	8.34	8.62	8.84
第二产业	54.95	57.22	62.50	62.00	61.22	59.37	55.36
第三产业	37.13	35.01	30.00	30.00	30.44	32.01	35.80

数据来源：2016 年《黄石市统计年鉴》。

由表 2-3 可知，2015 年我国第一产业产值占生产总值的 9%，第三产业在三大产业中占比达到 50.5%，对经济的贡献率在一半以上，比第二产业占比高出 10%。而黄石市产业发展仍然以第二产业为主，第二产业占三大产业比例高于全国平均水准，第三产业增长速度较平缓，黄石市第三产业对经济贡献率低于全国平均水平。第一产业发展较为平稳。

表 2-3   2010—2015 年中国三大产业总产值占生产总值的比例（%）

年份	2010	2011	2012	2013	2014	2015
第一产业	10.10	10.12	10.09	9.85	9.20	9.00
第二产业	46.67	46.78	45.31	43.35	42.60	40.50
第三产业	43.24	43.10	44.60	46.80	48.20	50.50

数据来源：《中国统计年鉴》。

黄石市产业发展比例不协调有其特殊原因。黄石市因矿而兴，资源产业在整个经济结构中比重较大，导致三大产业结构自然会相对单一，重工业在经济结构中占比有绝对优势地位，其中传统的冶金、建材等产业比重大，而传统产业规模不足，价值链短，第二产业粗放式的发展阻碍了资源利用率。国内外众多学者的研究表明，第二产业与第三产业之间关系紧密，第二产业的提升能够为第三产业的发展创造空间，第三产业的进一步发展会产生新的消费需求，会通过市场调节作用带动第二产业结构的优化升级。虽然黄石市产业结构在发展中不断优化，但第二产业升级缓慢，第三产业尚未形成规模，结构升级困难。经济结构不合理，两种产业不协调格局不利于黄石市产业转型升级，同时导致经济效益低，单位产值消耗资源量高于全国平均水平，经济发展与环境保护不协调等一系列问题，甚至制约黄石市经济可持续发展。

二 产业转型压力大

产业转型需要对现有产业进行技术改造，以此推动产业升级。而资源型城市产业转型，不仅面临传统资源型产业退出以及技术改造等难题，还需要发展新的接替产业，同时，还要解决好传统产业的工人再就业和基础设施重新建设等问题，这些问题都构成了城市产业转型的压力。黄石市产业转型压力大主要原因在于：黄石市经济在 20 世纪 90 年代依靠矿产资源发展得很好，效益高，没有发展压力，由此导致黄石市十几年来产业转型缓慢，始终依靠传统产业支撑地区经济发展。

2009 年 3 月，黄石市正式被国家列入全国第二批资源枯竭型城市，得到国家财政的大力支持，黄石市产业转型问题开始真正得到重视，转型速度大大加快，取得了比较明显的转型成效：2015 年全市轻重工业比为 16.9∶83.1，轻工业占比比 2010 年上升了 3.4 个百分点；传统资源产业占工业比重下降，比"十一五"下降 2.34 个百分点。基本上形成了以冶金、建材等传统产业为主导，以装备制造、食品饮料、化工医药、纺织服装等优势产业为支撑，以新能源、新材料、电子信息、节能环保等新兴产业快速发展的新型产业格局，产业结构逐步趋向合理，但是黄石市产业转型仍然存在很大的不足。

2015 年，黄石市规模以上工业总产值为 1948.02 亿元，而其中采矿业（包括煤炭开采、黑色金属和有色金属开采）产值有 233.27 亿元，黑色金属和有色金属冶炼及加工制造产值达到了 729.44 亿元，非金属矿物制造业有 185.80 亿元的产值，金属制造业产值有 63.12 亿元，以黑色金属、有色金属等以矿产资源为合计基础的产业产值达 1211.63 亿元，约占黄石市工业总产值的 62.2%。这说明黄石市工业发展仍然以资源性产业为主导，仍需要继续深化产业转型。

三 产业发展层次不高

"产业强市"需要产业技术不断升级换代,产业发展水平不断提高。目前黄石市产业技术有了很大进步,但产业发展层次总体仍属于中低端。

在第一产业方面,黄石市第一产业现代化水平大大低于第二、第三产业,农业现代化滞后。农业发展以家庭经营为主,规模较小,农业基础设施不完善;农业效益长期低下,导致农村劳动力大量外出打工,农业专业劳动力缺乏,制约现代农业发展;农业科技化服务体系不健全,农业科技人才缺乏;农产品加工水平低,农产品品牌不强;农业社会化服务体系不完善,农业社会化服务专业技术人员不足;农业基础设施管理不善,兴修不足;农业废弃物污染严重,农业生态环境亟待保护。

在第二产业方面,黄石市一直是工业发展城市,一向保留着大多数城市的传统的工业发展模式,同时,产业发展常年以劳动密集型和资源消耗型企业为主,资源粗加工型传统支柱工业在产业中占据主导地位。由于传统产业经济效益不高,企业没有资金转型发展新型产业,导致黄石市高新技术产业比重较低,科技创新能力不足。2014年,在黄石市技术含量高的产业生产增加值中,电子信息产业增加值只有2.08亿元,占比仅为1.1%;至于附加值高的新能源与高效节能产业增加值只有4.89亿元,占比仅为2.5%。再加上黄石市对科技创新重视不够,科技投入不足,导致企业新技术研发能力很低。2014年,全市通过授权的发明专利量只有72件。2014年,全市在医药、通用设备、专用设备、交通运输设备、电子信息、仪器仪表等技术水准较高的行业的投资量是186.89亿元,仅占全市固定资产投资总量的16.3%。其中,医药制造业、机器仪表等分配到的投资额少之又少,在全市投资总量中占比分别只有1.3%、0.1%。

在第三产业方面,黄石市产业发展以重工业为主,对服务业投资偏少,服务业比重偏低,服务业总体发展水平偏低。第三产业还存在内部结构不合理等问题，主要体现在生产性服务业发展不足。黄石市紧邻武汉市，高端服务、生产性服务长期依赖武汉市，市场需求分流制约了黄石市服务业发展。黄石市服务业主要集中在消费领域，餐饮业、大型超市过剩，资源浪费，市场化发展程度不够，产业向新型服务业进级迟缓，新型服务业发展不足。黄石市经济增长仍然主要借助第一、第二产业来推动，发展空间不大。

目前，黄石市第三产业发展领域依然以交通运输业、仓储邮政业、批发和零售业、住宿餐饮业等传统服务业为主，这些传统产业的增加值占去了全市服务业增加值比重的44.3%，而金融保险、信息传输、计算机服务和软件业类的新型服务业增加值占比仅为13.9%。总之，黄石市服务业以现代物流业、体育休闲业、家庭服务业、金融业等为代表的现代服务业在第三产业中所占的比重偏低，新兴服务业形成规模和竞争优势还需要一个过程。

四 产业发展污染较大

实现"产业强市"发展战略要走新型工业化道路和可持续发展道路，产业发展不能走传统的"先污染、后治理"道路，在产业发展中要保护生态环境。黄石市"产业强市"就是在产业绿色发展前提下保障产业健康、持续发展。过去，黄石市的经济发展较快，主要依赖粗放经营推动，随着工业化进程的加快，依靠生产要素投入的资源型工业及原材料型工业与资源和环境的矛盾开始日益突出。

黄石市多年的矿山开发导致矿山地质和生态环境受到了严重破坏，塌陷、滑坡、泥石流等地质灾害频频发生，矿产、土地等资源的无节制开发，加剧了水土流失，湖泊等水环境也受到了严重污染。城区中的主要湖泊——磁湖、青山湖、大冶湖、保安湖，水体呈现严重富营养化状态，并且湖体容积不断被缩小，水体净化能力较以前大幅度降低。由于政府监管力度不大，许多经济效益不高的小型企业社会责任感不强，没有遵守环保法律要求安装环保设备。另外，农业发展中长期过量使用农药、化肥等，使得农村生态环境不断遭到破坏。

第五节 黄石市实现"产业强市"的对策思考

一 大力发展第三产业，促进产业比例协调发展

黄石市需要调整产业结构，调整第二、第三产业的比例关系，使产业结构由"二、三、一"向"三、二、一"发展。一是要注重第三产业的发展，加大对现有服务企业投入，做大、做强现有服务业。二是要引进外来资本发展黄石市服务业，加快发展接替产业。三是要协调生产型服务业和消费型服务业资源投入比重，积极发展健康养老、旅游休闲、家庭服务等生活性服务业，提高第三产业对经济发展的贡献率。四是要适当降低第二产业在经济中的比例，推进先进制造业发展，让高能耗、高污染、低附加值产业逐渐退出市场。最终要实现第二产业与第三产业的良性互动发展，实现经济持续协调增长，由主要依靠第二产业拉动增长向依靠第一、第二、第三产业协同发展、相互带动转变。

二 加大培育新兴产业，推进产业转型升级

由于传统的产业结构不能带来更好的经济发展，因此就需要寻找新的经济发展方式和替代产业。黄石市要把产业深度转型作为重点导向，振兴"黄石制造"，提升"黄石服务"，加快形成具有持续竞争力和支撑力的特色现代产业体系，促进产业转型升级。一是要加快推进黑色金属、有色金属、建材等传统支柱产业转型升级、提质增效，向中高端提升发展，支持重点企业加快转型发展，增强竞争力，抢占行业制高点，打造具有国内一流水平的特色冶金延伸加工产业基地，培育形成特钢、铜产品精深加工两个千亿元产业集群。二是要加快构建现代服务业体系，推进服务业与先进制造业、现代农业融合发展。以产业转型需求和提高分工效率为导向，加快发展智慧物流、金融服务、商务服务、信息技术服务、节能环保服务等行业，推动生产性服务业向专业化和价值链高端延伸。三是要改造传统产业，要解决好工人就业安置问题，加大资金投入，为失业工人提供新型产业所需要的

技能培训，让一部分失业工人尽快进入新兴产业就业。

三 促进技术进步，提高产业层次

第一，要大力发展现代农业。要增加对农业科技投入的总量和比重，加大农业科技化的发展力度，加快农业技术人才的培养，提高农业科技队伍的素质；要提高农产品加工水平，扩大农产品初、精、深加工，提高农产品附加值，大力推进农产品标准化生产，培育、整合、保护农产品品牌；要鼓励发展符合地方特色的农民合作社和农业龙头企业，不断进行农业社会化服务人才培训，提高农业社会化服务主体人员水平；要积极推进农田水利工程建设，对年久失修的设备进行修复或更换；要做好农田生态环境保护工作，从源头整治农业污染，推广高效益的生态农业模式。

第二，要改造升级第二产业。一是要充分利用黄石市在技术、人才等方面的优势，依靠已经建立的传统产业，以改造升级产业为调整方向，把光机电一体化、电子信息、生物技术、环保节能等五大领域作为今后发展的重心，以向高技术产业跨越发展作为发展目标。二是要围绕重点产业，合理延伸产业链，构建产业联网，做大做强黑色金属、有色金属、医药化工、建材、纺织服装、机械制造、能源、食品饮料等产业规模。三是要积极创建成为国家创新型试点城市，促进"产、学、研"协同发展的长效机制，企业要积极寻求与高校院所合作，学校要帮助企业筹建技术研究中心。四是要继续抓紧落实科技企业培育工作。激励科技成果推广实行，打造便于科技成果信息发布和共享平台，争取将更多科技成果转化为产业发展动力。五是要深入实施知识产权战略，强化企业主体地位，促进知识产权的创造性运用，力争发明专利增多，区域品牌加快建成，形成一批知名品牌和优势企业。

第三，要大力发展现代服务业，提高服务业整体水平。一是要调整服务业内部结构、拓宽服务产业功能、优化服务业空间布局，以传统服务业为基础，突破性发展信息、金融、法律、研发、设计、现代物流等资源占用少、污染少、附加值大、吸收就业多、有利于资源利用率提高的产业。二是要适当调整预算，支持服务业发展的重点项目，适当放宽小额贷款，为中小企业融资提供帮助。三是要调整有关服务业的政策，降低甚至消除服务业发展中一些不合理的具有阻碍性的、歧视性的准入门槛，规范服务业市场秩序，为服务业投资和发展营造良好的政策环境。

四 治理产业污染，实现绿色发展

黄石市要牢固树立"生态立市"理念，落实节约优先战略。积极推进工业结构战略调整，大力发展工业循环经济。一是要加大政府的监管力度，大力推进节能降耗，建立生态补偿机制和生态资源有偿使用机制，关闭效益低、资源消耗大的企业。二是要引导企业实现清洁生产，严格追究重大环境事件和污染事故责任。三是要在确保粮食生产安全的前提下，大力发展绿色生态农业，减少使用化肥、农药，鼓励循环利用农村沼气等可再生资源。四是要高效利用传统能源，同时加快发展新能源，构建安全可靠、清洁高效的能源供给保障体系。

参考文献

[1] 唐敏：《黄石市现代农业发展问题研究》，《湖北理工学院学报》2009 年第9 期。

[2] 杨旭升：《湖北省黄石市服务业发展研究》，《科技创业月刊》2012 年第2 期。

[3] 余际从、李凤：《国外矿产资源型城市转型过程中可供借鉴的做法经验和教训》，《中国矿业》2004 年第13 卷第2 期。

[4] 王小平：《关于资源型城市产业转型的思考——巩义市产业转型的经验借鉴及启示》，《中国矿业》2007 年第16 卷第8 期。

[5] 赵明亮：《新常态下中国产业协调发展路径——基于产业关联视角的研究》，《东岳论丛》2015 年第36 卷第2 期。

[6] 王海洁：《改变产业结构单一现状促进资源性城市可持续发展——以黄石市可持续发展面临的困境及解决建议为例》，《吉林农业》2016 年第7 期。

[7] 方月梅:《以循环经济牵引黄石资源枯竭型城市成功转型》,湖北理工学院硕士学位论文,2011年。

[8] 黄石市统计局:《黄石市统计年鉴》,2010—2016年。

[9] 骆友科:《推动湖北高新技术产业跨越式发展的思考》,湖北省政府办公厅,2011年。

[10] 郭雨辰:《黄石发展高新技术产业存在问题及对策建议》,《华中师范大学学报》(人文社会科学版)2015年第12期。

第三章　新型工业化与黄石市生态城镇化的实现研究

本章提要：新型工业化是生态城镇化发展的动力，它有利于实现生态城镇化发展过程中所要求的发展生态经济、建设生态宜居型城市、促进城乡一体化、实现可持续发展等目标。黄石市经济发展已经进入工业化中期阶段，拥有工业基础、区位优势、发展经验及政策支持等多方面的有利条件，也在新型工业化与生态城镇化发展方面取得了诸多成效，但仍存在产业转型压力大、企业经济效益不高、技术研发能力不足、工业污染严重等问题。促进黄石市新型工业化与生态城镇化的实现，必须加快资源型产业的结构调整、提高企业经济效益、引进和培养高素质人才、加强治理工业污染。

第一节　引言

党的十八大报告指出，中国要走新型工业化、新型城镇化（生态城镇化是新型城镇化的一种实现形式）道路，实现两者良性互动，协调增长，促进国民经济又好又快发展。在此背景之下，黄石市"十三五"规划纲要指出，黄石市要牢固树立创新、协调、绿色、开放、共享五大发展理念，继续坚持"生态立市"、产业强市，推进城市深度转型，建设生态宜居型城市，全面提升区域中心功能。力争到"十三五"末把黄石市建设成为鄂东区域性中心城市、长江经济带重要节点城市和国家生态文明先行示范区。新型工业化是生态城镇化发展的动力，新型工业化的发展有利于实现生态城镇化。

改革开放以来，黄石市新型工业化和生态城镇化不断发展，生态环境保护方面也取得了显著成效。2010 年，黄石市被评为国家新型工业化示范基地、全国科技进步示范市。当前，黄石市拥有工业园区 8 个，其中黄石经济技术开发区被评为国家级经济技术开发区，大冶经济开发区先后被评为"省级金属新材料新型工业化产业示范基地""省级高效节能换热装备高新技术产业示范基地"。2011—2015 年间，黄石市城镇化率从 58.95% 上升到 61.3%，林地占总土地资源面积从 28.34% 上升为 36.09%，并于 2008 年被评为国家园林城市，2015 年被授予"省级森林城市"称号。

尽管黄石市在新型工业化与生态城镇化方面取得了较大成效，但仍然存在不少问题。如黄石市在产业转型、新型工业化的发展资金、创新型人才等方面仍然存在很大的问题。同时，黄石市依托工业发展起来的城市，工业污染非常严重，这些问题制约着黄石市新型工业化的推进和生态城镇化的实现。对此进行研究，探讨解决问题的有效对策，无疑有助于促进黄石市新型工业化的发展与生态城镇化的实现。

第二节　理论概述

本研究的分析需要运用以下理论。

一　生态城镇化理论

（一）生态城镇化的内涵

生态城镇化的"生态"就是指要将生态文明建设融入城镇化的过程中去，由过去片面追求城市规模的扩张，转变为以提升城镇的生态文明、公共服务等内涵为重心，使我们的城镇成为真正具有较高品质的宜居、宜业之所。生态城镇化的"城镇"已不是一般概念的城镇，而是与其所处的区域构成一个有机的生态系统；是人、自然与社会、环境和谐共生、协调发展的生态型可持续发展城镇；是一个不断探索创新的生态化发展过程，同时也是人类自身发展的过程，它与传统的小城镇有着本质的区别。生态城镇化真正代表了城镇未来的发展方向和战略目标，是人们实现城镇可持续发展的有效途径。

（二）生态城镇化的特征

生态城镇化是以生态理念为主旨，将生态文明建设融入城镇化全过程，这是生态城镇化的基本特征。

生态城镇化不仅在风格上要有独特魅力，在产业发展模式上也要有鲜明的个性。要因地制宜发展个性化的特色产业，宜工则工、宜农则农、宜游则游，努力保持好和发挥好个性化特色，并使之转化为促进城镇化发展的动力。

在生态城镇化过程中，关键问题是以人为本——即人本化的城镇化。推进生态城镇化，核心是人的城镇化，关键是提高城镇化质量，目的是造福百姓。在未来5到10年间，中国的城镇化将更注重其以人为本的民生属性。

循环利用是依据循环经济理念，顺应清洁生产的要求而形成的生态型生产消费模式。要通过建设生态产业园区，用物流等方式把不同工厂或企业连接起来，形成资源共享和副产品的合理利用的产业共同生存，遵循资源—产品—再生资源的循环经济模式，实现低投入、低排放、高产出的"两低一高"的经济运行效果。这是建设资源节约型、环境友好型生态城镇的有效途径。

新型城镇化以城乡统筹发展、产业互动、生态宜居为基本特征，要求与工业化、信息化、农业现代化同步推进，实现人口、经济、资源和环境的协调发展。生态城镇化是新型城镇化的实现形式，生态城镇化和新型城镇化都要求实现经济、社会、资源和环境的协调发展，但两者也存在明显区别。生态城镇化相对于新型城镇化更加强调生态环境的可持续发展，它以生态文明建设为主题，是实现在生态环境可持续发展基础上的经济、社会、资源的可持续发展，是针对我国经济、社会、城镇长期发展状况所提出的新型城镇化正确的发展方向，是对新型城镇化的进一步深化。

二 新型工业化理论

(一) 新型工业化理论的内涵

2002 年 11 月, 党的十六大提出"走新型工业化道路"。与传统工业化相比, 新型工业化的"新"在资源环境方面主要体现在更加注重能源效率和环境保护, 它是在可持续发展的基础上实现的, 是一种质量型和低成本的工业化。所谓新型工业化, 就是坚持以信息化带动工业化, 以工业化促进信息化。就是科技含量高、经济效益好、资源消耗低、环境污染少、人力资源优势得到充分发挥的工业化。它要求在发展中应充分考虑资源节约与环境友好问题, 以生态环境的承载能力为现实基础, 提高资源、能源利用效率, 实施清洁生产, 发展循环经济, 减少污染物的产生与排放, 最终实现工业的绿色、低碳、循环、可持续发展。

(二) 新型工业化的特征

第一, 是以信息化为新基础。信息化贯穿于整个工业化过程, 这是新型工业化与传统工业化和发达国家工业化最大的不同。不同于以资源禀赋为基础来发展工业化, 新型工业化强调信息化与工业化的融合, 这一点主要体现在: 一是以信息技术为基础, 发展高新技术产业和新兴产业, 逐步实现产业结构向高附加值产业转变。二是以信息技术来改造传统制造业, 一方面提高企业现有的科技水平和产品的附加值, 满足居民对高科技、信息化产品的需求; 另一方面改进工业生产技术, 更新高效率的生产设备, 提高资源的利用效率, 减少污染排放, 提高工业的集约化和生态化水平。三是随着信息技术的发展, 现代信息基础设施建设增多, 企业通过电子商务平台等信息化系统在资源获取、生产、管理和销售上速度更快、成本更低, 有利于提高工业生产的速度、质量和效益。

第二, 是以市场推动为新主体。新型工业化以市场为主体, 以政府为辅助引导, 重视市场机制作用。在计划经济体制下, 政府在资源配置中处于关键地位, 生产规模、生产结构、要素分配、产品销售完全由政府决定，导致了供给与消费失衡，资源配置无效，生产效率低下等问题。新型工业化顺应国际经济趋势，充分发挥市场在资源配置中的作用，充分利用国内外两个市场，突破资源、资本、技术和人才短缺的限制，同时以发挥政府的引导作用来弥补市场不足，营造公平竞争的环境，为工业化注入新鲜血液和活力。

第三，是以人力资源为新优势。新型工业化重视发挥人力资源，优化就业结构，实现充分就业。传统工业化在用人制度上，比较重视劳动力数量的变化，而忽视了质量的提高。随着工业化的进程加快，大量农民涌入城镇和非农产业。新型工业化在用人制度上，一方面利用人口红利的优势，重视对农民工的培训教育，提高其职业技能，继续发挥我国劳动力数量多、成本低的优势；另一方面还引进大量创新型和高技术型人才，提高劳动生产率和企业的整体竞争力。此外还要求，要结合我国农村劳动力众多的现实，将充分就业和要素生产率相结合，正确处理好劳动密集型产业与资本密集型、知识密集型产业的关系。

第四，是以节能环保为新理念。新型工业化坚持节能环保，在资源利用、污染排放上提出了更高的要求，力求经济、社会、生态效益的统一。传统工业化以经济发展为首任，走以牺牲环境、资源为代价的粗放型发展道路。新型工业化则在发展经济的同时更重视生态化、集约化水平的提高，促使工业企业的生产方式由"三高一低"（即高能耗、高污染、高排放、低效率）向"三低一高"（即低能耗、低污染、低排放、高效率）转变，从原料采购、生产到销售各个环节上都严格要求，坚持走低碳经济道路。

三　产业结构理论

产业结构是指在社会再生产过程中，一个国家或地区的产业组成——即资源在产业间的配置状态、产业发展水平——即各产业所占比重，以及产业间的技术经济联系——即产业间相互依存相互作用的方式。产业结构理论是以产业之间的技术经济联系及其联系方式为研究对象，寻求最优经济增长途径为目的的应用经济理论。它是将经济分析深入到产业结构层次，在进行"产业结构"分析和"产业结构政策"实践的探索过程中逐步产生、发展起来的。产业结构演变与经济增长具有内在的联系，产业结构的高变换率会导致经济总量的高增长率，而经济总量的高增长率也会导致产业结构的高变换率。产业结构作为以往经济增长的结果和未来经济增长的基础，成为推动经济发展的主要因素。产业结构是同经济发展相对应而不断变动的，这种变动主要表现为产业结构由低级向高级演进的高度化和产业结构横向演变的合理化。这种结构的高度化和合理化推动着经济的向前发展。因此，产业结构理论研究各产业之间相互联系及其数量比例关系、产业间的数量比例关系是否合理，对产业发展具有重要意义。

四 可持续发展理论

可持续发展是指既满足当代人的需要，又不对后代人满足其需要的能力构成危害的发展。在具体内容方面，可持续发展理论涉及可持续经济、可持续生态和可持续社会三个方面的协调统一，要求人类在发展过程中讲究经济效率、关注生态和谐和追求社会公平，最终达到人的全面发展。其中，实现可持续经济，是实现可持续发展的核心。在可持续经济发展方面，经济是发展的基础，可持续发展鼓励经济增长，但不仅重视经济量的增长，更追求经济发展的质量。可持续发展，要求改变传统的以"高投入、高耗能、高污染"为特征的经济发展方式，追求清洁生产，提高经济活动的效益，节约资源，减少废物，保护环境。

第三节 新型工业化对实现黄石市生态城镇化的积极作用

一 提供生态城镇化的发展动力

新型工业化是新型城镇化发展的动力，它和新型城镇化存在很高的正相关性。调查研究显示，新型工业化带动新型城镇化增长的弹性系数为 0.7058——即新型工业化程度每提高 1%，新型城镇化水平提高0.7058 个百分点。推进新型工业化是实现新型城镇化的必经之路，而生态城镇化又是新型城镇化的实现形式，因此新型工业化也是生态城镇化的发展动力。

（一）调整产业结构，提升城镇化质量

新型工业化坚持以信息化带动工业化，以工业化促进信息化；要求利用高新技术改造传统产业，实现产业结构向更高层次发展。一方面，产业结构的优化调整可以使过去单纯依靠资源消耗来发展的高污染、高排放的企业经过技术改造实现转型发展，降低资源消耗和环境污染，从而使产业结构更加合理，走出一条科技含量高、经济效益好、资源消耗低、环境污染少、人力资源优势得到充分发挥的新型工业化道路。另一方面，新型工业化强调信息化与工业化的融合，发展高新技术产业和新兴产业，逐步实现产业结构向高附加值产业转变。这种产业结构向更高层次的转变会增加产品的竞争优势，提升产品的竞争力，改变过去单纯依靠资源消耗或者薄利多销的经营状态。产业结构向高附加价值转变可以提高企业的效益，使企业有更充足的资金进行技术改造以及安装节能减排的装备，从而降低污染，有利于实现生态城镇化。新型工业化可以依托信息化，通过产业结构的调整为生态城镇化提供新的产业支撑，从而在产业层面提升城镇化的发展质量。

黄石市自推进新型工业化以来，产业结构的调整已取得较大成效。通过狠抓新上项目和实施技术改造，全年实施产业转型和重点企业技改项目 400 多个。产业发展已经从主要依靠工业带动向工业、服务业协同带动转变，工业发展通过结构调整、自主创新和"两化融合"，从传统产业"一业独大"向传统产业、接替产业和新兴产业"多业并举"转变。2015 年，黄石市轻重工业比由去年同期的 15∶85 调整为16.9∶83.1，冶金、建材两大行业产值占黄石市工业比重为 52.6%，较上年末下降 0.6%。在产业结构调整的基础上，2015 年黄石市规模以上工业综合能源消费量为 804.72 万吨标准煤，下降 8.59%，其中煤炭消费量 910.49 万吨，下降 4.66%；焦炭消费量 162.05 万吨，下降 21.8%；天然气消费量 24316.66 万立方米，下降 0.72%；油类消费量 4.72 万吨，下降 7.46%。

（二）带动第三产业发展，促进城镇化进程

新型工业化在发展的过程中需要产品销售、技术支持、产品设计等相应的服务支持，这就要求第三产业相应发展，这会吸引更多的农村剩余劳动力进入城镇，提高城镇化率。与此同时，新型工业化的科技含量高、资源利用率高等优点可以使得企业的经济效益更好，这会进一步增加居民收入，居民收入的提高会促进消费需求的多样化，消费需求的多样化则要求服务业的种类多样化，进而可以吸引更多的农村剩余劳动力进入城镇，投身于第三产业，推进城镇化。

黄石市自推进新型工业化以来不断调整产业结构，第三产业的从业人数和生产总值在逐年上升。以上情况可参见表 3 - 1。

表 3 - 1   2010—2014 年黄石市第三产业从业人员比例及生产总值情况

年份	2010	2011	2012	2013	2014
第三产业从业人员比例	38.44%	38.71%	39.10%	39.12%	39.72%
第三产业生产总值（亿元）	241.58	279.59	310.05	347.62	390.08

数据来源：2011—2015 年《黄石市统计年鉴》。

（三）完善基础设施，提高城镇化水平

新型工业化的发展要求有相应的配套设施，这些配套设施可以为新型工业化的推进提供相应的水电、交通、通信等方面的便利。因此，新型工业化的发展自然会带动城市基础设施的发展和完善，这就为生态城镇化的实现和进一步发展提供了有利条件。而随着城镇各种基础设施的完善，城镇化会助力工业化发展，形成城镇化与工业化的良性循环。

二　有利于建设生态宜居城市

（一）发展循环经济，促进生态宜居

黄石市自推进新型工业化以来，在发展循环经济方面已经取得了较大成效。例如，大冶有色金属集团控股有限公司是湖北省省级循环经济试点企业，"十二五"以来，它始终坚持绿色发展理念，大力培育和发展循环经济产业链，在节能减排、绿色工业上取得了可喜成效，被评为国家新型工业化示范基地。

"十二五"期间，大冶有色金属集团控股有限公司在发展过程中充分考虑与周边的装备制造、冶金、化工等大企业的有机衔接和融合，注重社会废弃物资的回收利用，以此构建了"生产者—消费者—分解者—生产者"的物质循环模式。依托园区已建的废弃电子产品、废弃机械产品拆解线，为后续的有色金属即再生铜回收利用提供原材料，同时对生产过程的阳极泥进行回收提取稀贵金属，强化以有色金属回收利用为核心的深加工链；新增报废汽车、废塑料、废橡胶循环利用产业链，实现产品结构由初级原料向精深产品加工的扩展和延伸；最终将园区建设成具有精细化加工、集约化生产、社会化循环、绿色化运行、规范化管理的"城市矿产"资源综合利用基地。产业园最终形成四大主要循环利用产业链：有色金属回收利用产业链、废钢铁回收利用产业链、废塑料回收利用产业链、废橡胶循环利用产业链。

（二）推行清洁生产，促进生态宜居

如表 3 - 2 所示，黄石市自推行清洁生产以来已经取得较大成效，工业废水、工业二氧化硫、工业烟尘排放量在不断减少。

黄石市推行清洁生产具有代表性的企业有：劲牌有限公司、黄石东贝电气有限公司、阳新娲石水泥有限公司等。以劲牌有限公司为例，该公司努力提升绿色发展意识，持续推行清洁生产，坚持源头预防、全生产过程污染物减量控制，全面推进"能源计量信息化系统"建设，推广应用无土过滤技术，近 3 年持续实施清洁生产改造方案近 2600 项，有效提升了公司技术工艺水平、装备水平和资源综合利用效率，降低了资源能源消耗。通过固化清洁生产审核小组，确定清洁生产管理机构，配置专业清洁生产管理岗位，将清洁生产工作纳入公司日常管理工作范畴，公司清洁生产管理实现了由单纯的"末端治理"向"源头削减、过程控制、末端治理、循环经济"综合管理模式的转变。

表 3 - 2　　　　黄石市工业废水、二氧化硫、工业烟尘排放量

年份	工业废水排放量（万吨）	工业二氧化硫排放量（万吨）	工业烟尘排放量（万吨）
2011	7062	9.15	3.66
2012	5095	8.34	2.15
2013	5073	8.24	2.48
2014	5012	6.55	2.33

数据来源：2012—2015 年《黄石市统计年鉴》。

需要指出的是，黄石市工业发展目前还是以传统工业为主，尚未完全实现新型工业化。而新型工业化发展循环经济、推行清洁生产有利于环境质量的改善，因此继续推进新型工业化必然会加快黄石市环境质量水平的进一步改善，从而加快生态宜居型城市的建设，实现生态城镇化。

三　有利于加快城乡产业一体化

新型城镇化要求改变传统的城乡割裂发展的模式，实现城乡结合发展。生态城镇化是新型城镇化的实现形式，因此生态城镇化也要求实现城乡一体化。城乡一体化包括基础设施一体化、产业一体化、居民收入一体化、城乡社会保障水平一体化。其中产业一体化是推动城乡一体化的重要基础。新型工业化要求城乡联合发展，实现城乡要素互通，这就必然要求城乡基础设施的对接和完善，因此，新型工业化有利于实现城乡产业一体化，推进生态城镇化的实现。

新型工业化要求发展城镇生态工业和乡村生态农业，实现城乡产业功能对接，城乡之间通过生产要素的自由流动，相互协作、优势互补、互为依赖，实现城乡产业统筹发展，优化农村产业结构，引导城市资金、技术、人才、管理等生产要素向农村流动，加快城乡一体化。同时，新型工业化以信息化为基础，可以为农村产业的发展提供技术支

持，加快农村传统产业的技术改造和结构的优化调整，不断提高农村产业自身的产业层次和发展水平，提高农村产业的竞争力。在此基础上促进城乡产业功能对接，实现城乡产业一体化。黄石市大力推进新型工业化进程有利于在实现城乡产业一体化的基础上推进城镇化建设的步伐。可以看到，自黄石市推进新型工业化以来，其在城乡产业一体化方面已经取得了较大成效。

黄石市下辖的阳新县近年来努力推动农业发展，加快城乡产业一体化，大力推进农产品基地建设，推进农业产业化进程。目前已建成了十大产业基地，包括：粮食生产基地、油料生产基地、湖蒿生产基地、蔬菜生产基地、油茶生产基地、生猪生产基地、水产养殖基地、食用菌生产基地、林特苗木生产基地、中药材生产基地。阳新县在加快农业产业基地建设的同时，也在不断加快与之相配套的农田水利设施建设，抓紧建设一批现代农业示范园区，充分发挥产业集群的优势，形成农业产业一体化的一条龙服务。需要指出的是，农业产业园区的建设需要来自城市的资金、技术、人才和管理经验等多方面的支持，城区可以为农产品的深度加工提供场所，为农产品的销售提供市场，这会促进城乡之间的各种生产要素的流通，实现城乡产业的功能对接，加快城乡产业一体化进程。

第四节　黄石市发展新型工业化的有利条件

一　工业基础

新型工业化的推进需要良好的工业基础作支撑，良好的工业基础可以为新型工业化提供技术改造和更新换代的条件。

黄石市作为全国老工业基地，工业基础雄厚。

一是黄石市工业规模大。如表3-3所示，黄石市的工业主要以有色金属、黑色金属、装备制造、建材、食品饮料等为主，这些产业的产值占全市工业总产值的比重如图所示高达81.4%，形成了有色金属、黑色金属、装备制造、建材、食品饮料、化工医药、纺织服装、能源八个主导产业集群。2015 年，黄石市规模以上工业总产值 1000 亿元以上，规模以上工业企业 724 家，其中产值过亿元的企业 274 家，产值占规模以上工业总产值的 89.7%。全市百亿元企业 4 家，引进了 7 家世界 500 强企业，工业经济占 GDP 的比重达 52%。

二是黄石市有一批大企业。例如，黄石市拥有全国十大特种钢企业之一的新冶钢，是中国现存最早的钢铁企业之一，素有中国"钢铁工业摇篮"之称。新冶钢位居中国企业 500 强和中国制造业 500 强之列，是国内装备最齐全、生产规模最大的特殊钢生产企业之一；是全球规格最全、生产规模最大的中厚壁无缝钢管生产基地。黄石市还拥有全国六大铜矿之一的大冶有色金属集团控股有限公司，系湖北省重点骨干企业，还是中国 500 强企业之一（2013 年排名第 180 位）。黄石市拥有水泥工业全国三大水泥集团之一的华新水泥，华新水泥股份有限公司被誉为中国水泥工业的摇篮。截止到 2012 年，华新水泥股份有限公司在湖北、湖南、江苏、云南、西藏、河南、四川、重庆等省市及中亚的塔吉克斯坦，拥有 100 余个分（子）公司，年水泥生产能力突破 7000 万吨，总资产达 230 余亿元，综合实力居国内同行业前列，为中国制造业 500 强企业和财富中国 500 强企业。

三是黄石市拥有多家知名品牌。截至 2015 年底，全市累计创立中国驰名商标 15 项，国家地理标志保护产品、农产品地理标志产品 4 项，累计创湖北名牌产品达 81 个，服务业湖北名牌 1 个，湖北省著名商标 102 项。2015 年全市名牌企业全年实现产值 853.38 亿元，资产达到 1144.65 亿元，实现利润 25.33 亿元，上缴税金 34.55 亿元，全市名牌企业产值、利润分别占全市规模以上企业产值的 43.80% 和 42.10%。

总之，黄石市的工业发展历史悠久，产业集中，拥有一批知名企业和品牌，市场占有率较高，从而为黄石市新型工业化的发展奠定了良好的发展基础。

表 3 - 3　　　　黄石市工业各产业产值及占工业总产值比重

产　业	产值（亿元）	占全市工业比重（％）
有色金属	422. 19	21. 70
黑色金属	370. 25	19. 00
装备制造	208. 93	10. 70
建　材	185. 80	9. 50
食品饮料	131. 48	6. 80
化工医药	120. 83	6. 20
纺织服装	82. 76	4. 30
能　源	63. 12	3. 20
合　计	1585. 36	81. 40

数据来源：2015 年《黄石市统计年鉴》。

二　工业园区化

新型工业化要求走一条科技含量高、经济效益好、资源消耗低、环境污染少、人力资源优势得到充分发挥的道路。要求利用高新技术对现有产业进行更新和改造，对污染进行治理。一方面，工业园区的存在可以使园区内的企业之间方便地进行技术、信息、人才方面的交流，推动高新技术产业的发展。另一方面，工业园区内企业由于集聚效应形成产业集群，形成采购、加工、销售等产业链的一条龙服务，有利于降低企业成本，也可以使很多企业共享基础设施和污染处理设备，集中治理污染，从而降低污染治理的成本，提高企业的经济效益。

（一）发挥集聚效应，推动高新技术产业发展

黄石市的主导产业以钢铁、机械、电力等资本密集型产业为主，产业链较之前有所增长，依存度也有一定的提高，导致产业在空间上的集聚范围扩大。同时，黄石市八大工业园区的建设和加速发展也进一步加速了城镇化的进程。工业园区吸引了更多的企业和劳动力往城市地区聚集，促进了黄石市城镇人口和城镇规模的扩大。

以黄石经济技术开发区为例，经过 20 年多的开发建设，黄石市的开发区各项事业从无到有，项目由少到多，企业从小到大，不断发展，

先后吸引了宝钢集团、华润啤酒、正威国际、沪士电子、台湾欣兴、航天科技等一批国内外知名企业投资落户，东贝机电、大冶有色、美尔雅、三丰智能等上市企业，劲牌、三环锻压等优质本土企业也均已落户于此。黄石市工业园区的建设成效显著：2014 年黄石经济开发区、黄石港工业园、西塞山工业园、下陆长乐工业园、大冶经济开发区、大冶灵成工业园以及阳新工业园的生产总值达到 954.22 亿元，占全年工业总产值的 40% 左右；由于企业的集聚效应，开发区的行政区域面积从 2011 年的 180 平方公里扩大到 2015 年的 430 平方公里；开发区的总人口数量不断增加，从 2010 年的 17.29 万人增加到 2015 年的 28.52 万人。产业集聚效应的存在使开发区面积不断扩大、人口数量不断增加，同时这些企业之间还共享开发区提供的基础设施，加快了各个企业之间的人才、信息交流，促进了高新技术产业的发展和企业创新能力的提高，推进了新型工业化的实现。

（二）集中处理污染，降低企业成本

工业园区的建设可以使园区内的企业共享基础设施，可以利用公共基础设施集中处理污染。污染的集中处理不仅可以降低企业成本，还可以在集中处理的基础上实现废弃物的循环利用，实现经济效益和社会效益的统一。

以黄石市黄金山开发区为例。黄金山开发区是黄石市未来新的经济增长点和主要的工业区，功能以工业为主，兼有居住、休闲度假、物流等。过去，由于开发区是以工业为主，在生产过程中产生了大量的废水，如果不对废水进行无害化处理和循环利用将会对环境造成极大的破坏，并且也会造成资源的严重浪费。黄金山开发区为了响应国家、省和市低碳转型战略导向，近几年来，高度重视节能节水减排工作，建立了污水处理厂，专门处理园区内的废水。自污水处理厂成功处理污水并实现水资源的循环利用以来，开发区内水耗强度指标一直呈下降势。2011—2012 年开发区单位 GDP 用水量分别为 12.92 立方米/万元、7.97 立方米/万元，同期全国单位 GDP 平均用水量为 136.10 立方米/万元和 127.90 立方米/万元，开发区水耗强度远低于全国平均水耗强度。

三　区位优势

良好的经济区位意味着一个国家或地区的经济具有很强的吸引力和辐射力。拥有良好的区位优势，一方面，可以通过城市的辐射作用，充分利用有利的交通条件和周边城市的带动作用为新型工业化发展提供广阔的市场，市场的扩大会增加企业的收益进一步推进新型工业化进程；另一方面，可以通过吸引作用，吸引新型工业化所需要的资金、技术、人才和管理经验的进入，这些生产要素的进入会促进新型工业化进程。

黄石市国土总面积4583平方公里，东北临长江，与黄冈市（浠水县、蕲春县、武穴市）隔江相望，北接鄂州市鄂城区，西靠武汉市江夏区、鄂州市梁子湖区，西南与咸宁市咸安区、通山县为邻，东南与江西省九江市武宁县、瑞昌市接壤。黄石市地理区位十分优越，处在国家"十"字形一级发展轴线上，是全国53个重点港口城市和133个客货主枢纽城市之一，拥有国家一类水运口岸，海关、商检、边检等口岸大通关服务设施配套完善，黄石（B型）物流保税中心即将建成，5000吨级远洋货轮可常年自由进出，武九铁路贯穿全境，与京广、京九两条大动脉毗邻，武黄城际高铁的通车运营成功将黄石市融入武汉市半小时生活圈，大广、沪渝、福银、杭瑞四条高速公路在黄石市交汇，形成了高速公路、铁路、水运综合配套的立体交通运输体系，是承东启西、贯南通北之地。黄石市良好的经济区位，有利于招商引资，吸引外来资金、技术、人才和项目。促进黄石市新型工业化的发展，也有利于促进黄石市产品走出去，增强黄石市经济辐射力。

以正威国际集团为例。2013年，黄石市吸引了正威集团的入驻，正威集团与黄石市计划共同打造黄石正威电子信息产业园。该项目总投资200亿元，是黄石市近年来招商引资的最大项目。一期投资100亿元，将于18个月内建成投产，建成后，年销售收入可达400亿—600亿元人民币。黄石正威电子信息产业园项目分两期建设，一期为50万吨精铜及线缆系列项目，投资额100亿元；二期为电子信息项目，投资额100亿元。该项目落户黄石市，必将吸引正威国际集团更多的合作伙伴来此地投资发展。

四 发展经验

传统工业向新型工业化转型，需要借鉴新型工业化发展的先进经验。2010 年，以湖北下陆长乐山循环经济工业园为主的铜及铜材加工基地获批为国家新型工业化示范基地。经过多年的发展，该基地培育了以大冶有色金属冶炼厂为主的循环经济铜产业链。

大冶有色金属冶炼厂大力发展循环经济，在废气、废渣、废水的综合利用上取得了较大成效。

首先在废渣的综合利用上。大冶有色金属冶炼厂从铜冶炼、电解的废渣中提取出了黄金、白银、二氧化硒、碲、钯、铂、硫酸镍、硫酸铜8 种主打产品，并取得较大的经济收益。大冶有色冶炼厂冶炼处理后产生的杂质污酸，含有砷、铜等废弃物，一直以来通过国内普遍采用的"三段铁盐絮凝法"处理污酸。每天产生的污酸废渣，从过去的 2.5 万吨锐减至 2000 吨。同时，废渣不再是危险废物，而是普通垃圾。

其次在废气的综合利用上。大冶有色金属冶炼厂通过技术装备的改造，将铜冶炼过程中产生的烟气全部经电收尘器收尘。另外，还把从铜冶炼生产过程中回收的二氧化硫烟气制取硫酸，形成"铜冶炼—二氧化硫烟气—硫酸"产业链，年产量达 60 万吨。并且利用烟气的余热年产蒸汽 32 万吨，直接转供给电解系统和制氧系统使用，每年节约用煤 3万余吨。既解决了环境污染问题，又取得了良好的社会效益和经济效益。

最后在废水的循环综合利用上。大冶有色金属冶炼厂进行水循环的设备升级和技术改造，建起了两个总容量约为 3000 立方米的大型沉淀池。目前，该厂年污水处理量已从 400 万吨扩大到 1100 万吨，为企业节约了大量的资金。

黄石市的工业主要以有色金属、建材、纺织服装、钢铁水泥等为主，这些工业都很适合发展循环经济，黄石市可以推广大冶有色金属冶炼厂丰富的发展经验，发挥其示范带动作用，加快新型工业化进程。

五　政策支持

新型工业化的发展，离不开政府的政策支持。黄石市在发展新型工业化方面享有中央政府财政、融资、土地等方面的政策支持，其中黄石经济技术开发区享受国家级开发区政策，所辖的阳新县享受西部大开发政策。黄石市作为武汉城市圈的副中心城市，享受一系列先行先试的政策，也有利于黄石市新型工业化的发展。

（一）财政政策

为贯彻积极的财政政策，支持全市深化改革发展和重大项目建设，黄石市财政及相关部门积极向上争取财政转移支付政策和资金，目前已经争取到包括资源枯竭城市转型补助等财政资助，以及一般转移支付项目资金约44亿元，较年初预算增加15亿元。为了鼓励黄石市高新技术开发区内企业开展技术创新活动，市创业中心出台了《开发区企业研发经费补助资金管理办法》，对高新技术开发区内企业自主创新性强、技术含量高、产业关联度大、市场前景广的项目进行支持，大幅度调高了相关奖励和补助的标准。2016年度第一批科技经费资金安排计划总额达448万元，其中资助类资金达180万元，研发经费补助类资金达267.7万元，涉及企业38家，各项奖补指标均创下近年新高。

在健全人才集聚流动机制方面，黄石市《关于促进产业转型升级大力培育总部经济的若干意见》提出，要建立培育高端人才、培养专业人才、完善人才服务等机制，推进人才评价机制。对省级认定的产业领军人才直接给予50万元至200万元的奖励补贴。

（二）税收政策

为贯彻落实中央供给侧结构性改革，降低企业生产成本，减轻企业税收负担，黄石市积极推进"营改增"试点等结构性减税政策，全市税收收入减收幅度较大。

为推进高新技术企业认定，进一步提高企业申报积极性，黄石市加大了对高新技术企业的政策支持力度，对当年通过认定（含重新认定）的高新技术企业一次性奖励10万元，以此进一步推动全市高新技术企业申报认定和高新技术产品开发工作。同时，加大政策宣传，加强与财政、税务等部门的沟通协调，全面推动高新技术企业税收减免和研发费用加计扣除等优惠政策的落实，全力确保完成全市高新技术企业申报目标。

（三）招商引资政策

黄石市《关于促进产业转型升级大力培育总部经济的若干意见》提出，要大力拓宽企业融资渠道，建立融资风险补偿机制，完善创业投资政府引导机制。支持社会资本参股政府设立的各类引导基金设立天使基金，强化对科技创新成果在种子期、初创期的投入。该文件要求，要推进"双创"改革试验，打造产、学、研、用紧密合作的创新平台，支持产业发展载体建设。按照"基地＋孵化器＋基金＋联盟"的推进模式，培育一批新经济领域发展示范园区，壮大新经济发展主阵地。此外，要依据进区项目需求，市开发区管委会协调银行、基金、证券公司、投资公司、担保公司等单位为企业提供金融支持，方便服务企业设立账户、定制金融产品，扶持鼓励企业上市融资，并且鼓励市级投融资公司市场化转型和直接融资，不断提高其造血功能和融资能力。积极推进政府与社会资本合作，力促四个 PPP 项目成功入选第三批国家示范项目。

第五节　黄石市发展新型工业化的不利条件

一　资源枯竭产业转型压力大

新型工业化强调信息化与工业化的融合，要求对原有的产业进行技术改造和更新换代，发展高新技术产业和新兴产业，逐步实现工业经济结构向高附加值转变。

黄石市作为典型的资源城市，第二产业在三大产业中占有很大比重。黄石市第二产业占三大产业的比重虽然呈下降趋势，但截至2015年，占比仍高达一半以上。同时，产业结构呈现高度的非均衡，传统产业比重较大，普遍存在着设备老化、技术落后、包袱沉重、竞争力不强等诸多问题。黄石市传统产业比重过大严重束缚了黄石市的产业结构转换能力，制约着新型工业化的推进。如表3-4所示，黄石市规模以上工业总产值为1749.3亿元，以黑色金属冶炼和延压加工业以及有色金属冶炼和延压加工业为代表的传统工业生产总值为883.29亿元；加上非金属矿物制品业，三者占规模以上工业总产值的65.82%。以上统计分析说明，传统产业仍然是黄石经济发展最重要的支柱。因此，黄石市要把运用先进技术改造提升传统产业，放在更为突出的位置。

表3-4　　　　　　　　　　黄石市资源型产业产值情况

	工业总产值（亿元）	百分比（%）
规模以上工业总产值	1749.30	100
黑色金属冶炼和延压加工业	374.99	21.44
有色金属冶炼和延压加工业	508.30	29.05
非金属矿物制品业	268.22	15.33

数据来源：2015年《黄石市统计年鉴》。

二　企业效益不高

新型工业化的推进主要依赖于企业推进技术创新，企业推进技术创新的资金应主要源于企业自身。

黄石市是一个以重工业为主的资源型城市，产品主要为重工业产品。比如：煤炭、钢材、水泥等，而目前在我国这些产品普遍产能过剩，价格下滑严重，有的产品甚至出现严重的亏损，企业效益不高。受此影响，黄石市工业经济效益不断下滑。以2013年价格指数100为基数，2014年黄石市全部工业产品价格指数为95.5。其中轻工业为99.6，重工业为94.6，原料工业为94，加工工业为95.1，采掘业为93.9。同时，黄石市工业经济效益综合指数中成本费用利润率，从2010年的4.26下降到2014年的3.63，成本费用利润率处于较低水平（见图3-1）。工业产品销售率也呈下降趋势。产能的过剩以及工业产品价格下降，导致企业经济效益不佳，致使对于创新的投入不足，严重制约了黄石市企业创新能力的提升。在以上种种因素的作用下，黄石市的企业创新资金投入不足，从而不利于新型工业化的推进。

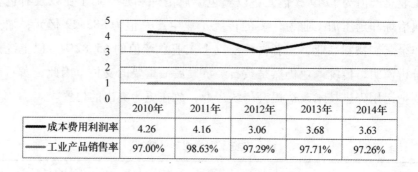

	2010年	2011年	2012年	2013年	2014年
成本费用利润率	4.26	4.16	3.06	3.68	3.63
工业产品销售率	97.00%	98.63%	97.29%	97.71%	97.26%

图 3 - 1　黄石市工业经济效益综合指数

数据来源：2015 年《黄石市统计年鉴》。

三　技术研发能力不足

新型工业化需要以信息化建设带动工业化发展，以工业化发展促进信息化建设。推进新型工业化需要大量的高科技人才和较好的技术研发能力以及资金投入，技术研发能力不足会制约新型工业化的顺利推进。

黄石市作为一个地级市，在生活环境、工作条件、福利待遇等方面和经济较发达地区还存在着较大差距，难以吸引高层次人才。创新型人才的缺乏直接导致黄石市企业技术研发能力的不足。为推进新型工业化进程，近年来黄石市不断加大对科学技术的投入，科学技术支出、高新技术产业从业人员以及技术研发机构的数量在逐年增长，但是与全国平均水平和新型工业化开展得比较好的地区相比，仍然存在较大差距。

黄石市是一个以重工业发展为主、依托资源发展的城市，从整体看，黄石市产业技术研发能力不强，拥有自主知识产权的技术不多。一些企业缺乏创新意识和条件，政府对于创新的强调以及支持的力度不足，导致整体的创新能力不足。技术研发能力不足已成为制约黄石市实现产业转型和实现新型工业化的瓶颈。

四　工业污染严重

新型工业化以生态环境的承载能力为现实基础，强调工业的绿色、低碳、循环、可持续发展，它需要一个良好的发展环境，并且要求在发展工业化的过程中治理污染。工业污染严重不仅不利于新型工业化的推进，而且会增加新型工业化的资金压力。

黄石市是一个依托工业发展起来的城市，第二产业在三大产业中所占比重较大，近几年由于政府的产业政策等原因，第二产业的比重有所下降但占比仍超过一半以上。同时，黄石市工业大多以资源型企业为主，随着资源型企业的发展，黄石市的生态环境遭到严重破坏，水污染尤其严重，地质灾害频繁发生。在近几年的黄石市两会上，政协委员也指出，工业排江（湖）废水及污染物种类数量仍然较大，部分重要水域污染还比较严重。随着人口增加和城镇化进程加快，点源污染与面源污染仍共存，工业污染和生活污染叠加，治理难度较大。

以黄石市铁山区的工矿废弃地污染为例。根据调查，铁山区共有工矿废弃地 23 宗，面积 12000 亩。其中集体土地 1338 亩，国有土地 10662 亩。在这 12000 亩工矿废弃地中，有已废弃采矿地 18 宗，面积 11085 亩；即将废弃采矿地 2 宗，面积 130 亩；因矿产资源开采形成的地质灾害隐患地 2 宗，面积 95 亩；尾矿库 1 宗，面积 690 亩。在 23 宗工矿废弃地中，有 11 宗在使用，占全部工矿废弃地宗地数的 48%，有 3 宗部分使用，占全部宗地数的 13%，9 宗未利用，占全部宗地数的 39%。这 11 宗在使用工矿废弃地的面积为 6190 亩，占全部工矿废弃地面积的 52%。9 宗未利用工矿废弃地的面积为 2708 亩，占全部工矿废弃地面积的 23%。3 宗部分利用土地中，有 2680 亩土地未利用，占全部工矿废弃地面积的 22%；422 亩已利用，占全部工矿废弃地面积的 3%。综合计算，已利用土地面积为 8870 亩，占全部工矿废弃地面积的 74%，未利用土地面积为 3130 亩，占全部工矿废弃地面积的 26%。工矿废弃地的存在给黄石市工业污染的治理和新型工业化的推进带来了很大的资金压力。

第六节 黄石市发展新型工业化存在问题的解决对策

一 大力推进资源型产业转型

第一，要延伸资源型产业的产业生产链。黄石市的原有产业大多以资源型产业为主，在推进资源型产业转型时，要从实际出发，用高新技术改造提升这些产业，调整产品结构，延伸产业链条，提高产品附加值，创造新的经济增长点。黄石市要充分利用工业园区的优势条件，发展深加工资源产业集群。要坚持"生态立市"，支持节能减排工艺的引进，鼓励传统的资源型产业使用新技术、新工艺、新装备，提高节能减排的技术和管理水平，推广大冶有色金属冶炼厂的循环经济模式，扩大资源循环利用的产业规模，加快下陆长乐山、黄石经济技术开发区两个循环经济工业园区建设，推进资源的循环利用。

第二，要培育和发展新的接续产业。培育新的接续与替代产业，实现资源型产业转型，是资源枯竭型城市目前的主要任务。黄石市应把握接续产业走向，以电子信息、节能环保、新材料、新能源汽车等产业为重点，大力发展战略新兴产业，加快培育成为支柱产业。

二 提高企业经济效益

第一，要加快技术创新，淘汰落后产能。新型工业化的资金来源主要还是企业自身的投入，提升企业自身效益是加大企业创新投入、提高企业创新能力的根本。新型工业化通过对传统工业进行技术改造，淘汰落后产能，提高产品附加价值来增加企业收入。黄石市的各大企业要充分利用新型工业化的契机，加大对传统产业的技术改造，通过淘汰落后产能，实现产业的优化重组，改善企业产品结构，提高产品附加价值，提高企业自身收益。

第二，要发挥品牌优势。品牌是一种无形资产，是产品或企业核心价值的体现，是质量和信誉的保证，它代表了较高的市场知名度和美誉度。黄石市拥有一批全国知名品牌和湖北省驰名品牌，在推进新型工业化的过程中一定要充分发挥品牌优势，利用已有品牌所拥有的市场知名度和美誉度为新型工业化所生产的产品不断开拓新的市场，以提高企业的经济效益。同时，对于新注册的品牌，黄石市政府也要引导企业积极推行品牌战略，不断提高品牌的知名度和美誉度，进而提高该品牌的市场占有率，达到提高企业效益的目的。

三　引进和培养高素质人才

新型工业化主要以信息化为基础。黄石市要加快引进和培养高素质人才，构建完善的智力支撑体系。要充分利用自身的发展优势，广辟人才渠道，通过优惠政策、提高待遇等措施吸引和留住高素质人才。

第一，关于人才培养。要以政府为导向，积极推进黄石市高技术人才队伍的教育和培训工作。要以企业为主体，开辟高技术人才培养的多种途径。要以院校为依托，创建校企合作模式，加大高技能人才的培养力度。通过大力开展校企合作，加强黄石市和湖北师范大学、湖北理工学院等院校的合作，积极引导企业与名校合作，培养与企业岗位配套的高素质人才。同时，企业要建立自己的人才队伍，通过企业内部培养，提高在职人员的技能，从而使他们能够胜任具有更高科技含量的工作。

第二，关于人才引进。黄石市位于武汉城市圈，要充分利用自身独特的区位优势，吸引武汉市等周边城市的高素质人才来黄石市发展。除此之外，高素质人才对于城市基础设施、发展环境、工资待遇、社会福利等方面的要求较高，而目前黄石市在基础设施和软环境方面还落后于发达地区。很多地区园区的建设，配套设施都比较落后，吸引高新技术人才的优势不明显。因此，黄石市要加强基础设施建设，提高高新技术人才的待遇条件，在软环境和配套设施上下功夫。对于引进的高素质创新型人才，除了解决他们的待遇问题，还要考虑社会基本保障和优惠政策等方面——比如解决引入人才的子女教育问题、配偶工作问题等。

四　加强工业污染的治理

第一，政府应完善生态文明制度和社会监督制度。首先，要完善生态文明考核制度，明确各级政府部门对本辖区内生态文明建设的主体责任，建立责任追究制度，推行重大事件问责制、生态环境损害终生追究制。其次，要明确政府及企业的财权权，落实规划项目资金，加强对工业污染防治、生态保护的资金投入，积极争取中央、省级的环保专项资金，为全市的工业污染防治和生态建设提供保障。要鼓励各类经济主体投资建设污水处理厂、垃圾处理厂等城市环境基础设施。最后，要建立健全社会监督制度，鼓励群众检举和揭发各种环境污染违法行为，及时解决群众反映强烈的环境污染问题。同时，要加强环境保护宣传工作，提高公民的环保意识，积极引导公众参与到生态文明建设中。

第二，企业要承担社会责任，推进清洁生产。首先，企业要承担社会责任，为自己所造成的污染负责，要做到"谁污染，谁治理"，加大对于污染治理的资金投入，并通过技术改造减少资源消耗，降低工业污染。其次，在新型工业化进程中以及在黄石市确立"生态立市"的目标面前，企业应当自觉响应国家的号召，在推进技术创新、促进企业发展的过程中，大力推进清洁生产，安装和使用清洁装备，实现污染物的处理达标之后再排放，并在整个企业号召所有的员工都树立清洁生产的意识，做到从源头上减少污染，减少企业治理污染的投入。

第三，公众要增强环保意识，发挥监督作用。首先，要增强公众环保意识。社会公众应该充分认识到环境保护的重要性——环境保护关乎每个人的切身利益，关乎我们的生存质量。其次，社会公众要充分发挥监督作用，加强对破坏环境的违法行为的监督，要及时向有关部门反映，共同为黄石市实现"生态立市"、建设美好家园而努力。

参考文献

［1］穆亮红：《生态文明视野下的新型工业化道路研究》，福建师范大学硕士论文，2014年。

［2］黄石市"湖北老工业基地振兴与新型工业化研究"课题组：《黄石市实现新型工业化的途径选择》，《湖北社会科学》2007 年第 1 期。

［3］张利阳、彭开虎：《湖北新型工业化进程评价与实证分析》，《统计与决策》2012 年第 5 期。

［4］黄娟、李枥霖：《生态城镇化及其生态科技创新驱动》，《管理学刊》2013 年第 4 期。

［5］王昕：《四川新型工业化与新型城镇化互动研究》，西南财经大学硕士论文，2014 年。

［6］李海鸣：《江西省新型工业化与新型城镇化协调发展的现状、问题及对策》，《江西行政学院学报》2014 年第 4 期。

［7］郑世界：《湖北生态城镇化的路径选择和制度安排》，武汉理工大学硕士论文，2013 年。

［8］郭丽娟：《新型工业化与新型城镇化协调发展评价》，《统计与决策》2013 年第 11 期。

［9］易艳春、江喜林、张刘华：《基于生态足迹理论的资源枯竭型城市可持续发展研究——以湖北黄石为例》，《湖北师范学院学报（哲学社会科学版)》2016 年第 4 期。

第四章　服务业发展与黄石市生态城镇化的实现研究

本章提要：服务业的发展，对于黄石市生态城镇化的建设具有很大作用，可以促进产业协调发展、吸纳农村剩余劳动力、增加地方财政收入、实现生态宜居等等。黄石市发展服务业，具有市场需求、产业基础、区位优势以及政策扶持等有利条件，但也存在服务业总量不足，服务业结构失衡，服务业市场竞争无序等问题。促进黄石市服务业发展与黄石市生态城镇化的建设，需要引导资本向服务业倾斜，不断优化服务业内部结构，促进服务业市场有序竞争。

第一节　引言

黄石市目前处于新型城镇化的发展中，城镇化率不断提高。黄石市的城镇常住人口从 2010 年的 137.98 万人增加到 2015 年的 150.68 万人，占全市总人口的比例也从 2010 年的 56.79% 增加到 2015 年的 61.30%。2013 年黄石市提出"生态立市""产业强市"发展战略，这就要求黄石市要走可持续发展、绿色发展道路——也就是生态城镇化道路。而发展生态城镇化，需要生态产业不断发展，这依赖于工业的推动，更离不开服务业的发展。所以大力发展服务业，有利于促进生态城镇化的实现。

"十二五"期间，黄石市服务业发展取得了一定成就。一是第三产业产值稳步上升。第三产业产值由 2011 年的 279.59 亿元增加到 2015

年的 429.66 亿元,第三产业产值占全部地区生产总值由 2011 年的 30.20% 增加到 2015 年的 35.80%;二是服务业结构不断优化。传统服务业贡献稳步增长,增长速度呈下降趋势。批发零售业和交通邮电流通领域共完成增加值由 2011 年的 109.61 亿元增加到 2015 年的 159.54 亿元;与此同时,现代服务业增长速度加快。2015 年现代服务业中超过第三产业平均增速 11.2% 的行业有:信息技术服务业增长 24.37%,金融保险业增长 15.57%,文化娱乐业增长 11.25%,科学研究、技术服务业增长 14.16%。

黄石市的服务业发展虽然取得了一定成绩,但在发展中仍然存在以下三大问题:服务业总量不足,服务业结构失衡,服务业市场竞争无序。这些问题制约了黄石市服务业的进一步发展,也影响了生态城镇化的实现。本研究将对此进行思考,探寻服务业发展的有效对策,以期促进服务业的发展与黄石市生态城镇化的实现。

第二节 相关理论概述

一 生态城镇化理论

生态城镇化是以人本理念为核心,要求可持续发展,是在发展过程中要求经济、社会、生态三者相互协调的城镇化。新型城镇化是以统筹城乡发展、促进城乡一体化、实现生态宜居为特征的城镇化。而生态城镇化作为绿色、可持续的发展模式,可以说是新型城镇化的具体实现形式,是新型城镇化建设的生态面。

生态城镇化以生态为根本特征,要求把生态理念融入城镇化发展,促进城市绿色转型;以人本理念为核心特征,要求提高城镇化质量,建设宜居城市;以循环利用为重要特征,要求清洁生产、低碳消费;以独特性为主要特征,要求城镇要根据不同区位采取不同的发展模式。

生态城镇化要求可持续发展。主要表现在三个方面:一是发展的共同性。即发展不是一个独立的概念,不可能仅仅依靠单一的因素不断地向前发展，需要各种因素（人、自然、社会）的和谐相处。二是发展的公平性。即生态城镇化建设要处理好各种要素之间的关系，在相对的空间里实现相对的公平，既要公平地对待自然和资源，又要公平地对待当代人和后代人。三是发展的持续性。这说明生态城镇化的发展要具有持续性，即生态城镇化的发展要具有良性运转的动力机制，要能够不断地运转，而不是达到一定程度就终止或崩溃。

二 服务业发展理论

服务业即第三产业，是指除第一产业、第二产业以外的其他产业。服务业按照发展先后和科技含量可分为传统服务业和现代服务业，前者主要是餐饮住宿、交通仓储、批发零售等产业，后者包括金融保险、信息服务、商务服务等其他产业。服务业按照其功能可分为生产性服务业和生活性服务业，前者服务于三次产业的中间投入，后者服务于个体消费者。

服务业的发展趋势一直遵循着一般的产业发展规律。在前工业化时期，第一产业占据主导地位，第三产业发展较慢，主要是与个人、家庭相关的生活性服务业。在工业化阶时期，第二产业成为主导产业，第一产业显著衰退，而第三产业随着人均收入达到1000—1500美元时，比重迅速增加到45%—50%。此时第三产业依然依靠传统服务业推动，但更多的是依靠发展商业、交通运输等生产性服务业。在后工业化时期，第三产业比重最高，达60%—70%。此时服务业发展依靠现代服务业推动，金融、保险、商务服务等现代服务业在服务业中占比较高。

第三产业发展的作用体现在四个方面：一是服务业发展能够促进产业协调发展。服务业能够加强各个部门的经济联系，提高社会生产效率。二是服务业发展能够扩大劳动力就业。服务业是劳动密集型产业，经营范围广泛，入门门槛低，能够容纳大量多层次的劳动力。三是服务业发展能为社会增加物质财富，丰富人民的物质文化生活。服务业附加值高的行业较多，缴纳税种多样，产品层出不穷。四是服务业发展能够提高社会生产效率。服务业本身劳动效率较高，对自然资源消耗较少。

服务业发展有四大原则：一是协调发展原则。第三产业的发展是建立在第一产业、第二产业发展的基础上，所以要顺应产业发展规律发展服务业，保持适当的产业比例。二是绿色发展的原则。要从供给侧改革入手，推动服务业发展的绿色生产，从源头上预防控制生态问题，促进人与自然和谐发展。三是融合发展原则。要推进服务业与先进制造业、现代农业融合发展。四是优先发展原则。要因地制宜确定服务业重点发展行业，加快构建现代服务业体系。

第三节　服务业发展对黄石市实现生态城镇化的积极作用

一　有利于促进产业协调发展

产业的协调发展是经济增长的主要动力之一，不合理的产业结构会对经济发展产生明显的抑制作用。不同的经济发展阶段，对产业比例的要求也不一样。在经济发展过程中，如果不能及时调整不合理的产业结构比例，那么产业发展过快会导致产能过剩，造成资源浪费；产业发展过慢，出现产品供不应求会难以满足社会需求，抑制经济发展，从而影响城镇化的发展。所以一个地方经济发展的基本条件就是保持第一、第二、第三产业的合适比例。

目前，黄石市的产业结构比例正在由"二、三、一"转变为"三、二、一"。参照全国的平均水平，目前服务业比重应该达到52.90%，参照全省的平均水平，目前服务业比重应该达到43.01%。与此相比，黄石市服务业比重是偏低的，在2015年仅为35.80%（见表4-1）。所以大力发展黄石市服务业，提升第三产业比重，能够促进产业协调发展，也为生态城镇化提供产业支持。

表 4 - 1　　　　　　2015 年黄石市与全国、全省产业比重情况

	全国	全省	黄石市
第一产业	9.00%	11.20%	8.84%
第二产业	40.50%	45.69%	55.36%
第三产业	50.50%	43.01%	35.80%

数据来源：2016 年《黄石市统计年鉴》。

生产性服务业发展能够促进产业协调发展。根据实证研究，现代服务业每增长 1 个百分点，第三产业增长值增长率会提高 1.309 个百分点。而在高附加值的现代服务业中，大部分行业是生产性服务业，所以生产性服务业发展能够促进第三产业发展。

而黄石市目前的生产性服务业落后全省甚至全国的平均水平。以金融保险业为例。2015 年，黄石市的金融保险业增长值占 GDP 比重为4.08%，同期湖北省为 6.30%，全国为 8.05%。

生活性服务业也能促进产业协调发展。生活性服务业中养老、旅游、教育等行业需求潜力大、带动作用强。随着人民收入水平的提高，对生活性服务的需求也不断增加，所以发展生活性服务业，在满足消费需求的同时也能提高第三产业比重，带动产业协调发展。

而黄石市目前生活性服务业需求发展滞后。以家庭服务业为例。黄石市目前常住人口为 245.80 万人，家庭 77.49 万户。对家庭服务需求最迫切的是离退休老人家庭、病患家庭、婴幼儿家庭和月收入 3000 元以上的双职工家庭，约占整个需求量的 73% 左右。但是根据 2013 年黄石市相关部门数据统计，黄石市共登记 82 家家庭服务业机构，从业总人数为 1306 人；超过 100 人的家庭服务企业只有 4 家，大部分都在 10人左右。这说明黄石市家庭服务业发展尚处于初级阶段，难以满足目前巨大的家庭服务需要。因此，黄石市大力发展服务业，增加相关服务业产值，有利于提升第三产业比重，改变第三产业比值偏低的局面。

二　有利于吸纳农村剩余劳动力

城镇化是指人口不断从农村向城镇转移的过程。随着城镇化率的不

断提高，每年都有大量的剩余劳动力从农村转移到城市。而生态城镇化作为新型城镇化的具体实现形式，核心就是接纳农村过剩劳动力。所以实现生态城镇化持续发展就要求增加就业岗位，容纳大量的人口就业。而服务业总体上是劳动密集型产业，劳动密集型产业发展能够容纳大量的劳动力就业，适合安置农村过剩人口。

2015 年黄石市第三产业就业人数达到 53.40 万人，占比 39.70%。根据黄石市统计数据计算，黄石市服务业生产总值占地区生产总值比重每增长 1.00%，第三产业就业人数约增加 0.8 万人。由表 4-1 可知，目前湖北省第三产业比重为 43.01%，如果黄石市的服务业比重能够达到全省比重，那么就将增加 57680 人就业。所以大力发展服务业，将会创造更多的就业岗位，有利于转移农村劳动力。

家政服务业作为生活性服务业，需求广泛，就业容纳人数多，发展潜力较大。大部分服务岗位经过一段时间培训就可以上岗，对劳动力素质要求不高。根据统计数据，2015 年家庭服务业的发展使百万农民得到了就业岗位。而 2013 年黄石市家庭服务业就业人数仅为 1306 人，发展状况是供给不足且需求巨大，家庭服务业就业人员缺口很大。因此，大力发展生活服务业中的家庭服务业，能够增加黄石市城镇就业岗位，有利于吸纳农村剩余劳动力。

三 有利于增加地方财政收入

随着城镇化的发展，地下管网、污水和垃圾处理等城镇基础设施的建设与维护投入也要不断增加；大量农村人口转移到城镇之中，相应的公共服务也需要完善；与发展相关的生态产业也需要政府投入大力支持，这些都需要政府财政的支持。而政府财政收入大部分来自于税收收入。

服务业的快速发展使其税收收入在财政收入中占比逐年上升。服务业中的零售业、金融保险业、房地产业等行业的迅速发展，能带来大量的增值税、企业所得税等税收，对地方税收收入的贡献巨大，也能为生态建设提供财力支持。

黄石市的第三产业发展滞后，反过来看，这也说明黄石市的服务业税收收入有着较大的提升空间。2015 年黄石市第三产业增加值为439.66 亿元，第三产业税收为 45.93 亿元，就此推算，每亿元服务业增加值，就能贡献税收 1044 万元；如果服务业增加值在 2015 年基础上实现 11.20% 的增幅，也就是第三产业增加值在原有基础上再增加49.24 亿元，那么将增加 5.14 亿元的税收收入。每个百分点的增幅，就能创造 4673 万元的税收。目前黄石市第三产业比重为 35.8%，湖北省第三产业比重为 43.01%。如果黄石第三产业能够增加 7.20%，达到全省平均水平，那么黄石市第三产业增加值将增加 88.5 亿元，由此将增加税收收入 9.24 亿元。可见服务业发展将有效提升税收收入，为黄石市生态城镇化提供财政支持。

四 有利于实现生态宜居

生态城镇化遵循以人为本的生态理念，要求可持续发展，要求提高城镇化质量，为城镇居民创造一个生态宜居的城镇，而发展服务业有利于实现生态宜居。

生态宜居要求具有良好的生态环境以及舒适的生活环境。良好的生态环境是指能够达到相应的空气质量标准、绿色园林标准等多方面的指标。而舒适的生活环境要求生活便利、景色优美、文化丰富。

特别要指出的是，生产性服务业发展有利于实现生态宜居城市所要求的生态指标。这是因为生产性服务业与工业发展不同，生产性服务业发展更多的是依赖人力资源、知识、信息、创意、管理等非物质要素投入以及这些要素的有机组合，而不是依靠物质资源消耗和有形投入。因此生产性服务业发展能够减轻对环境的破坏，有利于实现城镇良好的生态环境。例如，物流、金融保险、信息技术等生产性服务业占用资源少、附加值大，在发展过程中产生的污染也在环境的承载能力之内。因此发展这些行业是符合生态城镇化的可持续发展理念，也有利于促进生态城市建设。

生活性服务业还包括现代教育、现代医疗、生态旅游和文化娱乐等服务业，这些行业的发展可以满足舒适的生活环境应该有的诸多要求。通过提供现代教育服务，城镇居民的个人能力和素质都得到了相当大的提高，生活方式会得到相应的改善，生活水平和心态也会得到相应的提升；通过提供现代医疗服务，城镇居民的身体健康有了必要的保障，生活质量也会相应提高；通过提供生态旅游服务，可以使环境治理得到加强，生态环境得以优化；通过提供文化娱乐服务业，城镇居民的文化素养得以提高，休闲娱乐方式得以丰富。

总之，发展服务业有利于实现黄石市生态城镇化进程中的生态宜居。

第四节　黄石市服务业发展的有利条件

一　市场需求

在市场经济条件下，同其他产业发展一样，服务业发展是以市场需求为动力的。市场需求减少甚至萎缩，那么服务业也会相应萎缩；服务业的不断扩大和发展必须建立在市场需求不断扩大和发展的基础上。

服务业的发展是有其规律的。在工业化前期，人均收入达到1000—1500美元时，第三产业产值会迅速增加，比重达到45%—50%，但主要是依靠传统服务业带动；工业化时期，人均收入在1500—5000美元之间时，第一产业比重迅速降低而第二产业比重迅速增加，但第三产业比重基本保持不变；进入后工业化时期，第三产业比重又显著增长，达到60%—70%以上，这一时期是依靠服务业带动。

目前黄石市第一、第二、第三产业结构比例为8.84:55.36:35.80，表明黄石市正处于工业化中期。"十二五"期间，黄石市人均GDP从2011年的5600美元增加到2015年的约7700美元。按照产业发展规律，这正是大力发展服务业尤其是现代服务业的"黄金时期"，也是产业结构转型与优化的重要时期。在这个阶段，普通居民对服务消费的需求持续增加，这在一定程度上更大地促进了服务业的发展。并且，服务业发展带来了投入需求的增加，推进了现代服务业的发展。所以黄石市服务业发展有着巨大的市场需求和广阔的发展空间。

二　产业基础

服务业的发展也是需要自身具有一定的产业基础。服务业集聚能够产生明显的规模经济效益和竞争优势，带动服务业进一步发展。所以一个地方服务业种类齐全，规模较大，形成一定的发展经验，有一定的服务品牌，那么就有利于其服务业的进一步发展。

黄石市服务业门类齐全，发展规模大。作为一个百万人口的城市，黄石市拥有完整的服务业体系。除了有传统的批发、零售、餐饮、住宿和交通、邮电等行业，还有电子、信息技术、文化、旅游、金融保险等新兴行业；一些服务行业的产业规模较大，发展迅速。

例如，黄石市的现代物流业的发展已经初具规模。2015 年，黄石市物流业增加值为 66.67 亿元，占服务业增加值比重为 15.10%。黄石市目前已经是国家级保税物流中心，形成了棋盘洲、花湖、罗桥、阳新城北 4 大综合物流园区，拥有 9 家 3A 级物流企业，3 家 4A 级物流企业，并且正准备逐步对接"顺丰机场"航空港，进一步完善物流体系。

黄石市传统的批发零售业依然占据主导地位。中国服务业 500 强中的中商、中百、武商、新百集团等大型超市和世界 500 强之首的沃尔玛大型超市都已进驻黄石市。2015 年，黄石市社会消费品零售总额为 582.36 亿元，增长 12.10%。消费需求对经济增长贡献率为 46.26%，拉动 GDP 增长 2.5 个百分点。分行业看，批发业、零售业分别完成 159.21 亿元、345.23 亿元，分别增长 15.60%、10.40%。限额以上批发和零售企业实现商品零售额 199.78 亿元，增长 9.20%。其中批发业 51.93 亿元，增长 19.10%；零售业 147.85 亿元，增长 6.10%。

总之，黄石市自建市以来拥有六十多年的发展历史，集聚了一批服务业产业，并且形成了一定的品牌效应，也积累了丰富的行业发展经验，为黄石市服务业的发展奠定了良好的发展基础。

三 区位优势

区位是指地理位置和交通。在市场经济条件下，开放的经济和流动的要素，使得市场因素活跃的区位具有较大的吸引力和辐射力，从而有利于经济迅速发展。第三产业的发展也需要良好的区位优势。优良的区位可以吸引周边地区资金、技术、人才等资源，推动服务业的发展。同时服务业影响容易辐射出去，从而获得更加广阔的市场。

黄石市作为武汉城市圈副中心城市，拥有得天独厚的区位优势，发展服务业可以充分享受武汉市的资源辐射；黄石市同时也是鄂东南中心城市，享有鄂东南地区自身优越的投资环境，发展服务业有着广阔的市场前景和大量的投资机会。

黄石市已经形成公路、铁路、水路相结合的立体化综合运输体系。黄石市公路交通便利，是国家 134 个公路运输主枢纽城市之一，国家运输主动脉沪蓉高速穿城而过，106、315 国道在黄石市交汇；黄石市水路交通四通八达，黄石港是长江十大良港之一，为国家一类开放口岸，货运年吞吐量仅次于武汉；黄石市铁路交通发展迅速，武九铁路贯穿黄石市，把华中、华东路网连成一体。

便利的交通有利于加强与周边地区的经济联系，促进服务业产业"引进来"和"走出去"。2015 年黄石市实际利用外资为 12453 万美元，其中相当一部分被投入到服务业企业，外资企业相比于 2014 年，住宿餐饮业增加 4 家，文化娱乐业增加 1 家。例如，黄石市为了改造和提升传统商贸业，于 2015 年年初通过万达广场这一项目进行招商，引进包括星巴克、阿迪达斯、三叶草、SWATCH 等在内的 42 家国内外知名品牌首次入驻黄石市；2015 年黄石市外贸出口总额超过 16 亿美元，入境总旅游人数达到 2.11 万人，国内旅游人数达到 1580.89 万人。

综上所述，黄石市拥有良好的区位优势，发展服务业可以利用这一优势吸引外来资源，同时向外辐射获取更多的市场。

四 政策支持

政府鼓励政策是影响产业演化的重要因素之一，而在服务业中，政府政策支持对于产业的扩张发挥着重要的作用。黄石市的服务业发展不仅要有战略层面的支持，更要有地方财政投资、税收、融资、招商方面的政策支持。

黄石市政府高度重视发展服务业，把服务业作为重点产业写进了黄石市的发展规划，这是战略指导层面的支持。根据《黄石市国民经济和社会发展第十三个五年规划纲要》，黄石市要加快生产性服务业发展，提升生活性服务业品质，营造服务业良好发展环境，促进服务业向高端发展，打造鄂东消费中心。

在融资方面，黄石市政府于 2016 年年初建立了 6 亿元市级应急循环资金池，用于支持企业资金临时周转；争取担保融资资金达 10 亿元，为黄石市 1000 多家包括服务业企业在内的企业提供融资担保服务。这些政策有利于缓解中小企业融资问题，降低中小企业融资成本。黄石市目前的服务业企业约有 90% 是中小企业，这一政策可以缓解服务业企业的融资问题，促进服务经济的发展。

在税收方面，黄石市政府于 2016 年开始营改增试点，范围继续扩展到金融保险业、房地产业、生活性服务业，这一举措减少了重复征税问题的发生，约有 70% 的黄石市服务业企业的税收负担得以减轻。

在投资方面，黄石市政府积极成立专项资金助推企业转型。为了支持新兴产业发展，黄石市政府建立产业投资资金达 20 亿元以上。为了推动工业转型、现代物流业等产业发展，黄石市政府设立企业奖补资金高达 1.45 亿。

在招商引资方面，黄石市政府实施精准招商政策，并且取得了一定的成就。2015 年黄石市引进了 10 个 30 亿元以上项目以及 14 家世界 500 强企业。在现代服务业招商方面，全市新注册服务业项目 25 个，占比 24.27%；总投资额 114.7 亿元，占比 26.83%。其中以现代物流为重点的现代服务业发展迅猛，润信农批、日日顺物流等项目相继完成注册。

综上所述，黄石市政府在促进服务业发展方面的政策较多，并且这些政策的实施也取得了一定的成就。这些政策的进一步落实，必将有利于黄石市未来服务业的发展。

第五节　黄石市服务业发展的问题及原因分析

一　服务业总量不足

服务业总量不足，就不能适应社会生产发展和生活需要，就不利于经济的持续发展。黄石市目前服务业总量低，严格地讲，服务业比重并没有完全达到工业化中期的服务业水平。2015年黄石市实现产值达439.66亿元，服务业占地区生产增加值比重为35.80%，大大低于全省43.10%和全国50.50%的水平，这与黄石市对服务业投入不足以及工业城市的定位直接相关。作为拉动产业发展的主要动力之一，投资对服务业发展有着重要的推动作用。而黄石市长期重视工业发展，第三产业的投资量和投资比重低于全省和全国平均水平。2015年，黄石市服务业投资占总投资的45.87%，同期湖北省和全国所占比重分别为54.57%和55.50%。所以，黄石市的投资并没有充分发挥对服务业的推动作用。

黄石市服务业总量不足，发展滞后，导致产业比例不协调，结构转变速度慢，抑制经济发展。黄石市1983年进入了"二、三、一"产业结构，但从"二、三、一"转变为"三、二、一"的产业结构用了34年仍未完成。旁观东部和周边省市，大部分十几年就完成了产业结构转变。

二　服务业结构失衡

黄石市服务业内部结构失衡表现在以下两个方面。从内部产业比例来看，2015年批发零售业，以及交通运输、仓储和邮政业，住宿和餐饮业三大传统服务业领域共完成增加值189.84亿元，占服务业的比重达43.17%。而房地产业、金融保险业、商务服务业三大现代服务业共完成增加值98.83亿元，占服务业比重为22.47%。由此可见，黄石市服务业内部结构比例不协调。

从内部产业升级换代来看。根据产业发展的一般规律，我国人均收入水平增加到5000—6000美元的节点时，进入后工业化阶段，第三产业成为主导产业，现代服务业比重迅速增加，成为产业发展的主要推动力量。2011年黄石市人均GDP已达到5600美元，已经进入了现代服务业快速发展的时期。但是"十二五"期间，黄石市的金融保险业、房地产业等其他现代服务业比重基本上没有发生变化（见表4-2）。2015

年，黄石市服务业中对第三产业生产总值贡献较大的前三位仍然是传统服务业。这说明服务业内部产业升级换代较慢。

表4-2 2011—2015年黄石市第三产业内部结构比重

行业	2011 年	2015 年
住宿和餐饮业	7.06%	6.89%
批发和零售业	22.48%	21.12%
交通运输、仓储和邮政业	16.73%	15.16%
金融保险业	7.83%	10.45%
房地产业	9.70%	9.32%

数据来源：2012—2016年《黄石市统计年鉴》。

黄石市服务业内部结构失衡，传统服务业对服务业发展的贡献率仍然居高，现代服务业发展相对滞后，影响第三产业稳定持续发展。

三 服务业市场竞争无序

市场经济处于初级阶段时，法律法规不健全，企业过分追求利润最大化，容易导致服务业市场的无序竞争。而这种无序竞争，不仅造成了社会资源的浪费，也会损害消费者权益。

发展服务业需要竞争。在市场经济条件下，服务业行业内的竞争，能够提高劳动生产效率，降低社会成本，优化资源配置，有利于第三产业发展，但服务业行业内的无序竞争也会影响第三产业的发展。无序竞争是指竞争者没有进行约束和规范的竞争。无序竞争的特点是：竞争是混乱的，要么过度要么缺乏，竞争者想方设法获取经济利益，企业非理性、盲目展开竞争，最终导致市场饱和，造成资源浪费，也损害自身发展；同时，企业不择手段的竞争也会损害消费者权益。这些都不利于服务业发展。

黄石市服务业的无序竞争，主要表现在两个方面：

一是部分行业竞争过度。以商贸服务业为例。大型商场的竞争一般是抢夺广告资源、销售网点、消费人流。早期的商业网点布局不合理，黄石市老城区 1.8 平方公里密布 14 家大中型商业网点，并且商贸业态结构单一。各类商业网点的经营模式、经营方式、经营品种基本相同。相互间的竞争非常明显，也必然导致一些企业生存艰难，发展后劲不足，对整体产业发展非常不利。

二是损害了消费者权益。根据黄石市工商部门数据，2016 年违反消费者权益法规的占 16%，而这其中很大一部分都是服务业的无序竞争造成的。2016 年黄石市服务业投诉率达到 44.10%，并且投诉类别多样化。不仅餐饮住宿、美容美发这些传统服务业的投诉数量分别同比增加 6.90% 和 18.80%，而且也新增了电信服务、互联网服务等现代服务业投诉，并且两者比重相当。

造成这一问题的原因是多个方面的。一是市场的容量狭小。服务业巨大的市场需求吸引过多企业进入某一行业，但是当前服务业市场却又无法容纳这么多的企业，这就导致了市场供需失衡，竞争混乱。二是政府管理不当。没有考虑市场容量便引入过多的类似企业，并且布局不合理，目前的法律法规又不完善，对不当竞争行为规范力度不够。三是消费者购买力不强，维权观念落后。购买力不强导致供需失衡，维权观念落后导致企业无序竞争得不到有效投诉和监管。

第六节 发展服务业与促进黄石市生态城镇化的对策思考

一 引导资本向服务业倾斜

要加大对服务业的投入。政府要引导服务业增加投入。一是政府要做好服务业的相关规划。对于目前还没有的服务业要积极引入，对于目前发展不足的服务业要加大投入，对于目前发展过剩的服务业要引导退出市场。二是政府要做好服务业布局规划，整合服务业过于密集的中心城区的相关资源，部分转移到新兴城区或农村，促进服务业持续有效发展。三是继续做好相关公共服务投入，落实相关发展服务业的政策。

企业要成为服务业投资主体。具体来说，一是要提高市场化程度，降低服务业除一些特殊行业以外的入门门槛，吸引多种投资者以不同的方式参与服务业领域投资。二是要为中小企业融资提供帮助，加强目前应急融资池、融资担保专项借款和市财政注资等融资政策，并试点推广互联网金融、众筹平台等新型融资方式，为服务业发展提供更加多样的融资方式。

要加强区域内外合作。一是要推广招商引资的方式，落实产业链招商政策，进行精准招商，着力引进大型服务企业以及带动力较强、产业相配套的服务业项目。二是要推广区域资源共享方式，利用武汉城市圈副中心的地位，促进区域服务产业一体化；利用鄂东区域中心城市的区位优势，加强区域内外服务产业合作。

要优化服务业投资环境。优化投资环境，才能吸引更多投资。具体来说，要消除服务业发展过程中一些不合理的、歧视性的规则，建造公平、合理的服务业市场准入环境；要促进专业化、国家化外商投资机制，努力完善法制化、国家化、便利化的营商环境，从而提升投资便利化水平，降低投资经营成本。

二　优化内部结构

（一）大力发展生产性服务业

黄石市现代服务业比重较低，服务业内部结构失衡。要重点发展金融、电子信息、物流等现代服务业。

要大力发展金融服务业。要构建多层次、多元化的金融服务体系；要加强政府企业银行三方合作，加大对服务经济的扶持；要拓宽金融服务渠道，创新金融服务方式；要优化金融发展环境，促进金融业持续发展。

要大力发展电子信息服务业。在信息技术研发领域，一是要推动信息服务企业集聚发展，提升产业竞争力；二是要开发运用公共服务相关的软件产品，提高生活服务质量。在信息服务业发展领域，一是要运用"互联网＋"将信息服务技术与传统制造业相结合，发展壮大一批专业性互联网平台；二是要积极引导和推进信息服务业从事企业信息、电子商务服务。

要大力发展现代物流业。一是要扩展黄石市物流业格局。要以棋盘洲、花湖、罗桥、阳新城北四大综合物流区为发展重点，逐步将黄石市建设成立足湖北省、辐射华中、面向全国的物流枢纽城市和服务基地。二是要打造现代物流体系。整合物流资源，形成口岸物流、行业物流、快递服务和城市配送物流相结合的物流体系，并且构建覆盖城乡的快递服务体系。

（二）推动生活性服务业发展

要改造提升商贸流通业。一是要改造提升传统专业市场，运用信息服务技术建立现代化大型专业市场。二是要创新商贸模式。推广 APP 销售、网络销售等多种新型经营模式。三是要优化商贸布局，整合商贸服务业资源，促进新老城区产业平衡发展。

要加快发展旅游业。一是要将工业改造成旅游业，利用工业遗址、古矿遗址进行旅游开发，努力打造最美工业旅游城市。二是要利用自然资源，加快推进黄荆山森林公园、熊家仙境生态旅游度假区、金湖生态园建设。三是要促进商业化与旅游业深度融合，开发相关旅游产品，加强与周边地区合作。

要规范家政服务业发展。一是要加大员工队伍建设，鼓励各类人员到家政服务业就业、创业。对自主从事家政服务工作的下岗失业人员、高校毕业生、农民工要按规定提高相关培训。二是要规范家政服务机构。要规范家政服务业的行业标准，减少市场的无序竞争，提高家政服务业的服务质量。

三　促进服务业有序竞争

要促进企业兼并重组。要解决黄石市服务业过度竞争问题，就需要一部分企业退出竞争市场，企业要通过兼并重组来加强资源整合、提高竞争力。具体来说，企业参与兼并重组要充分利用资本市场进行融资；优势企业可以强强联合，中小企业可以走"专精特新"发展道路，从而推动优势企业主导、大中小企业协调发展；兼并重组以后要注重资金、技术等方面的整合，实现优势互补。

要增强企业社会责任感。黄石市服务业要加强社会责任，超越把利润作为唯一目标的传统理念，在创造利润的同时，不仅要对股东承担法律责任，还要对员工、消费者、供货商、政府、社区和环境承担社会责任，为营造良好的市场竞争环境贡献自己的力量，在经营过程中不能损害消费者权益。

要加强政府监管力度。对于行业的过度竞争问题，要在行业规划上根据实际情况布局黄石市多层次的服务体系，不能盲目引进大型无差别的服务项目。也要尊重企业主体地位，坚持市场化运作，对于企业竞争不能过度干预。要完善相关制度，优化政策环境，方便企业进行兼并重组和退出。

要完善地方相关法规，加大服务业违法问题的惩治力度；对于服务业存在的欺诈消费者的行为，要创新服务问题监管方式，积极运用互联网平台，方便消费者进行服务问题相关投诉。

要增强消费者维权意识。要积极采取多种渠道举报投诉相关服务业问题。要加强对服务业相关问题的公示和宣传，以引起消费者的重视。政府更要加强相关监管服务工作，及时处理相关举报投诉问题，以提高消费者维权积极性。

参考文献

[1] 孙鹏：《新型城镇化与服务业融合发展研究》，中共中央党校硕士学位论文，2016年。

[2] 李海红、丁毅、张武：《新型城镇化进程中服务业发展的比较优势与应对策略》，《商业经济研究》2015年第35期。

[3] 魏巍：《浙江省现代服务业转型升级与新型城镇化推进的融合研究——基于"营改增"的视角》，《嘉兴学院学报》2015年第3期。

[4] 刘盛：《黄石市生产性服务业发展问题研究》，《湖北师范学院学报（哲学社会科学版）》2014年第5期。

［5］王耀中、欧阳彪、李越：《生产性服务业集聚与新型城镇化》，《财经理论与实践》2014 年第 4 期。

［6］杨旭升：《湖北省黄石市服务业发展研究》，《科技创业月刊》2012 年第 2 期。

［7］崔日明、李丹：《我国现代服务业演化发展的动力机制及对策研究》，《经济学动态》2011 年第 12 期。

［8］林珊：《中国服务业发展特点、影响因素及对策分析》，《华侨大学学报（哲学社会科学版）》2009 年第 4 期。

第五章 物流业发展与黄石市生态城镇化的实现研究

本章提要：物流业具有推动新型工业化发展、优化产业结构、促进生态城镇化发展以及助力生态宜居建设等作用。黄石市发展物流业，具有市场潜力、基础设施、区位交通、政策扶持、人力资源等优势，同时也存在管理机制不完善、企业缺乏社会责任、职工队伍建设不力、政府规划不合理以及城乡物流业发展不平衡等问题。促进物流业的发展以助力黄石市生态城镇化的实现，需要理顺体制机制、落实企业社会责任、加强职工队伍建设、科学统筹规划并促进城乡物流业协调发展。

第一节 引言

黄石市正处于生态城镇化的进程中，生态城镇化建立在产业发展的基础之上，因此物流业的发展有利于加快生态城镇化的实现。根据国家统计局调查显示：截止到 2015 年底，中国的城镇化率为 56.1%，而 2015 年黄石市城镇化率达到 60.90%，高于全国平均水平。但是 2015 年我国三大产业结构比重依次为：第一产业 9.00%，第二产业 40.50%，第三产业 50.50%；同年黄石市三大产业结构比重依次为：第一产业 8.84%，第二产业 55.36%，第三产业 35.80%（见表 5-1）。由此可以看出，黄石市虽然城镇化率较高，但是产业结构不合理，在黄石市的产业结构中明显第二产业比重过高，第三产业比重过低。因此在进行生态城镇化的建设中，要大力发展服务业，推动产业结构优化升级。而在服务业中更需要发展现代服务业，重点是物流业。

黄石市物流业的发展具有一定的优势，作为仅次于武汉市的城市，黄石市拥有较大的物流需求，市场极具挖掘潜力，同时黄石市建成的物流园区有 17 个，已有花湖物流中心、昌龙物流、有色物流、众联物流、罗桥物流园等五个项目部分建成并投入使用。黄石市作为亟待转型的资源枯竭型城市，拥有着千载难逢的发展机遇。

但是黄石市物流业的发展也存在管理机制尚未完善、企业缺乏社会责任、职工队伍建设落后、政府对物流业的规划不合理、城乡物流业发展不协调等问题。对此进行研究，探讨解决黄石市物流企业发展中的问题，对于黄石市物流业的发展和生态城镇化实现无疑具有积极的作用。

表 5 - 1　　　　　　2011—2015 年黄石市三大产业结构比重

年份	第一产业比重	第二产业比重	第三产业比重
2011	7.43%	62.37%	30.20%
2012	8.25%	61.96%	29.79%
2013	8.34%	61.22%	30.44%
2014	8.62%	59.37%	32.01%
2015	8.84%	55.36%	35.80%

数据来源：《黄石市统计公报》。

第二节　物流业对黄石市生态城镇化的积极作用

一　有利于促进生态城镇化的工业发展

众所周知，新型工业化是生态城镇化的基础。新型工业化需要物流业为其提供原材料采购、生产、仓储、流通等方面的服务。若要推动工业转型升级，工业生产的方式和产品都应相应地改变。先进的物流业，有利于推动工业产品的创新研发和产业的转型升级。工业企业的原材料来源以及产品对外销售等都离不开物流业的支撑。

在工业生产方面，物流业可以有效地为工业生产提供原材料等物资的支持，物流信息化的发展，将促进工业企业提升效率、优化成本。在工业销售方面，物流业的发展，打破了工业产品销售在时间和空间上的限制，有利于开拓工业产品的市场，打破地域的限制，将工业产品高效快速地运输到全国各地，并为工业产品提供仓储服务。

在黄石市的三大产业结构中，第二产业比重较高，因此对原材料的需求以及产品运输需求较大。黄石市 2015 年公路货物运输量 5603 万吨，水运货物运输量 1427 万吨，港口货物吞吐量 3643.43 万吨，但是在黄石市工业生产的原材料供应中，第三方物流运输普及率不高，这导致工业生产效率难以提高。与工业企业相比，物流企业有着专业的运输队伍以及众多的运输路线，利用大数据，能在更短的时间内提供更多的原材料供应，而且成本更低。因此，通过工业企业与物流企业合作，将原料供应以及运输销售委托给第三方物流，不仅能保证黄石市工业生产所需的大量原料得到供应，还能降低生产成本，提高生产效率，同时，物流企业可以更快地将工业产品运输到市场，为工业发展提供动力支持。因此，物流业的发展可以促进黄石市生态城镇化的工业化发展。

二 有利于优化生态城镇化的产业结构

生态城镇化离不开产业协调发展的基础，生态城镇化建设应当大力发展第二、第三产业。因此，资源应当合理配置在第二、第三产业，促进第二、第三产业协调发展。如果资源不能科学合理配置，资源缺乏的产业，发展会较为缓慢甚至停滞不前；而资源过剩的产业，又会造成资源的浪费。这会影响城镇化的产业发展，不利于生态城镇化的实现。

如图 5-1 所示，黄石市第一产业比重为 8.84%，第二产业比重为 55.36%，第三产业比重仅为 35.8%，第三产业比重偏低，黄石市若想协调产业比例，需要大力发展服务业。物流业作为服务业的一个重要产业门类和基础性产业，关联度高、发展潜力大、辐射带动能力强，加快物流业的发展，有利于推动服务业的发展，从而优化黄石市生态城镇化的产业结构。

根据产业结构的发展规律，产业结构会朝着高度化和合理化方向发

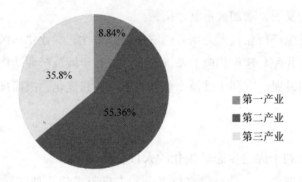

图 5 - 1　黄石市三大产业结构比重（2015 年）

数据来源：2016 年《黄石市统计年鉴》。

展。衡量产业结构合理化的标准是第三产业的发展水平；产业结构高度
化是劳动密集型产业向技术、资本密集型产业演进——第一产业向第二
产业、第三产业升级演进的过程。黄石市近 5 年虽然产业结构逐步调
整，但是第三产业比重仍旧较低。

　　物流业是社会分工和专业化高度发展的产物，是第三产业的组成部
分，是"推进型"产业，能够推动产业在不同的地区以及不同的经济发
展水平的城镇间布局，从而推动城镇在地域空间上的均衡发展。目前，物
流业增加值约占我国国民生产总值的 6% 左右，预计到 2020 年这一数据
将会增加到 7.5%。2014 年，黄石市全市快递企业业务量累计超过 2000
万件，在业务收入和业务量上都排名全省第五位，比上一年同期增长超过
六成。仅 2015 年一年，黄石市就新增了 8 家快递企业，快递企业数量超
过 40 家，网点近 300 多个，比上一年新增 60 余个，基本覆盖黄石市区、
阳新县和大冶市所有的乡镇。黄石市快速发展的快递业，强有力地推动了
第三产业的发展。以 2015 年数据为例，全市社会物流总额达到 2435.6 亿
元，比 2010 年分别增长 164% 和 143%。物流业增加值占服务业增加值比
重达到 13.7%。黄石市物流业的发展将对金融业、运输业、商贸业以及
旅游业等与物流相关联的第三产业起到积极的推动作用。2014 年黄石市
物流业 GDP 占服务业比重就有 18.54%。显而易见，物流业的发展能够推

动服务业的发展，增加大量就业岗位。

针对各生产行业，大力培养能够提供针对性、专业化和区域化物流服务的企业，并配套建设相应的基础设施，有利于城镇产业结构向合理化和高度化方向发展，有利于城镇产业结构的调整和优化，进而推动生态城镇化发展。

三　有利于促进生态城镇化的人口转移

城镇化的使命，就是将农村多余的人口市民化，使之转换为城市劳动力。生态城镇化以人为核心，有序推进农村人口市民化是其四大战略任务之一。

物流业是现代服务业的组成部分，也是劳动密集型产业。物流业每增加1个百分点，大概增加的就业人数应该在10万人以上。因此，要想发展第三产业，促进生态城镇化的人口转移，就必须大力发展物流业。

一方面，物流业作为社会经济的服务部门，大量的工作特别是末端服务，目前大都需要人力来完成，并且相对于其他新兴产业而言，物流业对劳动力综合素质的要求相对较低——经过一定的培训就可以开展工作，因此有利于将城镇和农村剩余的劳动力转移到物流业中，有利于将第一产业多余的劳动力转移到第三产业中，推动产业结构优化升级；同时也增加了人均收入，有利于提高居民生活水平，促进城乡和谐稳定发展。另一方面，物流业通过物流供应链整合、外包服务、配送等功能，可以吸引一些零售店以及小企业聚集，发挥集聚效应，带动更多城镇和农村居民就业。截至2013年，黄石市社会物流总额达到1805.30亿元，物流业增加值达到42.37亿元，物流业增加值占国内生产总值的比重为4.1%，占服务业增加值的比重为12%，全市物流业总收入61.80亿元，同比增长22%。因此，若想加快黄石市的生态城镇化进程，推动黄石市产业结构调整以及实现人口转移是当务之急。通过物流业的发展，吸收并转移剩余劳动力，可以有效地促进黄石市生态城镇化的实现。

四　有利于实现生态城镇化的生态宜居

建立"生态宜居"的城市体系是生态城镇化建设的必然选择。"生态宜居"城市的关键是要以人为本，着眼于人民的福祉，紧扣民生，同时又对城市长远发展胸有成竹，兼有长期目标和短期目标。

电子商务的发展，使物流业迅速成长。2015 年黄石市社会消费品零售总额为 582.36 亿元，社会物流总额达到 243.6 亿元，比 2010 年分别增长 164% 和 143%。物流业不仅能够为居民提供快速便捷的配送服务，而且可以减少环境污染，从而提高居民的生活质量和幸福指数。站在城镇居民的角度来说，环境优良和高效便捷是城市生活的特色和生态城镇化追求的目标之一。高效便捷主要表现在日常生活中的购物、出行等方面。黄石市物流业的发展，能够优化城市的配送，提高运输速度，减少运输时间，提高居民购物的送达效率；同时，能够缓解货运交通给居民出行带来的压力，因而是推动城市生活便捷高效的有效动力。环境优良的主要表现是噪声、大气等污染情况相对轻微，但城市的出行车辆尤其是大型的货运车辆是城市噪声和大气的主要污染源之一，通过发展物流业优化城市的配送，可以提升对车辆的利用率，减少大型运输车辆对城市环境的不利影响，同时，部分物流企业使用新能源环保汽车，能相应减少城市污染，改善城市的生活环境。简而言之，黄石市大力发展物流业对提高城市生活的质量以及提升居民的幸福指数有着不可忽视的作用。

第三节　黄石市发展物流业的优势

一　市场潜力

任何产业的发展，都是为了满足市场的需求，需求是生产发展的动力，如果没有需求，那么产业将无法发展。

黄石市物流市场具有较大的发展潜力。一是产业发展需求较大。近年来，黄石市作为武汉城市圈的副中心城市，其工业生产、固定资产投资和进出口贸易高速增长，对周边地区的辐射和带动作用不断增强。新冶钢、大冶有色等一批工业支柱企业，产生了强大的生产性物流需求；随着苏宁电器、万达广场等一批大型商贸服务项目落户黄石市，必将带来更大的社会物流需求。同时，社会物流需求的增长，刺激了一些基础较好的物流企业，其不断增强物流服务意识，拓展和延伸物流服务，并由此滋生了快递、电子商务等一批新型物流产业，促进了黄石市传统物流业向现代物流业的转型。二是农业物流需求潜力大。黄石市农村物流以及电子商务尚不普及，利用物流业可以减少农产品销售的中间环节，降低成本，开拓销售市场，因此普及农村物流业，不仅有利于增加农民收入，而且可以带动黄石市更大的物流需求。三是居民购买力不断增强。据统计，2013 年黄石市农民人均纯收入 8374 元，同比增长 12%；城镇居民人均可支配收入 21553 元，同比增长 11%；社会消费品零售总额达到 450 亿元，同比增长 12.50%。2015 年"双十一"期间，黄石市快递业业务处理量达到 295.71 万件，与 2014 年同比增幅 50.39%。其中 11 月 16 日单日业务处理量达到 40.20 万件，比 2014 年最高日处理量增长 54.58%。显然，伴随着电子商务的普及和居民可支配收入的增长，黄石市物流市场发展潜力较大。

二 发展基础

任何产业若想又好又快地发展，都需要良好的基础作为支撑——如经济基础、人力资源、基础设施等。基础越好，产业发展起点越高；若缺乏发展的基础，产业发展会缓慢甚至停滞不前。

黄石市是武汉城市圈的副中心城市，在商贸流通、产业发展、物流一体化对接等方面均处重要的地位。同时，黄石市处于长江经济带的优先开发地段，是我国中部地区的原材料工业基地和国务院批准的沿江开放城市之一，是中部崛起战略中"三基地、一枢纽、一中心"的重要组成部分。黄石市自身已经具有较好的经济基础，2014 年黄石市 GDP 为 1207 亿元，已经进入工业化中期加速发展阶段；城镇化率超过 50%，开始进入生态城镇化推进阶段。2014 年全市已建成和在建物流园区有 17 个。目前，已有花湖物流、昌龙物流、有色物流、众联物流、罗桥物流等五个项目部分建成投入使用。已注册登记的各类具有物流服务业务的企业共 2887 家。从服务类型来看，货物运输型企业 2515 家，占 87%；仓储服务型企业 106 家，占 3.67%；综合服务型企业 266 家，占 9.21%。从分布情况来看，黄石市 2765 家、大冶市 94 家、阳新县 28 家。"十二五"期间，一批重大产业、基础设施和社会事业项目相继建成，黄石经济技术开发区作为国家级开发区正在建设。这些为黄石经济社会实现跨越式发展奠定了坚实的基础。

三　区位交通

一个良好的经济区位可以产生相当的吸引力和辐射力，能够引进外资，吸引外来企业入驻，也有利于本地企业走出去，带动周边地区协调发展。良好的区位条件可以加快一个地区的发展，更可以加快该地区的物流业发展。

黄石市拥有 73 公里的长江岸线，拥有国家一类水运口岸，是全国 53 个重点港口城市之一，是长江中游少有的天然深水良港，5000 吨级远洋货轮可常年自由进出，可常年停泊万吨级货轮。黄石新港（物流）工业园区拥有优质长江深水岸线约 7.7 公里，是黄石市乃至长江中游地区唯一具有公路、铁路、水运无缝对接条件的园区。黄石市有国家铁路干线武汉—九江铁路通过；黄石市火车站为二级铁路客货运站，拥有湖北省第一条完全封闭的武黄高速，武九动车组贯穿整个城市；武汉城市圈城际铁路目前也已经开通；沪蓉高速、京珠高速和 106 过道以及规划建设的大广高速和杭瑞高速、咸黄高速穿城而过；黄石长江大桥和鄂东长江大桥使黄石市与我国中部东西轴线区域的各个城市顺畅连接。2014 年黄石新港、棋盘洲长江公路大桥、沿江铁路以及距园区 10 分钟车程的黄冈机场已被国家列入"走廊规划"。作为湖北长江经济带开放开发的重要支点、武汉城市圈的副中心城市和鄂东区域经济龙头，黄石市具备推进新一轮开发的良好条件和发展环境。根据黄石市"十三五"规划，在未来，黄石市区域性交通枢纽的地位还将得到巩固提升。黄石市 5 年累计完成交通基础设施投资

356 亿元，高速公路通车里程达到 180 公里，综合交通网总规模达到 7348 公里，未来发展前景良好。黄石市的区位交通条件有助于吸引外部资金、人才、技术进入物流业，促进黄石市物流业的发展。

四　政策扶持

产业的发展离不开政府的宏观调控，政府出台的政策可以扶持相关产业的发展。

湖北省政府根据湖北省物流业发展的实际情况，出台了《湖北省物流业调整和振兴实施方案》，明确提出将黄石市作为地区性现代物流节点城市，这为黄石市物流业的发展提供了政策支持。同时，黄石市是全国第二批资源枯竭型转型试点城市，是武汉城市圈"两型社会"建设综合配套改革试验区的副中心城市，也是中部地区比照实施振兴东北等老工业基地和西部大开发政策试点城市。随着国家实施西部大开发、促进中部地区崛起、构建"中三角"城市集群和"保增长、扩内需、调结构"等一系列战略政策的深入实施以及新型工业化、城镇化的发展加快，位居长江经济带和"中三角"城市集群几何中心的黄石市正面临着千载难逢的发展机遇和政策扶持优势。

2017 年黄石市召开全市物流发展工作会议并定下目标：全年完成重点物流项目建设投资 5.3 亿元，计划培训 3A 物流企业两家，4A 物流企业一家；全面开展招商引资，引进多家知名企业前来投资。2017 年，黄石市正式挂牌成立黄石市物流技术与管理研究中心，专门研究解决运输方式联运试点培育中的管理运营问题以及关键技术标准。黄石市将以市场导向、政府推动、行业自律、企业运作为主，不仅要培养本地物流企业做大做强，更要引进更多的物流企业入驻。

五　人力资源

产业的发展离不开人力资源的支持，没有劳动力，产业发展将失去动力。物流业作为服务业的组成部分，其发展需要大量劳动力支持。

2014 年黄石市乡村人口约占黄石市总人口的 36.14%，所占比重较大。而通过图 5 - 2 可以看出，黄石市农村的劳动力处于饱和状态，因此剩余的劳动力可以满足物流业对劳动力的大量需求，为物流业提供人力资源支撑；同时，也可以解决黄石市农村居民的就业问题，提高就业率。2014 年末黄石市城镇就业人员 80.88 万人，城镇登记失业率 2.26%。失业人员也可以转移到物流业。总之，黄石市有着充足的劳动力资源，发展物流业，不仅可以提升城乡就业率，而且可以推动物流业的发展。

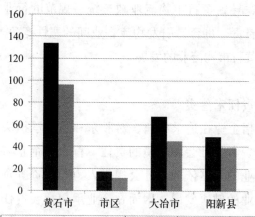

	黄石市	市区	大冶市	阳新县
■ 农村劳动力资源	133.77	17.37	67.29	49.11
■ 农村从业人数	96.29	11.86	45.29	39.14

图 5 - 2 2014 年黄石农村劳动力从业状况（单位：万人）

数据来源：2015 年《黄石市统计年鉴》

第四节 黄石市物流业发展中的问题分析

一 管理体制不完善

任何产业的发展都需要一个完整的体制，既包含行业体制，也包含企业内部管理体制，建立健全完善的管理制度是提高企业核心竞争力，推动企业发展的重要因素。如果体制不健全，将会导致行业秩序混乱，企业内部职责不清。

黄石市物流业各部门之间缺乏科学的分工，工作职能交叉重复，导致管理缺位、越位和错位，物流业发展中的横向联系被纵向管理体制隔断。而之所以出现这些问题，主要因为物流业是一个复合型产业，行业管理涉及市发改委、市工商局、市商务委、市邮政管理局、市经信委等多个部门，部门信息不对称，缺乏全市统一的协调指导和综合管理机构，而物流企业之间也缺乏沟通和合作。虽然 2009 年黄石市成立了"市交通物流发展局"，但其属于市交通局二级单位，遇到综合性问题，没有权限协调调度各相关部门。这些问题导致黄石市物流业缺乏统一规范的行业管理标准，监管部门难以履职履责，也容易引发物流企业间的恶性竞争。因此，管理体制不完善不利于黄石市物流业的发展。

二 企业部分社会责任未落实

企业的社会责任是指企业在追求利润、对股东和员工承担法律责任的同时，还应承担对消费者、社会和环境的责任。首先，企业与社会有着千丝万缕的联系，企业的发展依赖着社会提供人力和物资等资源，稳定的社会环境保障着企业的健康发展，因而在企业承担社会责任时，应当承担社会性的组织作用，承担保护环境的职责。其次，一个健康的企业，必须要有自己的道德标准和是非准则，企业承担社会责任，既是自身伦理道德的要求，也有利于树立良好的企业形象；最后，员工是企业发展的动力支持，企业承担对员工的责任，保障员工的权益有利于为企业的发展提供人力支持。

根据调查数据显示，在中国，有 90% 的快递员未签订劳动合同，没有五险一金，除了顺丰、EMS 等直营公司，大部分快递公司的网点都采取加盟模式，而在加盟网点工作的快递员，劳动权益往往难以得到保障，在这个大背景下，黄石也不例外，快递员没有签订劳动合同，五险一金覆盖率不高。企业缺乏社会责任，员工流动性大。另外，快递包装产生的污染也是一大问题。根据中华人民共和国邮政管理局 2015 年 10月发布的《中国快递领域绿色包装发展现状及趋势报告》显示：中国快递包装年耗用量惊人，2015 年共消耗内部缓冲物约 29.77 亿个、封套约 31.05 亿个、编织袋约 31 亿条、塑料袋约 82.68 亿个、包装箱约 99.22 亿个、胶带 169.85 亿个、快递运单约 207 亿枚。这其中，仅计算出的胶带使用长度就可以绕地球四百多圈。由于可降解的环保包装材料价格较高，企业为了降低成本，获取更高的经济效益，大量选择使用不可降解的包装材料。目前中国快递业纸板和塑料实际回收率不到 10%，而未被回收利用的，快递企业一般不予处理。企业未尽社会责任主要是为了降低成本，获取更高的利润。企业盲目追求经济效益而不顾社会效益，这会导致物流企业难以树立良好的企业形象，破坏生态环境。因此，从长远看，企业部分社会责任未落实，不利于企业健康持续发展。

三　职工队伍建设有待加强

在市场经济条件下，每个企业都不得不面对激烈的市场竞争。21 世纪企业竞争的实质是人才与科技的竞争。人才是企业变革、创新、开拓的动力，能为企业的持续发展提供支持。因此，人才的竞争，决定了企业在市场中的发展。企业广泛吸收人才，加强职工队伍建设，有利于企业的长远发展。

黄石市物流企业职工队伍有待加强。首先，针对黄石市物流企业的调查数据显示，物流企业中高层管理者的学历为本科以下的约为 66.67%，有待提高。其次，从业人员中有专业资质的人数偏少。根据黄石市物流协会统计，在全市 162 家专业物流企业从业人员中，获得专业资质的只有 170 人。再次，职工结构不合理。物流企业普遍反映单一型职工较多，缺乏复合型职工；物流企业有大量操作型职工，但是缺乏管理创新型高素质职工，尤其缺乏精通现代物流经营管理经验和科学技能的专业职工。最后，缺乏职工培养和引进计划。物流企业未制定职工中长期培养和发展规划，社会物流培训机构整体实力弱，虽然培训课程项目多，但实际效果不佳。物流专业职工匮乏，物流从业人员的管理、培训、教育制度不完善。

四 政府规划不合理

物流业的发展需要政府规划先行，没有政府的科学规划和合理布局，会导致物流业的发展存在产业规划滞后、资源分布不均、供需结构不平衡等问题。政府是一只"看得见的手"，应该对经济发展起到宏观调控的作用，因此黄石市政府应当合理规划物流园区，有效调控物流资源，促进黄石市物流业又快又好发展。

但黄石市物流规划却存在三大问题。一是产业规划滞后。物流业长期处于"先发展、后规划"的无序状态，一些已建成的物流中心、物流园区由于在选址和建设时没有经过科学系统的规划论证，建成后与城市总体功能布局脱节。如：新建成的市物流中心由于地处花湖，距离商贸业繁荣的中心城区较远，很多物流企业不愿入驻其中。同时，随意变更已规划的物流用地也严重影响了物流业发展。如：西塞山区上窑小商品批发城的业主反映，该批发商城在最初规划时曾预留了配套的仓储建设用地，但因种种原因被相关部门更换用途。二是资源分布不均衡。城乡发展不平衡、区域发展不均衡的现象严重，主要表现为农村以及偏远地区的物流资源少，中心城区物流资源充足，分布相对集中。三是供需结构不平衡。黄石市大部分企业未将可以交给第三方经营运输的物流资源从内部剥离出来，而是选择依靠自身进行产品的分装、运输、调配，致使社会化、专业化的物流市场需求不足；同时，从物流企业自身来看，黄石市目前物流企业大多实力羸弱，规模小，功能单一，运输效率和服务质量难以满足社会化的需求。因此，政府规划不合理，不利于黄石市物流业的发展。

五 城乡物流业发展不平衡

推动城乡一体化发展是生态城镇化的四大战略目标之一，黄石市城乡物流业的协调发展，有利于转移农村剩余人口，提高农村居民人均收入，开拓农产品的销售渠道，降低成本；同时，有利于城乡物流信息对称，可以充分挖掘农村市场，有利于促进城乡一体化的发展。

物流是现代经济核心之一，而农村物流的发展水平则是决定经济发展重要因素之一，应当重视农村物流业的发展。黄石市相关统计数据显示，2015 年黄石市年末总人口为 267.97 万人，其中城镇人口为 150.68 万人，农村人口为 95.12 万人，农村人口占总人口比重约为 35.5%，由此可见，农村物流也有较大的消费人群，发展潜力巨大。农村物流与城市物流相比，具有分散性、季节性、差异性、多样性等特点。首先，相比于城市物流，乡村经济水平较低，电子商务尚未普及，因此农村的物流市场还有待挖掘。2015 年黄石市城镇居民可支配收入为 27536 元，农村居民可支配收入为 12004 元，不足城镇居民的一半，农村居民对物流的需求相对于城市居民较少，农村物流站点较为分散并且数量少。其次，物流业城乡发展极不平衡，乡村之间发展也是差异较大。农村居民可以通过物流将农产品运输到市场或者直接销售给消费者，减少中间环节，降低成本，因此农村物流呈现季节性的特点，而城市物流一年四季均处相对稳定的状态；城市的物流站点分布比较均匀，规划性较强，而乡村物流分布受乡村之间生活习惯、消费偏好、发展水平差异等因素的影响，导致物流站点也呈现出地区分布不均的情况。因此，城乡物流业发展不平衡，必将导致资源分配不均，造成资源浪费，不利于黄石市物流业的发展。

第五节　促进黄石市物流业发展的对策思考

一　理顺体制机制，积极构建现代物流体系

（一）加强协调指导和综合管理

湖北省内外一些物流业相对发达的城市和地区，均通过设立由主要领导牵头、部门单位参与的协调指导机构和专职综合管理部门，来进一步明确和细化职权范围，理顺发展体制机制。一是黄石市政府应尽快组建由市长任组长，分管副市长为副组长的"现代物流业发展领导小组"，组织市发改委、市商务委、市交通局对黄石市现代物流业发展进行协调指导和统筹规划，进一步明确和细化不同主体的责任范围；"现代物流业发展领导小组"下设立办公室，办公室设在"市交通物流发

展局",专门研究制定全市现代物流产业发展的主要政策,审定重大项目和规划;协调解决黄石市物流发展中的重大问题并做出决策,努力消除各部门、各行业之间各自办物流和多头管理、政出多门的现象,形成全市上下齐抓共管、协调一致的新局面。二是将"市交通物流发展局"升级为"市物流发展局",作为日常综合管理部门,承担物流业发展规划的起草和实施,推动物流业重大项目和支持性政策措施的落实,强化物流市场监管、物流技术推广和物流人才培育等职责。

(二)搭建联动平台

徐州、襄阳等一些城市积极创新和完善现有的物流管理模式,探索建立了"物流产业联席会议制度""专家会审制度"等配套制度,搭建了行业重大事项会商、咨询和协调的公共服务平台,取得了较好成效。因此黄石市市政府及相关部门可以结合黄石市物流业发展的实际情况,探索组建"现代物流产业联席会议"等制度,搭建部门之间的联动平台,促进现代物流业发展。

(三)企业完善内部管理体制

黄石市物流企业可以借鉴顺丰速运的经营体制,采取直营和加盟相辅相成的经营模式,在经营的过程中发挥直营和加盟两种模式的优越性,并在实践中不断思考、改善。企业应当不断完善管理体制,完善现代企业的法人治理结构,强化董事会在法人治理结构中的核心地位;坚持以人为本,提高管理者和会计人员的素质;科学制定职责分派体系、完善员工规章制度、制定资产管理制度、严格奖励和惩罚机制;发挥财务管理的作用,实现内部控制现代化,使信息沟通顺畅并加强内部审计监督。

二 各界参与,严格落实物流企业承担社会责任

企业承担社会责任既需要自律,也需要他律。黄石市政府应当积极使用经济手段、法律手段和行政手段来防止企业有不当行为,鼓励企业主动承担社会责任;企业也应当自我约束,主动实现自我价值。

(一)企业应当落实对员工和环保的责任,主动接受监督

企业需要树立责任意识,落实承担社会责任。企业应当积极承担对

员工的责任，保障员工薪酬的发放和五险一金的落实，同时应当提供各式各样的培训机会，营造公平的晋升机制以及和谐的工作氛围；企业还应当树立环保意识，不能因为蝇头小利就牺牲环境，要注重科技研发和创新，建设环境友好型企业，推动企业健康可持续发展。

（二）政府严格执行现有法规，规范企业的发展

法律法规为企业树立了规范标准，遵守规则有利于企业长久永续地发展。2016 年 1 月，黄石市获得了地方立法权，因此，黄石市政府应当因地制宜，完善地方性法规，为监督企业依法运营、督促企业承担社会责任提供依据。市政府应当严格执行现有法规——如劳动法，督促企业与员工签订劳动就业合同，根据法律规定，支付员工的薪酬待遇，保障员工的合法权益。市政府应当监督公司依照税法，按时纳税，做到诚信经营，树立良好的企业形象。市政府应当完善环保法规，推动企业对自身的经营生产和环保之间的关系进行重新定位和调整，以适应新常态、新要求，不以牺牲环境为代价而只追求经济效益。

（三）公众运用新媒体监督

公众作为物流企业的相关利益者应当树立权利意识，充分使用法律所赋予的参与权和监督权，监督企业的经营行为。要全方位地把环境以及职工待遇问题放入公众视野中，敦促企业解决环境污染以及职工的待遇问题。企业和行政管理部门应公开相应的信息，积极发动公众参与，以传统媒体作为监督的基础，充分运用微信、QQ、微博等新型媒体交互式传播信息，使信息的传播更加广泛、及时。

三　加强岗位培训，引进专业人才

（一）加强岗位职业培训和职工培养

要加强物流经营人员、管理人员的上岗培训、在职培训，提高黄石市物流从业人员的综合素质。要充分发挥黄石市本地高校、职业技术学校在物流人才方面的培育优势，充分发挥武汉地区高校在物流高级人才方面的就近输出优势，完善以企业为主体，高等院校以及职业院校为基础，学校教育与企业培训紧密联系，政府推动与社会支持相

结合的人才培养体系。要督促企业注重自身人才的培养，制定适合企业职工素质的发展规划，强化职工实际锻炼，加强自身物流人才队伍的建设。

（二）引进高层次物流人才

黄石市"十三五"规划明确指出：要坚持"按需引才，以用为本"的理念，创新人才培养和引进机制，加强人才队伍建设，推进人才结构调整，实施"新兴产业人才扶持计划"。加大高层次物流人才的引进力度，多渠道引进省内外以及国外高层次人才；对人才引进中遇到的实际困难，由市政府设立的引进人才专项基金给予解决；企业应当为职工提供相应的薪酬待遇保障，全力营造良好的重用物流人才的环境，稳定高层次物流人才队伍。

四 科学统筹规划，积极构建现代物流体系

（一）坚持物流先行，高标准编制产业规划

要按照"整体规划、适度超前、分步推进"的原则，科学编制《"十三五"黄石市现代物流业发展规划》，及时编制《黄石市农村物流发展规划》《黄石市物流园区发展规划》等各类配套规划。统筹考虑黄石市产业结构布局、环境保护、投资来源、运营组织以及建成后经营效率和效益等因素，注重与城市发展规划、农业发展规划等各项社会规划之间的有机衔接，科学制定指导方针、总体思路和发展目标。

（二）加强三个"一体化"建设，构建"大物流"格局

一是要积极推进产业一体化，通盘考虑物流业与工业、商贸业、农业等行业之间的相互影响和渗透作用，加快推进大型超市、商场配送中心与物流园区、物流中心相对接，促进商贸物流发展；二是要积极推进城乡一体化，大力推广"农超对接"工程，建立农产品进城快捷通道，形成生产超市化、经营连锁化、加工链条化的农产品物流配送系统；三是要积极推进区域一体化，促进区域物流和中心城区专业物流的协调发展，加强区间的沟通与合作，实现互补共赢，全面提升物流发展对经济社会的辐射带动作用。

（三）坚持"规范化"理念，加强规划执行

为了确保物流规划的有效实施，建议将物流规划纳入黄石市全市重要产业规划，由市政府颁布并组织实施。同时，加快制定配套实施方案和具体措施，做到物流规划与其他各项规划的有效对接，并强化规划管控措施，明确规定不得随意更改和变动已制定通过的规划，确保物流规划顺利实施。

五　加快农村物流建设，促进城乡物流业协调发展

伴随着国家各项惠农政策的落实，黄石市农村经济迅速发展，农民生活水平大幅度提升，在城镇化和互联网的推动下，未来黄石市农村市场将迅速发展。农村物流业的发展不仅可以满足农村居民日常生产、生活的需求，而且可以增加农民的收入，促进农产品升值。因此，应当重视农村物流业的发展，促进城乡物流业协调发展。

（一）加强基础设施建设

应当加强产品配送、冷链运输等基础设施建设，提高物流能力。建立农产品质量检测体系和安全追溯体系，对生产和销售的各环节设施进行改造升级。建立农产品供求信息采集发布机制，强化农产品价格检测预警，立足于互联网和物联网大力发展农产品现代流通方式和新型流通业态，积极发展农产品电子商务。黄石市应当大力建设农村物流的信息服务平台，充分发挥信息技术对于推动农村物流发展的积极作用，利用互联网技术，加强通信网络硬件的基础设施建设，打造农村物流的综合性信息服务平台。努力实现农产品生产者、流通企业和物流运营主体之间资源共享，信息共用。企业可通过集中培训、现场观摩、相互交流等多种方式，加强农村物流管理和经营人才培养，提高物流经营主体的管理和运营水平。

（二）完善农产品市场体系

黄石市农村物流发展迅速，但是农产品市场体系仍不健全，物流主体规模小，组织化程度低，竞争力不强。同时，农村物流基础设施不完善、市场信息不对称、农产品季节性生产等因素严重阻碍了黄石市农村

物流业的发展。因此，要想发展农村物流业，就必须完善农产品市场体系，打造农产品集散中心和配送中心，建设区域性市场，打破物流资源地域封锁，形成统一开放的市场，推广"农超对接"直销模式，减少中间流通环节，降低成本。

（三）培育物流主体

应当加快培育黄石市农村物流市场的运营主体，引入第三方物流企业，发展共同配送模式。提升物流资源的利用率，降低物流成本。要积极营造有利的制度和市场环境，培养农村龙头物流企业发展，并发挥其领导带头作用，辐射带动中小物流企业良性发展。要培育农产品加工配送企业和第三方冷链物流企业，鼓励物流企业通过重组、合作、联合等多种方式扩大规模，提高竞争力。鼓励物流企业和农民长期合作，提高物流组织化程度。

参考文献

[1] 王荣俊：《基于农村物流问题的对策研究》，《辽宁工业大学学报（社会科学版）》2016 年第 6 期。

[2] 王璞：《我国农村物流发展问题与对策分析》，《中国市场》2016 年第 47 期。

[3] 骆进、吴文胜：《黄石市生态城镇化发展策略与思考》，《中华建设》2013 年第 2 期。

[4] 谢思敏：《浅析我国物流业人力资源管理发展现状——以顺丰速运为例》，《科技资讯》2016 年第 15 期。

[5] 高鹏凌：《四川省新型生态城镇化进程中的物流体系构建与规划》，西南交通大学硕士学位论文，2012 年。

[6] 何文杰：《湖北省生态城镇化建设与物流发展问题探析》，《中国市场》2015 年第 11 期。

[7] 双海军、王长春：《现代物流业发展对生态城镇化进程影响分析》，《物流技术》2015 年第 22 期。

[8] 王海燕：《生态城镇化与物流业发展互动研究》，《市场研究》2014 年第 12 期。

第六章　现代农业发展与黄石市生态城镇化的实现研究

本章提要：现代农业发展对黄石市实现生态城镇化，加速农村居民市民化、促进城乡产业一体化、创建良好的生态环境具有积极作用。黄石市发展现代农业，具有自然资源、市场需求、经济区位、政策支持等几大优势，但也存在农业组织化程度低、农业水利设施老化、农业社会化服务体系不完善、新型职业农民缺乏的问题，甚至影响黄石市现代农业的进一步发展。要想促进黄石市现代农业发展和生态城镇化的实现，需要提高农业组织化程度，完善农业水利设施，健全农业社会化服务体系，加快培育新型职业农民。

第一节　引言

2013 年 9 月 13 日，在中共黄石市委第十二届八次全体（扩大）会议上，黄石市正式提出"生态立市，产业强市"的发展战略，黄石市国民经济和社会发展"十三五"规划进一步明确，黄石市的城镇化发展要以生态建设为核心，黄石市新型城镇化要走生态城镇化的道路。任何城镇化的发展都是靠产业发展推动的，黄石市的生态城镇化也同样靠产业发展推动，农业是国民经济的基础，黄石市的生态城镇化发展必须大力发展现代农业。

黄石市在发展现代农业方面取得了一些成效，"十二五"期间，全市积极推进农田基本建设和农业机械化，机械耕地面积、播种面积、收获面积不断扩大，农业产量不断提高，农业产业化不断发展，湖北黄石国家农业科技园区获批，农业综合生产能力显著提升。黄石市现代农业发展还存在着一些问题，主要表现为农业组织化程度低、水利设施老化、农业社会化服务体系不完善和缺乏新型职业农民，这严重制约了现代农业的发展，不利于黄石市生态城镇化的实现。对此进行研究，探讨有效解决问题的对策，有助于促进黄石市现代农业发展与生态城镇化的实现。

第二节　理论概述

一　概念界定

（一）现代农业

内涵：现代农业又称农业现代化，现代农业在不断地发展演变，发展到今天，其发展道路与过去的发展模式不同，现代农业要求走一条可持续发展道路，向生态农业发展。过去的现代农业主要是"化学农业＋机械农业"，机械农业依靠石油，化学农业依靠化肥和农药，但是化肥农药的过度使用会导致大面积的水体污染以及土壤污染，这不符合构建良好的生态环境和实现生态城镇化的要求。现代农业发展主要体现在农业生产技术的提高、农业生产与经营模式的转变以及农业产业效率的增加。与传统农业不同，现代农业发展更加注重对环境的保护，强调绿色发展。

主要特征：实现农业的科学化，拥有较高的农业生产率，实现农民的职业化，农业逐渐成为可持续发展产业，建立完善的农业服务体系，包括产前、产中、产后服务体系。

（二）生态城镇化

内涵：生态城镇化是指坚持以人为本，推进城市和农村城镇的生态化和现代化发展，全面提升城镇化的生活质量和发展水平，走一条环境美丽、社会和谐、城乡一体化的生态城镇发展道路。生态城镇化的核心任务就是要实现农村过剩人口的市民化，即实现人的生态城镇化，通过城镇化把农村过剩人口转移到城镇中来，把农民变为市民。

新型城镇化与生态城镇化是一种发展的关系。新型城镇化是以城乡统筹、城乡一体化、生态宜居、和谐发展为基本特征的城镇化发展之路。新型城镇化和生态城镇化的发展要求与特点是一致的，二者都要求统筹城乡发展、推进城乡一体化。二者的发展都会加速农村人口向城市转移，为城镇化提供充裕的劳动力，促进城镇化建设。随着新型城镇化的发展，"生态立市"的发展战略被提出，而生态城镇化正是走生态化的发展道路，生态城镇化是新型城镇化的具体实现形式。要推进城镇化，实现生态文明建设，就必须要走生态城镇化的发展道路。

二　产业经济理论

产业经济理论是应用经济学中常见的理论体系。它的研究对象是产业，主要包括产业关联理论和产业布局理论。产业关联理论分析各相关产业的关联关系，分析第一产业与第二、第三产业之间的相互影响程度，即产业一体化。产业布局理论是国家或地区进行整体经济发展规划的基础，主要研究影响产业布局的因素、产业布局与经济发展的关系、产业布局的基本原理、产业布局的一般规律、产业布局的指向性以及产业布局政策等。它主要从经济层面的角度研究产业间的资源占有关系以及产业结构，从而为制定产业结构的规划与优化政策提供理论基础。通过研究产业经济理论，可以更好地规划整体经济发展目标，为制定产业政策提供理论依据。积极探讨经济发展中各产业之间的关系结构，有利于促进产业结构的优化升级，有利于产业的合理布局，有利于提高经济效益。

利用产业经济理论研究现代农业发展对于黄石市生态城镇化的实现具有必要性。首先是运用产业关联理论。现如今，农业是基础，发展现代农业，将为现代工业和现代服务业提供原料、资源、劳动力和特色农产品；反之，第二、第三产业也将促进现代农业的发展，可以改善农业基础设施，提高农业机械化水平，促进农业技术进步，优化农业生产结构，扩大农业生产规模，提高经济效益，实现规模经济。利用产业关联理论将三大产业紧密结合，可以促进城乡产业一体化，利用第二、第三产业推动现代农业发展，为生态城镇化的实现构建完整的产业体系。其次是运用产业布局理论。运用产业布局理论研究现代农业布局的因素，可以揭示黄石市现代农业发展的有利条件、不利条件，分析出现代农业发展和黄石市生态城镇化实现的有效对策。

三 可持续发展理论

可持续发展理论作为现代农业发展的基础性理论，其实质核心是要求社会、经济、生态等协调发展，核心思想是经济发展应当建立在社会公正和环境、生态可持续的前提下，其中经济可持续发展是基础，生态可持续发展是条件，社会可持续发展是最终目的。中小城镇可持续发展的内涵是在经济持续增长的基础上，实现资源综合利用、环境不断改善，最终实现城镇社会的可持续发展。基本原则是公平性原则、持续性原则、共同性原则。可持续发展的基本思想分为三点，一是并不否定经济增长，二是可持续发展应当以自然资源为基础，同环境承载能力相协调，三是可持续发展应当以提高生活质量为目标，同社会进步相适应。基本特征是可持续发展鼓励经济增长、可持续发展的标志是资源的永续利用和良好的生态环境、可持续发展的目标是谋求社会的全面进步。

利用可持续发展理论对于研究现代农业发展与黄石市生态城镇化的实现具有必要性。黄石市在发展现代农业时要转变传统农业的发展模式，注重保护好生态环境，应该追求科学化、贯彻实施标准化，在农业生产中不过度施加化肥、农药，造成土地资源的破坏、污染和浪费。运用可持续发展理论使黄石市现代农业发展成为可持续发展产业，实现自然、社会、经济、资源、环境协调发展，打造良好的生态环境，对于现代农业发展和黄石市生态城镇化实现具有重要意义。

第三节 现代农业发展对黄石市生态城镇化的积极作用

一 加速农村居民市民化

生态城镇化作为新型城镇化的具体实现形式，其中的重心就是要实现农村过剩人口的市民化，即实现人的生态城镇化，通过城镇化把农村过剩人口转移到城镇中来，把农民变为市民。现代农业要求机械化、科学化、适度规模经营和产业化。首先，现代农业是机械化农业，机械代替人力后会减少农村劳动力；其次，现代农业通过规模经营提高了劳动生产率，过去种几亩地需要的劳动力多，但是现在，农业经营规模的相对扩大会减少劳动力；最后，现代农业是社会化农业，农业的产前、产中、产后工作可以分流给其他行业，直接减少了在土地上工作的劳动力。农业劳动力的减少导致农村大量劳动力过剩，加快农村劳动力转移到城镇，有助于加快实现生态城镇化。

如表 6 - 1 所示，在黄石市农村劳动力的从业人员中，无论是本市从业人员，还是外出从业人员，从事第一产业的农村劳动力人员都要少于从事第二、第三产业的劳动力人员，并且在外出从业人员中表现得更加突出。农业从业人员的减少，使得从事第二、第三产业的人员增加，为黄石市生态城镇化的实现提供了充裕的劳动力。

表 6 - 1　　　　　　　黄石市农村劳动力从业人员分布表

从业人员分类	第一产业	第二、第三产业	合计
本市从业人员（万人）	21.57	25.07	46.64
外出从业人员（万人）	3.84	50.57	54.41

数据来源：2016 年《黄石市统计年鉴》。

现代农业极大地提高了劳动生产率，随着现代农业的不断发展，未来还会有更多的剩余劳动力从农村中转移到城镇中去。城镇人口的增加会使得农村劳动力中从事第一产业的人员减少，而从事第二、第三产业的人员增加，为城镇化建设提供更多充裕的劳动力，并助力生态城镇化实现。

二　促进城乡产业一体化

生态城镇化作为新型城镇化的具体实现形式，要求城乡一体化，这是生态城镇化的显著特点。与传统城镇化的要求不一样，生态城镇化要求把城市和农村结合起来进行发展。发展现代农业就是基于城乡一体化，形成农业产业链。现代农业要形成完整的产业链，必然要把农业的原料供应和产品加工结合起来，必然要把农业的发展和城镇提供的产前、产中、产后服务结合在一起，由此形成完善的产业一体化。

黄石市"十三五"规划提出要将"农副产品加工"作为千亿产值的大事来抓，要把农产品加工发展成一千亿产值的大产业。这不仅要规划好城镇的农产品加工业，而且要规划好黄石地区农村的原料基地，这个原料基地需要大规模经营，是一个能够容纳现代农业发展的原料基地。现代农业发展本身也需要城镇为它提供产前、产中、产后等一系列服务。黄石市"十三五"规划的提出将有利于构建完善的产业体系，促进生态城镇化的实现。

发展现代农业，将农产品加工业和服务业这两大行业结合起来，有效地促进城乡产业一体化，可以使三大产业联系得更加紧密。三大产业之间协调发展、相互促进，使得现代农业走出一条高效发展之路，可以为黄石市生态城镇化的实现构建完善的产业体系。

三 创建良好的生态环境

生态城镇化本身就要走生态化的发展道路，它要求治理污染、创建良好的生态环境。在过去，现代农业主要是"化学农业＋机械农业"，机械农业消耗石油、驱动机械实现粮食增产，化学农业依靠化肥和农药实现粮食增产，但是化肥和农药的大量使用会导致大面积的水体污染、土壤污染，这是不符合生态城镇化建设的要求的。现代农业发展演变到今天，其发展道路与过去的发展模式不同，它要求走一条可持续发展道路，向生态农业发展。生态农业更加注重在发展过程中，通过减少化肥农药的使用来减少土壤污染、水污染，从而减少农业污染，它更加重视生态环境保护与修复功能。所以现代农业通过生态化的发展道路，可以减少对环境的破坏，实现"生态宜居"，为生态城镇化的实现创建良好的生态环境。

　　如图6-1、图6-2和表6-2所示，黄石市的农用化肥施用量与全国占比大致相当，但是其中农用化肥中的氮肥、钾肥的施用量分别高于全国8%、3%，大量施用农用化肥不仅会造成大量的土地污染，而且使土壤酸化，不利于保持土壤肥力，降低了农业生产率。黄石市农用化肥大量施用氮肥、钾肥将不利于提高农业生产率和现代农业的发展。

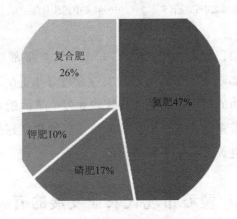

图6-1　2015年黄石市农用化肥施用量

数据来源：2016年《黄石市统计年鉴》。

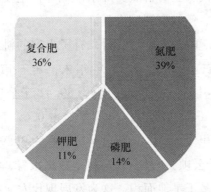

图6-2　2015年全国农用化肥施用量

数据来源：2016年《中国统计年鉴》。

表6-2　　　　　　　　　全国农用化肥施用量占比

化肥种类	黄石（吨）	全国（万吨）
氮肥	25681	2361.6
磷肥	9194	843.1
钾肥	5549	642.3
复合肥	13982	2175.7
总计	54406	6022.6

数据来源：2016年《黄石市统计年鉴》、2016年《中国统计年鉴》。

目前，黄石市已经提出了"生态立市"的发展战略，在"生态立市"发展战略的影响下，黄石市现代农业发展必须走生态化之路，要不断减少化肥和农药的使用量，克服传统农业发展造成的化学污染等不利因素，减少由此带来的农业污染，为城镇发展创建良好的生态环境，实现生态宜居，促进黄石市生态城镇化的实现。

第四节　黄石市现代农业发展的有利条件

一　自然资源优势

黄石市发展现代农业的自然资源条件优越，主要包括耕地资源、山林资源、水域资源、气候资源四大类。

耕地是农业生产的基本生产资料，有了丰富的耕地资源，农民就可以在土地上从事农业生产。2015年年末，黄石市的耕地总资源为119.13千公顷，其中，常用耕地面积为89.41千公顷，临时性耕地面积为29.72千公顷（其中25度以上坡耕地占0.67千公顷）。在常用耕地面积中，水田面积为58.48公顷，旱地面积为30.93千公顷（其中水浇地面积为1.47千公顷）。从黄石市耕地数据来看，黄石市耕地面积广阔，水田面积大大多于旱地面积，这为发展现代农业提供了有利的耕地资源，有利于农作物的种植，可以极大地满足农业生产的需要，适合农业发展。

水是农业发展的命脉,是促进农业发展的必要保证,更是发展农、林、牧、副、渔各业的基础条件。丰富的水域资源对于水产养殖和水产品种植发展尤其重要。黄石市地处我国南方,水域资源十分丰富,长江和汉江流经此地。市内由三大水系及若干支流和258个大小湖泊组成本地区水系。黄石市河港、湖泊、水库资源十分众多,河港约有408条,总河长1732公里。水库266座,总库容25.05亿立方米。黄石市的水资源总量有42.43亿立方米,其中地下水资源量为8.05亿立方米。湖泊约有258处,可以容纳的雨水承受面积为2469.76平方公里。在黄石市发展渔业的淡水水面资源中,可以用于水产养殖的有467.13平方千米,水域资源丰富。黄石市水域资源条件得天独厚,保障了农田发展的水资源,更有利于黄石市渔业的发展,也为农业发展提供了灌溉水源,保障了农作物的成长,适合农业发展。

山林对于农业发展有着很大的作用,可以防止水量流失、减少农业自然灾害。如图6-3所示,在黄石市的所有农业用地中,林地为167.79千公顷,多于其他的农业用地,说明黄石市的林业资源丰富。

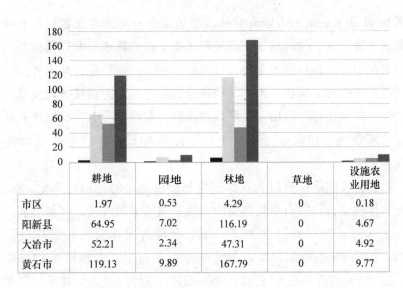

	耕地	园地	林地	草地	设施农业用地
市区	1.97	0.53	4.29	0	0.18
阳新县	64.95	7.02	116.19	0	4.67
大冶市	52.21	2.34	47.31	0	4.92
黄石市	119.13	9.89	167.79	0	9.77

图6-3 黄石市农业用地情况条形图(单位:千公顷)

数据来源:2016年《黄石市统计年鉴》。

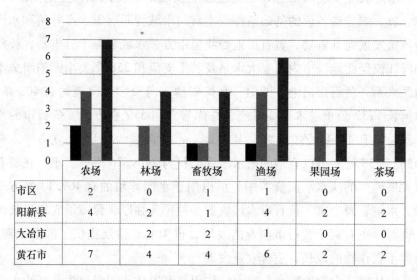

	农场	林场	畜牧场	渔场	果园场	茶场
市区	2	0	1	1	0	0
阳新县	4	2	1	4	2	2
大冶市	1	2	2	1	0	0
黄石市	7	4	4	6	2	2

图6-4　黄石市国有农林牧渔场个数分布图（单位：个）

数据来源：2016年《黄石市统计年鉴》。

如图6-4所示，黄石市国有农林牧渔场都有一定的发展数目，发展国有林场、畜牧场、果园场、茶场等都需要丰富的林地资源作为依托。林场需要在山林里进行原木采集、进行林产加工，而后进行林木种苗。畜牧场需要在山林中放牧。果园场和茶场都需要一定的斜坡林地发展。除此之外，林地还可以被用来发展森林旅游，有利于吸引黄石地区和外地人员前来观光，在低碳、环保中拉动经济增长，促进生态城镇化的建设。

适宜的气候条件可以为农作物生长提供充足的光照、热量、水分，促进农作物成长。黄石市是典型的亚热带季风湿润气候，气候温和，最热月为7月，其平均温度为29.2℃，最冷月是1月，其平均气温为3.9℃，年平均温度为17℃，冬天寒冷期比较短，无霜期平均一年有264天。黄石市降水比较充沛，年平均降水量为1382.6毫米，年平均降雨天数在132天左右。除此之外，黄石市的光照充足，热能丰富，全年日照量达到1666.4—2280.9小时，占全年可照射时数的31%—

63%。黄石市的水热条件比较优越，气候适宜，有利于农作物的生长，适合黄石市农业发展。

综上所述，黄石市拥有广阔的耕地资源、丰富的山林资源、大面积的水域资源和适宜的气候资源，所有这些条件为黄石市发展现代农业提供了良好的自然资源条件，有利于现代农业的发展。

二　市场需求优势

在市场经济条件下，农业生产和其他产业生产一样，都要依靠市场需求拉动生产。如果没有市场需求，农业就无法生存和发展；拥有市场需求，农业就可以生存和不断扩大。

从全国来看，中国的农业还处于薄弱的发展阶段，农产品虽然有阶段性的个别品种，但是从总体上来讲是不足的，这为黄石市现代农业进一步发展和生产更多的农产品提供了市场需求。从黄石市来看，黄石市本身的农产品供应就短缺，据统计资料显示，黄石市粮食、蔬菜的1/3靠自身生产供应，剩下的2/3都靠外地供应。本研究根据表6-3、表6-4和黄石市及全国人口推算得出表6-5，即2015年黄石市和全国主要农产品人均占有量表，黄石市的主要农产品人均占有量明显低于全国农产品人均占有量。黄石市人口众多，自我生产的农产品显然是满足不了黄石市人口对于农产品的需求的——即满足不了本地市场需求。据统计，黄石市的猪肉绝大部分是从外面进口，鱼肉基本能满足需求，但是也从外面进口一部分。两大方面的市场需求日益提升，使得黄石市现代农业发展的市场前景良好，需要生产更多的农产品来供应本地市场、满足需求。这成为了黄石市现代农业发展的有利条件。

表6-3　　　2015年我国主要农产品总产量表（单位：万吨）

主要农产品	粮食	蔬菜	茶叶	水果	肉类	猪肉	禽蛋
总产量	62143.90	76918.40	224.90	27375	8625	5486.50	2999.20

（备注：2015年中国总人口13.75亿）

数据来源：2016年《中国统计年鉴》。

表6-4 　　　　2015年黄石市主要农产品总产量表（单位：万吨）

主要农产品	粮食	蔬菜	茶叶	水果	肉类	猪肉	禽蛋
总产量	65.94	71.62	0.05	0.47	14.66	8.94	0.45

（备注：2015年黄石市常住人口是245.80万人）

数据来源：2016年《黄石市统计年鉴》。

表6-5 　2015年黄石市和全国主要农产品人均占有量表（单位：公斤）

主要农产品	粮食	蔬菜	茶叶	水果	肉类	猪肉	禽蛋
黄石人均占有量	270	300	0.20	19.30	59.64	36.37	18.41
全国人均占有量	451.96	559.41	1.64	199.09	62.73	39.90	21.81

数据来源：2016年《黄石市统计年鉴》和2016年《中国统计年鉴》。

三 经济区位优势

良好的经济区位优势有利于增强现代农业发展的吸引力和辐射力。黄石市地处鄂东南，属于湖北省的经济发达地区，其位于长江中游南岸，水陆交通便利，处于京广、京九两条铁路大动脉与京珠、沪蓉、大广、杭瑞四条高速公路和长江黄金水道的交汇地带，是承东启西、贯南通北之地。宜黄高速公路与黄石公路长江大桥相连，直通沪渝。公路、铁路、水路客运线路近200条，交通便捷。东北临长江，与黄冈市（浠水县、蕲春县、武穴市）隔江相望，北接鄂州市鄂城区，西靠武汉市江夏区、鄂州市梁子湖区，西南与咸宁市咸安区、通山县为邻，东南与江西省武宁县、瑞昌市接壤。优越的地理位置和便利的交通条件使得黄石市现代农业发展具有一定的吸引力和辐射力。良好的经济区位有利于吸引黄石市之外的外部资源——包括外来的资金、技术、人才和项目到黄石市发展现代农业，同时也有利于现代农产品辐射到黄石市之外的广阔市场。

四 政策支持优势

现代农业的发展离不开政策的支持，农业补贴政策是政府对农业有力扶持的表现。第一，2017 年中央财政继续加大对农业的支持力度，实行种粮直补政策，每亩一般在 110—160 元之间。第二，对良种进行补贴，种小麦、玉米每亩 10 元，种棉花每亩 15 元，种水稻 20 元。第三，种小麦还有"一喷三防"补贴，每亩标准为 5 元。第四，加大农机购置补贴，2017 年安排用于农机购置补贴的中央资金为 186 亿元，并已一次性下达给各省。除了全国的农业补贴，黄石市地方财政也进行了补贴，截止到 2016 年 6 月底，黄石市阳新县农业支持保护补贴资金为 6604.36 万元，发放到户面积 792.65 万亩，涵盖了全县 22 个镇、场、区，433 个村，涉及农户 14.47 万户。大冶市部分乡镇计划将每年总收入的 30% 用于生态农业建设，对种植和水产养殖连片达 100 亩（约 6.67 公顷）以上、亩产值达 2 万元以上的特色高效农业生产基地，次年给予 200 元/亩的补贴；对新建温室大棚连片达 10 亩（约 0.67 公顷）以上的基地，一次性给予 1000 元/亩的补贴；对新建连栋温控大棚达 5 亩（约 0.33 公顷）以上的工厂化农业生产基地，一次性给予 2000 元/亩的补贴。国家和地方扶持农业的大量财政补贴，为黄石市发展现代农业提供了财政支持条件。

第五节　黄石市现代农业发展的不利条件

一　农业组织化程度低

现代农业的发展，要求规模化、集体化、水利化、机械化、科学化、产业化、生态化。要实现现代农业的发展，满足上述要求，仅靠一家一户的小农经济是不可能解决问题的，没有适度的规模和组织是无法实现的。

目前，黄石市主要是家庭农业，即一家一户经营。虽然黄石市通过土地流转，家庭农场和种粮大户的土地经营规模不断扩大，但农业家庭经营还是占多数。以黄石市所辖的阳新县为例，截至 2013 年，阳新县土地流转面积达到 10.1 万亩，占 10% 左右。阳新县土地流转较慢，多数处于小面积发展状态，集约化程度和组织化程度较低，经营规模太小，现代农业的发展要求的机械化、科学化、产业化、生态化等都难以实现。可以这样认为，黄石市现代农业发展面临的最大问题就是农业经营规模太小，农业不能有效地组织起来——虽然也有合作社，但是占的比重太小。农业组织化程度低是黄石市现代农业发展的不利条件。

二　农业缺乏完善的农业社会化服务体系

农业社会化服务体系是指为了满足农业生产的需要，由社会经济组织为农业生产的参与者提供各种服务而形成的体系。与农业相关的社会经济组织包括农业合作经济组织、政府公共服务体系等。这两大经济组织的主要任务就是为农业生产提供完善的社会化服务。从全国来看，农业社会化服务体系是一种以集体经济组织为基础、以政府为骨干、以市场提供的服务为重要组成部分的公共服务体系。

目前，黄石市缺乏完善的农业社会化服务体系。黄石市的农业社会化服务体系之所以不健全，是由于以下三个方面的原因：首先，黄石市现代农业发展严重缺失集体经济组织，合作社少。据调查，大冶市有少量的集体经济组织，黄石市虽然也有合作社，但是所占的比例都不高。其次，就政府而言，也存在不足，比如应该由政府提供的免费的种养殖技术推广服务虽然有，但是人员经费严重不足而且很不完善。最后，就市场而言，虽然也有市场提供的供销服务、种子服务、化肥服务，但是十分不规范，甚至出现了假种子、假化肥、假农药，出现"坑农"的情况；在销售农产品的时候，有的商家对农民进行压价，损害农力。总之，黄石市现代农业发展所需要的社会化服务体系不健全，对于现代农业发展十分不利。

三　农业发展缺乏新型职业农民

新型职业农民要求农民具有较高的经营管理能力和较高的科学文化素质，要掌握现代农业生产的劳动技能。现代农业的发展强调科学化、机械化，要达到这个要求，必然需要可以操作农业机械动力、掌握农业种植技术的较高素质的职业农民。

目前黄石市的农业发展缺乏职业农民，如图 6-5、图 6-6 所示，黄石市外出从业人员多为初中和高中文化水平的人员，从业人员年龄多为21 岁—49 岁。如图 6-7 所示，2015 年阳新县有 28.96 万人外出务工，大冶市有 18.43 万人外出务工。这部分人员在外务工的地点集中于省外和省内县外，农村中剩下的一部分人多为妇女、小孩和老人，主要从事农业生产之外的事情，顺带照看几亩地，而且文化程度低，非常不利于现代农业的发展。

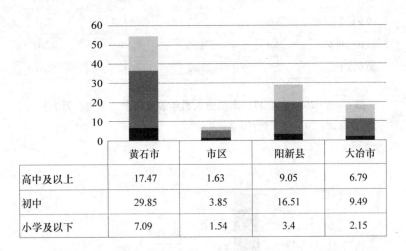

	黄石市	市区	阳新县	大冶市
高中及以上	17.47	1.63	9.05	6.79
初中	29.85	3.85	16.51	9.49
小学及以下	7.09	1.54	3.4	2.15

图 6-5　2015 年农村外出从业人员文化程度分布图（单位：万人）

数据来源：2016 年《黄石市统计年鉴》。

黄石市之所以缺乏新型职业农民，是由于自从实行家庭承包经营以来，一家一户的农业生产集中不起来，这些农户根本就不需要职业农民。另外一个原因就是从事第一产业赚钱少，而从事第二、第三产业赚钱多，这样就会导致越来越多的人从事第二、第三产业。从事第二、第三产业的人多，现代农业的发展所需要的劳动力就会减少，而黄石市现代农业要发展，是需要一些文化素质高的新型职业农民的。但是黄石市缺乏新型职业农民，这一点将不利于黄石市现代农业的发展。

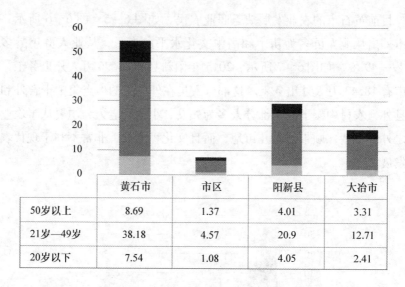

	黄石市	市区	阳新县	大冶市
50岁以上	8.69	1.37	4.01	3.31
21岁—49岁	38.18	4.57	20.9	12.71
20岁以下	7.54	1.08	4.05	2.41

图 6-6　2015 年农村外出从业人员年龄分布图（单位：万人）

数据来源：2016 年《黄石市统计年鉴》。

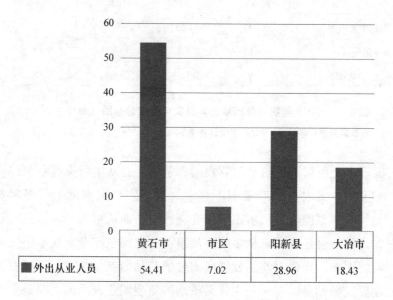

	黄石市	市区	阳新县	大冶市
■ 外出从业人员	54.41	7.02	28.96	18.43

图 6-7　2015 年黄石市各区域外出从业人员柱状图（单位：万人）

数据来源：2016 年《黄石市统计年鉴》。

第六节 现代农业发展与黄石市生态城镇化实现的对策思考

一 提高农业组织化程度

（一）发展农业合作社

黄石市发展农业合作社，首先，要发挥好政府的作用，积极出台政策，大力支持农业合作社的发展壮大。其次，要借鉴贵州省的"塘约道路"的经验，抓好农村基层党建，在条件合适的地区，支持建设发展村社合一的农业合作社。最后，黄石市在发展农业合作社的过程中，要注重处理好发展与规范的关系，遵循市场经济规律的要求，积极鼓励、扶持，并加强引导，推进黄石市农业合作社的发展。

（二）发展家庭农场

发展家庭农场是黄石市现阶段尽快提高农业经营规模和组织化程度的一种重要形式。首先，黄石市政府可以通过建立家庭农场注册登记制度，明确认定标准，扶持家庭农场逐步发展成为具有法人资格的市场主体。其次，黄石市各农业地区应落实对家庭农场在财政补贴、信贷支持、抵押担保、农业保险等相关扶持政策，重点支持家庭农场稳定经营规模、改善生产条件、提高技术水平、改进经营管理。最后，黄石市应积极推动家庭农场与农民合作社相结合，鼓励家庭农场牵头或参与组建合作社，带动其他农户共同发展。

（三）加快土地流转

加快土地流转，可以将分散的农户小生产同规模化大生产有机结合起来，提高产量，形成规模经营，为农业经营组织化提供高素质的人力资源，促进现代农业发展走规模化、专业化、产业化发展之路。

黄石市要想加快土地流转，政府应该发挥引导作用，应该尽快建立全市农村土地流转服务平台，鼓励农户以转让、入股、合作、租赁等方式出让土地的经营权，发展合作生产，鼓励农民将承包地向专业大户和合作社等进行流转，加快发展农业规模经营。

二 健全农业社会化服务体系

（一）加强农业集体经济建设，完善农业集体经济提供的农业社会化服务

黄石市要加强农业集体经济建设，可以将农业集体经济和家庭分散经济相结合，把农民组织起来，由合作社为农民提供完善的农业社会化服务。对于具备条件的农民，可以"承包到户"，即把耕地和某些畜牧业、养殖业和副业生产任务承包（包用工、包费用、包产量）给农户，将土地进行集中流转，实行村社合一，建立乡镇集体经济合作社，实行农业集体统一经营，提供农业社会化服务内容，更好地为农民提供农业产前、产中、产后服务——产前服务包括统一购买生产资料，比如种子、化肥、农药、薄膜等；产中服务包括提供生产技术，比如耕种、栽培、病虫害防治等技术服务；产后服务包括农产品销售、运输、加工等服务。

（二）加大财政投入，完善政府提供的农业社会化服务

黄石市政府应该充分完善农业社会化服务，具体可以做到以下三点。首先，政府应该加大经费投入，为农业社会化服务提供资金，完善由政府提供的农业种养殖技术服务、信息服务等。其次，政府应该加强现代农业人才队伍建设，要大力引进农业人才，主要是有关农业部门本身的科学技术与管理方面的人才——比如种养殖技术人才，可以通过提高工资待遇留住这类人才——充分发挥农业人才的作用，促进农业社会化服务体系的发展，完善政府提供的社会化服务。最后，政府应该根据实际情况，举办各类培训班，为农民培训，向他们传授各种农业知识与技术，提高农民水平；还要完善由政府提供的农业咨询服务、农业信息服务、农业政策和法律服务。

（三）规范经营秩序，完善市场提供的农业社会化服务

首先，对于政府工商部门而言，应该规范市场经营秩序，完善市场制度，对于不符合规范的商业化企业，政府工商部门应该加强监管、加大处罚力度。其次，对于从事商业化生产和经营的商家，应该严格遵循

市场规则，规范自身行为，认真承担社会责任。尤其要加强自我管理，以国家标准严格要求自己，保证农业服务质量，避免出现坑农、害农的违法行为。再次，对于银行贷款部门而言，政府应引导金融保险机构为农业提供农作物保险，对农民服务。最后，对于整个社会而言，要加强对不法行为的舆论监督、加大对违法行为的曝光力度，完善由市场提供的农业社会化服务。

三 加强培育新型职业农民

（一）政府做好规划，培养新型职业农民

首先，黄石市政府应该规划好农业职业学校，大力开展农民科技培训和农村科普活动，在黄石市内，形成以湖北师范大学为依托，湖北理工学院、湖北工程职业学院等高等院校在内的科技培训基地，为提高农民的职业素质服务。其次，黄石市政府应该加大对农业职业培训开发的资金投入力度，建立新型职业农民教育培训基金。最后，黄石市政府应该创办农业培训班，并且经常性地举办短期培训班，让农民有充足的时间进行学习，不断提高农民业务水平。

总之，要大力培育一批有文化、懂技术、善经营、会管理，具有高度社会责任感的新型职业农民队伍，不断改造传统农业，促进现代农业的发展，为生态城镇化建设提供高素质的建设人才。

（二）农民自身加强自我学习

首先，黄石市的农民从思想上应该形成发展现代农业的自觉意识，改变过去的传统观念，接受现代农业发展的新技术。其次，黄石市的农民应该从理论上全方位学习与现代农业发展相匹配的知识和科学技术——包括线上和线下的学习，线上学习可以通过网络、电视、媒体进行学习，包括访问中国新型职业农民网、中国农村远程教育网、农民教育培训网等网站进行学习，不断培养自己的现代农业经营理念和社会责任感；线下可以通过广播、书刊、报纸、杂志等进行学习。再次，努力把学习的内容运用到实践中，运用新技术、新理念，踏实地搞好生产。最后，要不断地总结经验，积极带动周边的农民一起进行学习，传播学到的新知识、新技术，发挥好带头示范作用，为黄石市现代农业发展做出新的贡献。

参考文献

［1］唐敏：《黄石市现代农业发展问题研究》，《经营管理者》2009 年第 9 期。

［2］张霆、张环：《统筹城乡发展背景下湖南农业现代发展生态模式研究》，《商业经济》2015 年第 12 期。

［3］张翼民、孟昱煜：《现代农业与新型城镇化耦合发展的影响因素及实现机制》，《三农问题研究·生产力研究》2016 年第 3 期。

［4］崔木花：《我国生态城镇化的考量及构建路径》，《经济论坛》2014 年第 2 期。

［5］李碧珍：《生态城镇化建设面临的困境及其破解路径——以福建省为例》，《福建师范大学学报（哲学社会科学版）》2016 年第 2 期。

［6］李燕：《中国现代农业发展的历史经验与现实思考》，《科学社会主义》2011 年第 1 期。

［7］李昌平：《沧州有这样一个农民合作社》，《中国老区建设》2010 年第 7 期。

［8］王留标：《夏邑县：新举措扎实推进新型职业农民培育工作》，《农民科技培训》2016 年第 7 期。

［9］刘溢海、李蕴琬：《中原经济区新型职业农民培育的实践研究——基于河南省夏邑县的经验分析》，《人力资源管理》2014 年第 5 期。

第七章　生态旅游业发展与黄石市生态城镇化的实现研究

本章提要： 黄石市生态旅游业发展，有利于促进黄石市人口就业、改善城市基础设施、优化黄石市产业结构。黄石市发展生态旅游业，拥有丰富的旅游资源、广阔的旅游市场需求、良好的城市环境、优良的经济区位和政府的政策支持等有利条件，但仍然存在旅游资源开发不足、旅游市场需求开发不足、旅游基础设施相对薄弱、旅游管理机制不完善等不利条件。借鉴国内生态旅游发展经验，促进黄石市生态旅游业发展与生态城镇化的实现，需要加快生态旅游资源开发、旅游市场需求开发、旅游基础设施建设和旅游管理机制的完善。

第一节　引言

2013年，黄石市提出"生态立市，产业强市"发展战略，黄石市新型城镇化发展要走生态城镇化发展道路，这就在客观上要求黄石市产业发展也必须走生态产业发展道路。由此，黄石市的旅游业就要由传统的旅游业向生态旅游业转型和发展。

黄石市依山傍水、襟江环湖，山水资源十分丰富，具备生态旅游发展基础。黄石市市政府着力打造环磁湖沿岸风景区，大力开发大众山、黄荆山、熊家境、父子山等森林旅游资源，全面宣传园博园等特色景点，吸引了一批周边游客，生态旅游发展取得一定成效。一是生态旅游收入增长明显，带动黄石市经济稳步增长；二是与生态旅游相关的产业规模扩大，形成一定水平的旅游产业体系；三是生态旅游发展带动城市环境质量整体提高；四是政府、外资、民营多元资本投入增长，生态旅游项目投资力度加大。

但黄石市生态旅游尚未形成完整的旅游圈，各景点分散不集中，难以形成产业集群效应，优势不明显，再加上与之相关的配套基础设施建设不完善，制约了黄石市生态旅游业进一步发展。对此进行研究，分析制约原因，找到解决对策，有助于促进黄石市生态旅游业发展与生态城镇化实现。

第二节　相关理论概述

分析黄石市生态旅游业发展与生态城镇化的实现，需要运用以下相关理论：

一　可持续发展理论

可持续发展就是既满足当代人需求，又兼顾后代人需要，不对后代人满足自身需要的能力构成危害的发展。只有同时符合三项原则的发展才是可持续发展：一是公平性原则，这里提到的公平既要求本代人之间的横向公平，又包含代际之间的纵向公平。自然资源是有限的，在发展过程中，我们在满足自身需要和消费要求时，更要考虑后代人的基本需求；二是持续性原则，简单地说，就是要求资源的持续利用和生态系统的可持续性，我们要调整粗放型发展模式，合理开发自然资源，保持资源的再生产能力；三是共同性原则，可持续发展目标的达成不是依靠单一的个人或组织可以完成的，而是需要动员全体，争取全球合作，为实现可持续发展共同努力。生态城镇化的发展不仅仅是当代人满足经济社会和谐发展的需求，更是对下一代人得到资源公平使用的保障。在城镇化进程中，应不断调整生活方式，在生态可维持范围内确定消耗标准，合理开发和利用自然资源，使得生态城镇化目标得以实现。

旅游业的发展也要走生态化发展之路，在开发旅游资源的同时，更应该注重对自然资源和生态环境的保护。旅游经济同样要走可持续发展道路，生态的破坏难以在短期内得到恢复，忽视生态保护的经济增长是不符合可持续发展要求的。黄石市发展生态旅游就是要走可持续发展道路。

二　产业发展理论

产业发展理论指出，产业结构伴随经济发展变动，并且是一个不断从低级向高级演进的过程，产业间的联系不断从简单向复杂演变，以此推动产业结构合理化发展。经济增长在客观上要求产业发展结构要合理化，资源的投入和有效配置程度在很大程度上决定着经济能否持续增长，产业结构是否合理也在很大程度上决定了资源配置效果。

产业发展理论认为，通过产业技术改造，对传统产业进行升级，不断提高原有产业质量，也是产业升级的一种形式。对产业价值链进行延伸，增加现有产品附加值，是产业升级的另一种常见形式。产业经济在经济增长的同时，也强调产业生态化的目标，即在促进自然界良性循环的条件下，要合理利用区域生态系统的环境和资源，在防止环境污染的前提下，充分发挥物质的最大生产潜力，协调生态经济发展。

在现有的旅游业基础之上，保护当前环境，进一步开发旅游资源，发展生态旅游就是对原有旅游产业的升级。黄石市旅游资源丰富，但是由于不系统的开发和零散的分布，未能集中自然资源优势，没能利用生态资源优势发展生态旅游产业，旅游产业效益不突出，也没有发挥好生态旅游产业的联动效应，旅游发展自成一种体系。今后，黄石市生态旅游在发展进程中，应该更加注重生态旅游业与其他产业之间的联系，带动前向产业和后向产业发展，延长现有的旅游业价值链，通过生态旅游产业升级，进一步优化黄石市交通、餐饮、酒店住宿、娱乐等产业的发展。

第三节 生态旅游业发展对黄石市生态城镇化实现的积极作用

一 促进人口就业

生态城镇化的核心就是把农村人口转移到城镇，为此就需要增加就业岗位。而生态旅游业发展可以增加城镇服务业就业岗位，有利于吸收农村人口顺利转移到城镇。

生态旅游产业涉及的行业门类众多，领域广泛，对岗位层次高低要求不同，因而对劳动力的需求呈现出多样化的特点。旅游业就业门槛低，与生态旅游相关的服务、餐饮、住宿、商品等行业可以为农村人口提供大量就业岗位。

生态旅游业不是一项单独的产业，而是一项长产业链，在旅游业发展过程中需要交通运输、住宿、餐饮、购物等一系列活动，因此可以带动直接就业和间接就业。世界旅游组织测算数据表明，在发展中国家，旅游业每增加 3 万美元的收入，可以带动当地增加 2 个直接就业机会和 5 个间接就业机会。2014—2015 年，黄石市旅游业收入从 72.42 亿元增长到约 80 亿元，增加了不到 6 亿美元，按照同等比例测算，生态旅游业发展可以带动黄石地区增加约 3 万个直接就业机会和约 8 万个间接就业机会。而与生态旅游发展相关的餐饮、环卫、商品等岗位对劳动力要求较低，可以顺利吸收农村人口转移到城镇就业。

二 推动基础设施的完善

生态城镇化的发展需要完善城镇基础设施，建设生态居住模式。交通、供电、生活用水、燃气、通讯等基础设施的完善对于推动生态城镇化至关重要。

生态旅游业发展也离不开完善的基础设施建设，完善的生态旅游业又有利于优化基础设施建设。生态旅游基础设施是政府主导的公共服务体系，这些公共设施既是联系各个产业的关键基础，又是提升生态旅游服务的基础。

黄石地区生态旅游发展最明显和最先产生的是对公共交通的影响。适应生态旅游发展的要求，黄石市正在逐步淘汰高能耗的旧公交工具，分批引入新能源公交，规划建设轨道交通和快速交通，公共交通优先发展。目前，黄石市已经建成40多个电子站牌，公交信息智能化特点突出。生态旅游的开发要求信息的公开与宣传，黄石市有必要加紧建立公共信息平台，提供全方位的旅游集散信息、旅游咨询服务、紧急救援、资讯发布等便民服务，方便游客实时了解最新资讯，提升旅游满意度。

生态旅游发展将吸引大量游客，将导致与之相关的服务需求大增，带动黄石市酒店、商场、餐饮、娱乐、客运、旅行社、公共卫生设施等基础设施加快建设，扩大服务范围。例如，近几年，武汉商场、武汉中百、沃尔玛、万达等大型综合商场落户黄石市，进一步完善了黄石市商业基础设施。

三　优化产业结构

生态城镇化发展要求优化产业结构，因为只有产业结构优化合理，才能更好地促进产业发展与生态城镇化的实现。产业间比例是否平衡是判断产业结构合理与否的重要标准。

近几年，黄石市第三产业比重小幅度提升，但总体比重仅占生产总值的30%多，这与全国平均值52%相差太大。2013—2015年统计数据显示，黄石市第三产业产值有所增长，2013年第三产业产值较上一年增长10.1%，2014年同比增长10.5%，2015年同比增长11.2%。第三产业占黄石市生产总产值比重小幅提升，第二产业比重稍有下降，但是第二产业生产总量仍然占据生产总产值的一半以上，黄石地区仍然是工业生产占据主导地位。黄石市生产总值及结构详细情况如下（见表7-1）。

表 7 - 1 黄石地区生产总值及结构

年份	第一产业			第二产业			第三产业		
	生产总值（亿）	比上年±%	结构（%）	生产总值（亿）	比上年±%	结构（%）	生产总值（亿）	比上年±%	结构（%）
2013	95.21	4.8	8.34	699.20	10.2	61.22	347.62	10.1	30.44
2014	105.03	5.1	8.62	723.45	8.7	59.37	390.88	10.5	32.01
2015	108.56	4.9	8.84	679.88	2.2	55.36	439.66	11.2	35.8

资料来源：2014—2016 年《黄石市统计年鉴》。

黄石地区第三产业产值明显偏低，工业占据主导地位，产业结构不合理，不利于生态城镇化的实现。作为服务业中的一项产业，生态旅游业快速发展有利于带动第三产业产值增长。作为一个关联性极强的行业，生态旅游业发展依赖相关产业协同发展，同时又对其他产业的带动和整个产业结构的调整有着巨大的推动作用。生态旅游快速发展不仅仅带动第三产业产值迅速增长；而且生态旅游与工业、农业结合，发展生态农业旅游和生态工业旅游，又进一步带动黄石地区第一、第二产业优化升级，调整产业间比例，促进产业结构合理化。

黄石市 2014 年和 2015 年统计数据显示，黄石地区的入境旅游人数和国内旅游人数分别从 1.84 万和 1414 万增长到 2.11 万和 1580.89 万。生态旅游消费者的增加带动了黄石市旅游收入明显增长，2015 年黄石市入境旅游总收入 700 万美元，较上一年增长了 1.45%；国内旅游总收入 97 亿元，较 2014 年国内旅游收入的 72 亿元增长了 34.72%，增长明显。2014 年，黄石市旅游业收入占第三产业总产值的 18.46% 左右，2015 年，旅游业收入占第三产业总产值的 22.16% 左右。2015 年，黄石市第三产业总产值 439.66 亿元，较上一年增长 12.71%，可见生态旅游业的发展对黄石市第三产业发展促进作用明显。

第四节　黄石市发展生态旅游业的有利条件

一　旅游资源

丰富的生态资源是生态旅游发展的基础，任何一个旅游地的开发都离不开多种多样的旅游资源。黄石市发展生态旅游拥有丰富的资源。

（一）山水资源

黄石市境内大小河港遍布。湖泊、水库更是星罗棋布。磁湖、青山湖、保安湖、大冶湖、网湖、仙岛湖等湿地资源分布在各个行政区。大小多样的江河湖泊分布，为黄石市湿地生态旅游风景区的建立发展创造了条件。

磁湖位于黄石市中心范围，风光秀美。古时就有磁湖寨，现如今，澄月岛、鲇鱼墩、团城山公园等景点环湖而建，供人赏玩。现在环磁湖景观工程基本完工，一个更加秀美多姿的磁湖正摇曳生姿。根据政府规划，后期磁湖、保安湖、网湖等都将建成大型湿地生态旅游公园。

黄石市植物资源丰富。裸子植物、被子植物、蕨类植物和藻类、菌类、地衣、苔藓等各类植物种类科目在黄石市都被探明发现，植被种类繁多。其中被子植物更是占绝对优势，蔷薇科、菊科、毛茛科、苋科等植物品种为最多。多种多样的植被种类遍布各个山脉，森林覆盖率较高，植被茂盛，这就为森林体验式旅游的开发奠定了基础。东方山、黄荆山、云台山、父子山、七峰山等这些较大型的山峰分布黄石市境内，天然的森林生态系统使将当地森林生态旅游开发得以实现。

（二）人文历史资源

黄石市是华夏青铜冶炼的发祥地之一，这里大兴矿冶的起点可以追溯到商周时期，留下了著名的铜绿山遗址。国务院在 1982 年 3 月 12 日，公布大冶市铜绿山遗址为全国重点文物保护单位，2001 年，该遗址被列入"20 世纪中国 100 项考古大发现"名单。悠久的矿冶文化给黄石市冠上了"青铜古都""钢铁摇篮"的美誉。

西塞山，地势险要，自古就是军事要塞，是有名的古战场。孙策攻黄祖、周瑜战曹操、刘裕战桓元等有名的战事都发生在这里。明代董其昌曾为西塞山题署，现如今"西塞山"三个大字采用阴文的样式篆刻在桃花古洞旁。吴王孙皓建铁索的遗迹还较好地保存在这里。唐代李白、刘禹锡、韦应物、韦庄，宋代陆游、黄庭坚等著名诗人，都曾在西塞山吟诗赋词。著名的"西塞山前白鹭飞，桃花流水鳜鱼肥"也是张志和先生为西塞山所作。

东方山山势巍峨，历史深远，是著名的佛教文化圣地。东方山上的弘化寺金碧辉煌、规模宏大，在清朝同治年间经过重修，是现存的完整的古建筑群，殿堂楼阁，鳞次栉比。清代大学士余国柱题写的"三楚第一山"和"白莲净城"分别被篆刻在醒目的山门和匾额上。全国政协副主席、中国佛教协会主席赵朴初亲自书写"弘化寺"三个字高悬于正殿门。多年演变积累的东方山文化，佛教氛围浓厚，是各种佛教活动的重要场所，也是虔诚信徒的朝拜地。

（三）红色旅游资源

黄石市共拥有革命纪念馆两个，烈士陵园五个，红色文化突出。全国重点文物保护单位中著名的龙港革命旧址、红三军团旧址、大冶兵暴旧址都坐落于黄石市。

土地革命时期，彭德怀等革命伟人曾先后在大冶、阳新组建了红三军团、红八军、红十五军等红军队伍，这部分红军后来成为红一、红四方面军的重要组成部分。中国工农红军第三军团，在大冶刘仁八夺取了新民主主义革命的胜利，刘仁八因此成为重要的历史革命点。黄石市下辖的阳新县，被誉为红色港湾和中国革命烈士县，许多当地人民都为革命奉献了宝贵的生命。周恩来、贺龙、彭德怀等革命前辈曾在黄石市这片红色土地上留下革命足迹。这些红色革命史是黄石市发展红色旅游不可多得的资源。

丰富的山水资源、人文资源和红色旅游资源为黄石市发展生态旅游业提供了有利的资源基础。

二　市场需求

需求是拉动经济增长的动力，只有拥有广阔的市场需求，才能为生态旅游发展提供强大的动力，并带动相关行业发展。

截至 2015 年末，黄石地区常住人口统计数为 245.8 万人，城镇居民占其中的 61.3%。黄石市城镇居民 2015 年人均可支配收入 27536 元，较 2014 年（人均 25208 元）增长 9.24%；农村人均可支配收入 12004 元，较上一年（人均 10975 元）增长 9.38%。大量的常住人口是黄石市生态旅游发展的消费者基础，伴随经济增长以及居民可支配收入增加，在满足物质消费的同时，人们更加注重精神享受，生态旅游需求与日俱增。

除了本地居民，武汉、咸宁、九江、黄冈、鄂州等周边城市同样是黄石市生态旅游发展的市场，周边地区人口总量大，居民可支配收入增加，人们更青睐短途的周边旅游。黄石市周边城市人口和可支配收入情况详见表 7 - 2。

表 7 - 2　　　　黄石市周边城市人口和可支配收入情况

城市	常住人口（万人）	城镇人均可支配收入（元）	较上年增长	农村人均可支配收入（元）	较上年增长
武汉	1060.77	36435.96	9.52%	17722.18	9.67%
鄂州	105.95	24774	8.83%	13812	8.82%
黄冈	629.10	22620	9.12%	10252	9.20%
咸宁	250.70	23505	8.86%	11940	9.63%
九江	482.58	27635	10.2%	11143	9.90%

资料来源：2016 年《湖北省统计年鉴》、2016 年《九江市统计年鉴》。

黄石市加上周边城市常住人口总数接近 3000 万，潜在消费者数量庞大，城镇居民和农村居民可支配收入都取得了较明显的增长，节假日时间，人们往往前往近距离的旅游地游玩、购物、休闲，便利的交通也使得人们出行的意愿更加强烈，黄石市发展生态旅游业市场需求广阔。

三 城市环境

良好的城市环境是生态旅游产生吸引力的保障。

水环境质量改善。2014 年，长江黄石段、磁湖、大冶湖、保安湖、富水、网湖、仙岛湖等水质明显改善，江河湖泊治理效果显著，湿地系统生态好转。具体情况见表 7 – 3。

表 7 – 3　　　　　　　2014 年黄石市地表水水质状况

行政区	地表水名称	执行类别	水质达标率	营养状态
市辖区	长江（黄石段）	Ⅲ类	100%	——
	磁湖	Ⅲ类	86.3%	轻度富营养
大冶市	大冶湖	Ⅱ类	91.3%	轻度富营养
	保安湖	Ⅱ类	88.9%	轻度富营养
阳新县	富水	Ⅲ类	100%	——
	网湖	Ⅲ类	100%	——
	仙岛湖	Ⅱ类	100%	——

资料来源：2014 年《黄石市环境质量公报》。

空气质量提高。2014 年，黄石市空气优良率为 86.3%，城区有 315 天空气质量达到了二级以上；大冶市城区空气优良率为 90.4%，有 330 天空气质量达到二级以上；阳新县城区空气优良率为 86.3%，有 315 天空气质量都达到二级以上。监测数据显示，黄石市本年空气中可吸入颗粒物、二氧化氮、二氧化硫含量较之前均有下降。

声环境质量好转。2014 年，黄石市区域环境噪声等均有好转。监测显示，黄石市城区的区域环境噪声平均值较 2013 年下降，为 54.00 分贝；大冶市城区区域环境噪声平均值也有好转，为 48.60 分贝，详情见表 7 – 4。

表 7 - 4　　　　　　　　2014 年黄石市区域环境噪声情况

行政区	平均等效声级	质量等级	主要声源及构成比
市辖区	54.00 分贝	较好	生活噪声 76.2%，交通噪声 18.8%
大冶市	48.60 分贝	好	生活噪声 48.5%，交通噪声 13.6%
阳新县	54.80 分贝	较好	生活噪声 66.0%，交通噪声 23.6%

资料来源：2014 年《黄石市环境质量公报》。

整洁的城市面貌和安静的城市环境，可以为游客营造良好的体验氛围，可以提高消费者满意度，有利于提升黄石市城市旅游形象。

四　经济区位

经济区位是影响资本和其他经济要素聚集的关键，良好的经济区位有利于招商引资，吸引外来资本，助力生态旅游项目资金投入，促进生态旅游业发展。

作为武汉城市圈副中心城市，黄石市地理位置优越，交通便利。浙赣线、京广线与黄石市相接，市区北隅与沪蓉高速贯通，整个市区又贯穿 106、316 国道，便捷的交通线路可使黄石市对外通往全国各地。良好的经济区位能够吸引大量的投资者注资黄石市旅游项目开发，推动生态旅游业发展。

2015 年 4 月，湖北德丰旅游公司和大冶雷山景区管委会签署协议，合作进行旅游战略开发，签约投资 30 亿元，在黄石市进行生态旅游基础设施建设和休闲旅游、餐饮娱乐、商务会议、度假、健身、水上运动等项目开发，依托雷山风景区现有生态资源，以"大健康产业"为核心，将雷山、大泉沟和天台山整合开发，打造以养生为主题的特色旅游产业，规划雷山高端养生旅游项目，实现旅游观光和健康养生有机结合发展。

良好的区位条件吸引了大量的资金投资黄石市生态旅游项目建设，有利于黄石市生态旅游业进一步发展。

五 政策支持

生态旅游业的发展离不开政府政策的支持，政府制定的相关政策可以有效指导旅游资源合理配置，给予生态旅游发展资金支持和政策支持，促进生态旅游业发展。

黄石市积极配合国家生态城镇化发展战略，出台了一系列政策推进黄石市生态城镇化进程，并专门制定了《黄石市十三五旅游业发展规划》引导生态旅游发展。

"十二五"期间，黄石市共投入 54.5 亿元的项目建设专项资金用于生态旅游业发展。"十三五"期间，黄石市规划打造工业文化旅游、宗教文化旅游、生态休闲度假旅游和乡村旅游四大旅游品牌。根据景区空间结构和旅游资源特点，黄石市生态旅游被划分为五个片区，每一个旅游片区都划拨资金支持重点项目建设。一是环磁湖休闲片区。万达东楚旅游名街（12 亿元）、黄石市旅游接待服务中心（0.1 亿元）和东钢旧址综合项目（15 亿元）是政府重点策划的片区项目建设，共计划资金投入 27.1 亿元；二是保安·还地桥乡村生态旅游区。以黄金湖、大型花卉基地为支撑共投入 22.5 亿元；三是青铜生态文化旅游区。重点开发铜绿山青铜文化主题公园和茗山自驾游营地，分别计划投资 10 亿元和 5 亿元；四是以仙岛湖度假为主体，打造阳新"生态画廊"旅游区。投放 19.6 亿元进一步开发仙岛湖风景区，重点规划龙港红色旅游、网湖湿地旅游和排市生态度假区，共计划投放资金 20 亿元；五是养生旅游区。投资 100 亿元重点策划"华中康谷"项目建设，注资开发大冶湖养生带、黄金山温泉度假村，形成户外休闲养生综合旅游区。同时，通过市人大立法，黄石市颁布实施工业遗产保护管理条例，实施文化遗产保护工程，在保护工业遗产的基础上，开发建设工业考古旅游、古村落居民休闲文化体验游等旅游线路，并积极创建文化名城。

政府政策的支持不仅能有效地保护现有生态旅游资源，更能引导资金流向生态旅游项目建设，促进黄石市生态旅游业发展。

第五节　黄石市发展生态旅游业的制约因素分析

黄石市发展旅游业资源丰富、种类多样，但是仍处于起步阶段，其景区档次不高，丰富的旅游资源没有有效地转化为产业优势和经济优势。

一　生态旅游资源开发不足

生态旅游资源是旅游产业发展的基础，旅游资源的开发程度决定生态景区档次的高低。尽管黄石地区资源多样，但开发不足，没有形成精品生态景区。

黄石市现有旅游景点呈现分散、独立的状态，没有利用资源多样性打造出大型精品生态旅游区。磁湖风景区景色迷人，是开发湿地生态旅游的良好资源，环磁湖风景工程建设进一步提高了磁湖景观档次。但是，磁湖景区孤立分布在城市中心，西塞山、东方山、小雷山等景区都是独立开放，单独坐落的景区往往两三个小时就可以全部游览完，这就使得景区虽然有特点，但是无法满足外地游客远道而来的连续体验的要求，对外地游客吸引力不足。

位于阳新县的网湖，是省级湿地保护区，植被类型多样，鸟类、鱼类、水生物等动物资源丰富，水域内景色秀丽、物种繁多。2000 年，国家将网湖列入《中国湿地保护行动计划》，标志着网湖成为华中地区的重要湿地。位于大冶市的保安湖，是国家级湿地公园，物种丰富，自然景观优美，还有丰富的青铜文化、红色文化等人文资源，是生态旅游的宝贵资源。但这两大湿地公园都没有得到有效开发，直至"十三五"旅游发展规划，才将这两处湿地公园纳入重点策划。

生态旅游资源开发不足，追溯源头，就是旅游开发设计不合理和资金投入不足导致。缺乏宏观视角和长远规划，没有利用资源本身特点塑造特色景点，更没有挖掘各个景点之间的联系。资金投入的有限进一步制约了生态资源的充分开发，精品景区建设缺乏旅游资源支撑，严重制约了黄石市生态旅游业进一步发展。

二 生态旅游市场没有完全打开

有效的旅游宣传可以有助于打开生态旅游市场，并将城市形象内涵展示出去，从而提高黄石市生态旅游知名度。黄石市发展生态旅游业拥有广阔的市场需求，但旅游市场并未完全打开，与周边旅游城市存在差距，详情见表7-5。

表7-5　　　　黄石市、咸宁市、九江市旅游业情况

城市	年份	旅游业总收入（亿元）	入境旅游人数（万人）	国内旅游人数（万人）
黄石	2014	72.42	1.84	1414.00
	2015	100	2.11	1580.89
咸宁	2014	172	1.71	3363.29
	2015	206	2.13	4087.87
九江	2014	623.18	33.36	7482.99
	2015	923.37	36.46	10464.71

资料来源：2015—2016 年《黄石市统计年鉴》、2015—2016 年《咸宁市统计年鉴》、2015—2016 年《九江市统计年鉴》。

黄石市旅游业收入和接待游客总数与咸宁市相比，存在一定差距，尤其是国内旅游人数差距较大；旅游城市九江市，近年旅游收入约是黄石市的9倍，接待的旅游人数也是黄石市的6倍左右，差距悬殊。黄石市生态旅游市场没有完全打开。

湖北十大旅游景区排名，没有黄石景区，黄石市生态旅游宣传不足，知名度不高。现阶段黄石市生态旅游的宣传局限在报纸、本地电视台等媒体上，互联网上的旅游宣传片十分少，创新不足，没有有效地将黄石市地域文化内涵融入其中，对大型活动、户外广告的宣传利用不够，周边市场开发严重不足。薄弱的宣传力度，使黄石市生态旅游的发展无法与广阔的市场需求匹配。

三　生态旅游基础设施相对薄弱

交通、医疗、住宿、娱乐等基础设施建设是生态旅游发展必不可少的物质基础。黄石市作为一个历史悠久的重工业城市，与生态旅游服务相关的基础建设相对薄弱。黄石市旅游局网站统计显示，目前黄石市共有星级饭店 24 家，客房 2200 间，床位 4000 张，酒店数量较多，其中还包括 9 家三星级酒店、4 家四星级酒店和 1 家五星级酒店。但是酒店大都位于城市商业中心地带，远离城郊生态景区。生态旅游景点周边住宿条件简陋，与城市中心高档酒店形成鲜明对比，酒店供需不平衡，景区住宿问题亟待解决。与酒店住宿同样表现的还包括金融机构、购物商场、医疗服务等，也都位于城市中心地区，这就使参与生态体验的消费者无法享受应有的配套服务。

黄石市生态旅游发展起步晚和开发经验不足，再加上资金投入有限，导致与旅游产业发展相配套的基础设施建设不完善，薄弱的基础设施不利于黄石市生态旅游业发展。

四　生态旅游管理机制不完善

现代经济发展由管理和技术共同推进，生态旅游产业的发展离不开完善的旅游管理体制。旅游业是一种综合性的产业，生态旅游开发、营销和服务都依靠完善的旅游管理。

从现阶段发展实际看，黄石市生态旅游的管理体制并不完善。首先，管理部门多头，政出多门。旅游产业没有专门的管理部门，各个部门都有责任管理生态旅游，但各部门行业、性质不同，对旅游产业规划不同，没有形成统一的管理模式。其次，没有组建专门的综合性的旅游管理委员会，与生态旅游配套的信息咨询、导游讲解、医疗救援等服务管理缺失。也没有形成集中的旅游规划小组，旅游景区管理各自为政，管理不顺畅，管理人员冗杂。并且，在生态旅游发展过程中，旅游教育管理被忽视，没有针对居民和旅游者的相关旅游宣传教育。

深究原因，就在于管理部门职责权限不清晰，形成"谁都管，但谁都不管"的管理模式，使旅游市场管理能力极其薄弱。生态旅游管理不完善，导致了旅游资源配置难以优化，生态旅游产业进一步发展受阻。

第六节　国内生态旅游发展的经验借鉴

一　鄱阳湖生态经济区的经验借鉴

鄱阳湖位于江西省北部，是我国最大的淡水湖，在气候调节、生物多样性保护方面影响巨大。江西省在确保生态资源得以有效保护的前提下，因地制宜开发鄱阳湖湿地资源，大力发展生态旅游，使生态旅游业发展成为鄱阳湖生态经济区的支柱产业。

鄱阳湖生态经济区交通优势明显，区域内外交通发达，还有当地政府的政策规划、开发和支持。鄱阳湖生态景区以丰富的旅游产品为基础，细分目标市场，不断打造提升生态旅游吸引力，保证游客生态旅游的良好体验。

鄱阳湖生态经济区以自然旅游资源为基础，以娱乐度假做支撑，在生态旅游区开发和宣传过程中，加强生态教育，使生态旅游发展形成良性循环。

鄱阳湖生态经济区利用便利的地理位置和交通优势，将山水资源连成一片，整体开发，对生态旅游进行层次划分，以温泉度假、庐山避暑度假游、农家乐、森林休闲等为主题打造享乐层次生态旅游；以水上观光、森林观光、候鸟观赏为主题打造观光层次生态旅游；又以徒步游、野营、民俗风情体验游、自然生态体验游打造出体验层次生态旅游。在生态旅游产品开放过程中，注重政策优惠吸引多层次的投资主体。生态旅游对外宣传更注重对游客的生态理念教育，合理规划资源的开发。在生态旅游景区的经营方面，实行体制管理，政府引导建立起骨干旅游集团企业，对小旅游企业则采取灵活多样的经营管理，形成大小企业优势互补、竞争发展的多样化经营。

黄石市同样拥有便捷的交通条件，大广、杭瑞、黄咸高速和武黄高铁的通车，缩短了黄石市与周边城市的空间距离，大大增加了外地游客来往黄石市的便捷性。黄石市市区面积不大，公交线路覆盖完整，为生态旅游提供了便利的交通基础。与鄱阳湖生态经济区类似，黄石市山水资源丰富（但各个景点分散独立，没有形成整体效益），我们可以借鉴鄱阳湖生态经济区的旅游发展经验，利用交通优势，加强森林生态与湿地生态的联系，将磁湖、仙岛湖等水域生态旅游与大众山、熊家境、黄荆山、云台山、东方山、西塞山等森林生态旅游打造成大的生态旅游片区。

二　武功山生态景区的经验借鉴

武功山生态景区开发所贯彻的"保护性"理念和"责任性"理念，明显不同于传统的大众旅游开发理念。武功山生态景区的开发紧紧围绕生态保护展开，从环境管理到社区责任再到游客管理，形成了完整的管理机制。

武功山生态景区的开发坚持景观生态学的理论依据，在景点的建设上坚持自然化，做到人工景点与自然生态完美融合。在景点建设中，细化到视觉要求，对人工建筑的规模、数量、色彩、造型等做出明确规定，人工廊道与天然生态景观融合自然。

"社区参与"的景区管理模式，是武功山生态景区管理的最大特色。以保护武功山生态环境为目的，政府制定政策，将武功山风景名胜区管委会作为专门的生态景区管理机构，制定股份合作制，形成企业、旅行社、居民等多元主体的合作管理，对生态景区做到开发与保护并行，形成人人参与的生态景区建设格局。

与鄱阳湖生态经济区类似，武功山生态景区的开发，也注意到了对游客的管理教育，在对游客提供全方位满意服务的同时，也注重对游客行为的约束。在景区对外开放时，不仅打造浓郁的生态旅游氛围，更融入了以"文明、科学"为内涵、以"珍惜资源，保护环境"为主题的游客教育管理，注重人文生态。

黄石市的森林生态旅游正处于开发阶段，生态资源的自然性保存完好。现在黄石市正着力打造国家健身登山步道，在步道的建设过程中，我们应该借鉴武功山的经验，注重人工建筑与森林自然生态的景观融合，力争实现生态和谐的效果。目前的无门票登山活动，更需要注意对生态资源加强保护，武功山的社区参与管理经济就值得借鉴。

第七节 黄石市生态旅游业发展与生态城镇化实现的对策建议

一 加快生态旅游资源开发

第一，要整合旅游资源。黄石市生态旅游资源较多但特色突出不够。东方山作为佛教名山、西塞山作为古事要塞凸显出了旅游名片效应，而黄荆山、大众山、小雷山、飞云山等山脉景观区别不大。我们可以打通山脉之间的联系，开发大型的森林生态旅游。现阶段，黄石市市政府正大力投入资金打造健身登山步道，将熊家境、大众山、黄荆山等森林生态景区打通，形成长距离的登山生态体验景区，这是一个非常好的生态开发模式。登山步道的打通，将独立分散的山林打造成一个长距离的森林长廊，森林资源协同开发，可以吸引大量的户外爱好者。

第二，要将旅游景点串联起来，打造精品主题生态旅游线路。要将红色旅游、城市观光旅游、宗教旅游、工业旅游、生态度假旅游等形成一连串专题线路，加大湿地旅游、森林旅游、工业旅游等与之相关的生态旅游项目开发。

第三，要引进资本，加大资金投入。生态旅游资源开发离不开大量的资金投入，政府应预留专门的生态旅游发展资金并投入重点旅游资源开发。要出台相关优惠政策，吸收民营资本和外来资本投资黄石市生态旅游资源项目开发。要进一步细分旅游资金配置，提高资金投入价值，重视旅游资金运作，制定合理的旅游资金增长比例。

二 加快生态旅游市场开发

第一，要利用媒体进行有效宣传。生态旅游市场的开拓重点在于"引进"外地游客，这就对宣传提出了更高的要求，只有宣传真正做到位了，才能使黄石市生态旅游资源"走出去"。同时，这也对生态旅游的宣传机制创新提出了更高的要求，相关部门需要对新的推广模式加以研究，增加中部地区高铁、高速公路的宣传片投放，争取与主流媒体合作，适度投放央视广告，全面扩大宣传范围，加大宣传力度。发展生态旅游，周边市场的突破是第一步，要从周边市场扩展开来，开发全国市场，把黄石市建成国内生态旅游胜地。

第二，要塑造生态旅游的特色形象。浓郁的民俗风情和文化内涵是黄石市生态旅游有别于其他地区的特色。将历史名人和古风遗韵与生态旅游区融合，打造文化生态旅游；把独具民俗风格的阳新采茶戏和仙岛湖生态旅游结合，塑造特色民俗文化旅游；将黄石市特产打上文化烙印，形成特色旅游产品，打造生态旅游品牌。只有地域特色的广泛宣传，才能进一步打开周边市场，吸引更多生态旅游者前来游览。

第三，要积极参加旅游推介会。旅游推介会是展示生态旅游魅力的有利机会，可以直接促进消费者对黄石市生态旅游的了解，有效打开旅游市场。相关旅游管理部门应该制定相应的策划，不定期举办旅游推广活动，积极参加大型旅游推介会，大力宣传黄石市生态旅游城市形象。同时要重视与周边区域的旅游合作，形成客源互送、节庆互动、交通互联的无障碍机制，实现本地旅游推广、外地旅游畅通、游客选择更多的"三赢"模式。

三 加快生态旅游基础设施建设

第一，要完善交通配套设施。黄石市应全方位提升交通配套设施，争取实现黄石市旅游景区道路与国道、省道以及黄石市和城市、城镇之间干道全面贯通，使黄石市旅游景区的可进入性进一步提高。同时，应增设重点景区来往周边地区的客运，定向开通节假日来往重点景区的客运专车，方便游客出行。应开通专门的直达车次，减少游客转乘环节。客运票务系统进一步升级，应结合网络技术，提高游客预定效率。在部分生态体验区还可以建立露营停车场，方便自驾游的游客。

第二，要合理分配基础设施资源。旅游景区可以尝试加强与酒店、商场的合作，提供特色服务，方便游客住行；商场则可以利用客户优势，设立旅游商品专柜，营销当地特色农副产品和工艺品；政府可以适度扶持特色地域餐饮，让餐饮和住宿结合，打造"农家乐""渔家乐""林家乐"体验式旅游项目。

第三，要注重加强与各个社区的合作。社区应配备生态旅游服务志愿者，对游客提供必要的帮助和完善的信息服务；社区医院应发挥距离优势，就近提供医疗资源，应注重加强与市区大型医院的合作学习，协助生态旅游区的紧急救援服务。

四　完善生态旅游管理机制

第一，要组建旅游管理委员会。生态旅游景区的成功开发离不开综合的景区管理。在黄石市生态旅游景区的开发过程中，政府应该发挥指导作用，组织建立专门的生态旅游管理委员会，制定合理的管理规章制度，形成一个综合的旅游管理服务机构，宏观管理各个旅游景点，并集信息咨询、导游讲解、游客服务、紧急救援等为一体，提供专业的、全方位的、及时的生态旅游服务，增强黄石市生态旅游市场综合竞争力。

第二，要实行社区管理制度。现阶段，正在打造中的磁湖景观带和国家健身登山步道，是政府大力投资兴建的黄石市休闲生态旅游区，环境优美。但是这些景区都是免费对外开放的，任何游客都可以进入体验生态旅游，这就使得生态保护的落实完全依赖游客自身，这并不符合生态旅游景区原定的"保护性"理念的初衷，由于游客素质参差不齐，仅仅依靠游客"自觉性"的保护是十分脆弱的。政府作为生态旅游景区建设的规划者，有必要制定合理的管理和利益分配原则，使生态景区保护落实到位。

社区是直接接触景点的最小单位，将景区划分为片，每个社区负责该部分生态区的日常管理与维护，生态旅游景区管理中心对社区管理进行指导，并进行一定周期的社区管理评级，对发挥积极管理作用的社区进行奖励，开展社区管理交流，可以加强对黄石市生态旅游景区的管理和维护。

参考文献

［1］李志飞、聂心怡、余纯：《基于转变经济发展方式的工业城市旅游转型研究——以湖北省黄石市为例》，《武汉商学院学报》2015 年第 5 期。

［2］张毅、吴乐知、张锦：《黄石旅游业发展的 SWOT 分析研究》，《中国集体经济》2012 年第 9 期。

［3］石海云、邹卫红：《湖北生态旅游发展趋势探讨》，《中国市场》2015 年第 26 期。

［4］桑霞、许慧卿、罗晶：《咸宁市旅游业可持续发展路径与模式的研究》，《旅游纵览》2014 年第 8 期。

［5］李新君、林燕春、廖铅生、周德中、林江、胡立勇：《武功山生态旅游景区管理模式探讨》，《湖北农业科学》2010 年第 12 期。

［6］孙冬英、王燕华：《鄱阳湖生态经济区生态旅游产品设计与开发》，《生态经济》2010 年第 3 期。

［7］孙宝文、马衍伟：《促进我国旅游业发展的税收对策研究》，《中央财经大学学报》2005 年第 2 期。

［8］王文慧：《中国旅游业就业潜力与空间开拓研究》，《商业时代》2010 年第 18 期。

第八章 生态农业发展与黄石市生态城镇化的实现研究

本章提要：发展生态农业，对促进黄石市生态城镇化，具有很大作用。有利于促进城乡产业一体化、有利于实现人的城镇化、有利于改善生态环境等。黄石市发展生态农业，拥有一定的有利条件，比如广阔的市场需求、得天独厚的自然条件、显著的经济区位优势、有力的政策支持等，但也存在着不少制约因素，比如农业基础设施不完善、农民职业化水平不高、社会化服务不健全、政府支持力度不够、生态环境脆弱等。借鉴国内生态农业的发展经验，促进黄石市生态农业的发展和生态城镇化的实现，需要加强农业基础设施建设；加快发展农民合作组织；完善农业社会化服务体系；提高农业可持续发展能力。

党的十八大报告明确提出，要大力推进生态文明建设，努力建设美丽中国，走可持续发展的社会主义道路。根据党的十八大精神，黄石市于 2013 年提出了"生态立市，产业强市"发展战略，大力推动城镇化建设。推动城镇化发展必须要以产业发展为基础。农业作为基础产业就显得十分重要，必须大力发展生态农业。

黄石市生态农业发展初见成效：生态农业种植面积大幅度增长，增加了市场上生态农产品的供给；涌现了大冶茗山万亩香料种植基地、大冶市鑫东生态农业观光园示范基地、阳新县平原村生态农业观光园、黄石市阳光生态农业有限责任公司等一批生态农业基地；生态农业的发展增加了农民收入。黄石市的生态农业虽然有一定的发展，但总的来说仍处于起步阶段，还存在农业基础设施相对薄弱、农业组织化程度较低、农民职业化水平有待提高、农业社会化服务体系不健全、农业生态环境脆弱等问题。对这些问题进行研究，找到它的解决对策，无疑对黄石生态农业的发展和生态城镇化的实现具有促进作用。

第一节　理论概述

一　概念界定

生态农业是指从系统的思想出发，依据生态学原理、经济学原理、生态经济学原理，运用现代科学技术成果和现代管理手段以及传统农业的有效经验建立起来，以期获得较高的经济效益、生态效益和社会效益的现代化农业模式。简单地说，就是遵循生态经济学规律进行经营和管理的集约农业化体系，基本要求就是要实现农业的可持续发展，实现生态的良性循环。

生态农业与传统农业的区别在于：传统农业注重经济效益，通过大量使用农药、化肥、除草剂等尽可能地节省人力成本、增加产量、获得经济收益，生态农业更加注重生态效益，投入更多的人力来减少传统农业带来的环境污染和生态破坏。生态农业与现代化农业一样，需要规模化、组织化、集约化经营，生态农业是一种社会化农业，需要完善的社会化服务体系以及职业化的农民等。

生态城镇化是指在我国城镇化进程中，统筹考虑城镇建设与人口、环境、资源、产业、文化、社会等之间的关系，坚持从实际出发，以生态文明建设为主题，以城镇总体生态环境、产业结构、社区建设、消费方式的优化转型为出发点和归宿，以方便、和谐、宜居、低碳为目标，全面建设绿色环境、绿色经济、绿色社会、绿色人文、绿色消费的生态城镇，走新型城镇经济社会的健康可持续发展道路。新型城镇化的核心在于不以牺牲农业和粮食、生态和环境为代价，着眼农民，涵盖农村，实现城乡基础设施一体化和公共服务均等化，促进经济社会发展，实现共同富裕。当前我国正处于新型城镇化发展的转型阶段，走生态城镇化道路是实现新型城镇化的必由之路。

二 生态农业的积极作用

生态农业有利于保护环境。生态农业讲究少污染甚至无污染，认为发展农业应以生态平衡理论为基础，从生态平衡的角度出发，运用生态经济学的观点，综合考察农业的整体经济效益；生态农业强调应该经济科学地施用化肥农药，甚至不使用化肥农药，这样既保证了农业生产的低成本，节约了生产费用，又维护了农业生态平衡，减轻了环境污染，建立了清洁、优美、健康发展和高度文明的人文环境。

生态农业有利于帮助解决就业问题。生态农业是一个新兴技术产业，它的正常实施必须依靠大量劳动力的支持。除了需要高水平的专家、学者的技术指导，更需要广大农民的积极参与，使这套技术理论变为现实。生态农业的顺利开展，不仅增加了农民的就业机会，而且提高了农民从事农业生产的积极性和创造性。

生态农业帮助解决食品安全问题。生态农业结合技术、劳动，充分利用资源——包括所有废弃物，改变生产处理方式，采用生态处理，实现无废物、零污染生产，提供丰富、清洁、营养充分的食品及其他高产优质的农产品。生态农业依靠先进的科学技术，不仅提高粮食的产量而且有效地提高了粮食的质量，使人们吃得放心、喝得安心。

三 生态农业发展的基本原则

因地制宜原则。因地制宜是指不同地区根据农业的禀赋条件选择合适的农业类型或农作物，这里的禀赋条件主要包括：地势、土壤、降水、热量等自然条件和交通、经济区位、科技等社会经济条件两方面。只有坚持因地制宜，充分地利用各地区的自然环境和社会环境，才能更好地促进生态农业发展。

城乡一体化原则。要实现城乡的"同发展、共繁荣"，必须要站在时代前列，以统筹的视野，以城乡一体化的原则来看待经济、生态及社会的发展。统筹城乡经济，推进生态农业，发展农村经济，增加农民收入，是实现社会繁荣的重要途径。农村和城市之间应紧密联系，相互促进，共同发展，形成一条相互依存的纽带。应大力发展生态农业，这对满足城乡不同层次的需要，提高农民生活水平，改善生活质量，缩小城乡差距，加强城乡密切联系有积极作用。

可持续发展原则。可持续发展是指既满足当代人的需要，又不损害后代人满足需要的能力的发展。农业可持续发展就是从协调资源、环境、经济发展的关系出发，增强资源的再生产能力，使自然资源得到有效的保护和持续利用，使人类生存环境质量得到改善和提高，促进农业系统产出功能不断增强，从而促进农业及农村综合发展。循环经济理论作为可持续发展的核心，其本质是生态经济理论。任何产业的发展都要遵循循环经济规律。农业循环经济倡导的是一种人与环境和谐发展的农业模式，其根本目的就是通过合理的农业生产活动保护日益衰竭的环境资源，实现人与自然的和谐共生。

第二节　生态农业发展对黄石市生态城镇化实现的积极作用

一　有利于实现城乡产业一体化

实现城乡产业一体化是新型城镇化的一个基本特征。传统城镇化与城乡发展是割裂的，而生态城镇化作为一种新型城镇化，要求城乡结合发展，走城乡一体化的发展道路。发展生态农业对促进生态城镇化具有积极作用，有利于促进城乡产业一体化发展。黄石市努力通过发展生态农业实现产业一体化，注意将生态农业的发展与生态工业和服务业的发展有机地结合在一起，以此来规划农业产业链。生态农业对城乡产业一体化的促进作用主要有三方面。

一是农业和农副产品加工业相结合有利于促进城乡产业一体化。农业产业化是农业生产经营的具体表现形式，包括生产、销售、农业、工贸一体化等。它把农业的产前、产中、产后环节有机地结合起来，组成了一个紧密联系的产业系统，推动三大产业的协调发展。由于黄石市农产品加工多来自外地，而本市的农产品加工业数量较少，因此大力发展生态农业有利于促进黄石市城乡产业一体化发展。数据显示，2016 年黄石市完成农业总产值 165.04 亿元，农业增加值 116.63 亿元，农产品加工业总产值 282.71 亿元，极大地促进了城乡产业发展。

二是农业和城镇服务业相结合有利于促进城乡产业一体化。农业是城镇工业发展的基础，可以为城镇加工业提供各种原材料；城镇也可以为农业发展提供农药、化肥、种子、农业机械以及销售服务等。目前，黄石市处于传统农业向现代农业的过渡阶段，生态农业发展严重滞后。生态农业发展需要城镇提供一系列服务，因此必须要加快农业与工业的有机结合，在城镇相应地建立配套的农产品初级加工厂和销售市场，形成生态农产品的产销一体化产业链。农业的生产基地和城市的原料加工基地的匹配，不仅可以为城镇发展提供多样化的产品，也能带动加工业的发展，增加就业，扩大产品市场，促进企业的一条龙发展。

三是农业和城镇旅游业相结合有利于促进城乡产业一体化。生态农业提供了各种绿色、无污染的农产品，而休闲观光农业是生态农业的主要形式之一，它是将农业与旅游业相结合，通过调整农产品的品种、优化农业生产结构、合理规划农业生产布局，把农业生产、科学管理、农艺加工和旅游者参与集为一体，打造融合旅游、度假等的休闲旅游方式，通过农产品采摘、农艺加工展示、旅游空间提供等为游客提供多样化的农村休闲旅游服务，有利于农村生态农业和服务业的发展。

黄石市生态农业发展依据因地制宜原则，充分利用当地的自然条件，实现农业区域化发展，发展城郊农业、生态采摘园、花卉连片种植园等。以大冶市茗山乡万亩花卉园为例，花卉园内的马鞭草、向日葵、薰衣草以及各品种的玫瑰汇成一片花的海洋，是远近闻名的中国生态花乡，吸引了众多游客，促进了旅游业的发展。

二 有利于实现人的城镇化

城镇化具有扩大内需的潜力，但要真将这潜力变成经济持续健康发展的动力，核心是人的城镇化，关键是提高城镇化质量。人的城镇化是一项系统工程，须循序渐进，须统筹推进。生态农业发展对提供绿色有机农产品、提高农产品质量、保障粮食安全有重大意义，有利于实现人的城镇化。黄石市生态农业有了一定发展，但总体水平还比较低。黄石市市场上的农产品大多不是有机的，主要是通过使用大量的农药、化肥来提高农作物产量，而且不安全食品时有出现——例如，2016 年黄石市铁山区陈某某生产销售有毒有害食品，其在面粉及其制品（如馒头、包子、花卷、面包、发糕、面条、粉条等）中过量使用含铝的食品添加剂；阳新县幸某某等制售含铝假蜂蜜等。发展生态农业可以满足人们对提高农产品质量、保证生活品质、改善健康水平的要求，有利于实现人的城镇化。

三　有利于改善城镇生态环境

生态城镇化要求治理污染，实现人与自然的和谐共生。发展生态农业可以减少水质污染、大气污染和土壤污染，创造一个良好的"生态宜居"环境，这也是生态城镇化的要求。粗放式的农业生产在带来粮食增产的同时也给环境带来了严重的危害，主要污染种类有农药化肥污染及农用地膜污染、秸秆焚烧污染以及畜禽养殖污染等。

一是农药化肥污染及农用地膜污染。2012 年，仅大冶市农用化肥施用量共 2 万多吨，其中氮肥 13551 吨，磷肥 4099 吨，钾肥 2361 吨，复合肥 4671 吨。农业地膜使用 280 吨，地膜覆盖面积 1060 公顷。大量的农药化肥因利用率低，随着雨水渗入地表，进入江河湖泊，造成土壤和水质污染。

二是秸秆焚烧污染。随着经济发展和农业肥料结构和农村燃料结构的变化，秸秆的利用率越来越低，大多被丢弃堆积或在田头焚烧，由此形成了新的面源污染。黄石市的主要农作物中氮和磷的含量都比较高，焚烧农作物秸秆会带来严重的大气污染，影响生态环境。

三是畜禽养殖污染。近十几年来，黄石地区的畜禽养殖业呈现一种快速发展的趋势，畜禽粪尿是许多重要水源地（江河湖泊）的重要污染源。在畜禽养殖过程中产生的废渣、废料以及畜禽残体等都严重破坏了生态平衡。2015 年，黄石市猪牛羊出栏头数 5073.70 万头，肉类产量 431.93 万吨，禽蛋产量 165.29 万吨。发展迅速的畜禽业加重了生态环境的压力。

黄石市和全国一样，传统农业给环境带来严重污染。发展生态农业可以有效减少农药化肥及农用地膜的使用——可以采用循环的方式，将秸秆加工为猪牛羊等的饲料或者兴建农村沼气变废为宝，提高秸秆的利用率，从源头上杜绝秸秆焚烧，改善大气质量。发展生态农业可以控制畜禽养殖污染的扩大，有利于改善生态环境。

第三节　黄石市生态农业发展的有利条件

一　广阔的市场需求

市场需求是任何产业发展的动力，生态农业作为一种现代农业模式，其发展同样离不开广阔的市场。进入 21 世纪以来，我国的国民经济和社会发展进入快车道，国内生产总值一直以 7% 的速度平稳增长，这就为生态农业发展提供了广阔的市场。2015 年，湖北省的地区生产总值为29550.19 亿元，占全国的比重为 4.26%，其中第一产业生产总值为3309.84 亿元，占全国的比重为 5.44%。湖北省人均地区生产总值为50654 元，相当于全国的 102.64%，其中城镇居民和农村居民人均可支配收入分别是 27051 元和 11844 元，分别相当于全国的 86.72% 和103.70%。黄石市处于武汉城市经济圈，经济也有了一定的发展。2015年，黄石市城镇居民人均可支配收入为 12004 元，农村居民人均可支配收入 9925 元，分别占武汉市人均收入的 44.37% 和 83.79%。当收入和需求达到一定的比例时，居民的消费结构就会发生变化，生态农产品作为一种绿色有机食品，价格比一般的产品高一半到一倍以上，居民人均收入增加了，对生态农产品的购买力也会增强，消费水平会由低档进入中档甚至高档，进一步拉动生态农业的发展。收入与食品消费档次之间也有一定的关系，低收入水平时主要购买低档食品，达到中等收入水平后，食品消费就以中档为主，进而向高档发展。联合国相关机构认为，中国已经成为中等收入经济体国家，消费等级以中档为主，生态农产品是中档产品，大多数的家庭收入达到中档，这为生态农业提供了广阔的市场需求。

二　良好的自然条件

农业资源条件对生态农业发展至关重要，是生态农业的发展基础。黄石市发展生态农业具有自然资源优势。

一是气候。黄石市属于亚热带季风气候，自然条件优越，气候温和，四季分明，光照充足，雨量充沛，年平均气温 17.03℃。年无霜期264天，年均降水量1385.9毫米，年均降雨日139天左右，全年日照时数为1666.4—2280.9小时。这使黄石市的生态农作物既可以一年两熟或两年三熟，也能保证农作物养分充足，使农民获得更多的收益。

二是水利资源。黄石市河港众多、湖泊密布，共有各类水域面积245000亩，其中可养水面228000亩，占总水面的93%。全市各种养殖水域类型多样，主要有湖泊、水库、精养鱼池、塘堰、河港五大类，丰富的水资源为现代农业生产和农业灌溉提供了有利条件，同时良好的生态环境有利于当地特色农业和生态农业的发展。

三是土地资源。黄石市位于鄂东南，国土面积广阔，辖1市（大冶市）1县（阳新县）4城区1个开发区。阳新县土地面积18966.24公顷，农业面积12063.54公顷，占耕地总面积的63.06%。大冶市耕地面积501500.68公顷，园地面积225901.39公顷。良好的自然条件为黄石市生态农业的发展提供了耕地资源；也可以充分利用地形条件，建立生态农、林、牧、渔循环发展模式。

四是林地资源。黄石市现有林地面积十多万公顷，占国土总面积的37.8%。在林地面积中，森林面积96498公顷，占林地面积的55.8%。其中，针叶林56592公顷，阔叶林19216公顷，针阔混交林3205公顷，竹林15714公顷，农林间作林1772公顷；灌木林地67751公顷；无立木林地7245公顷；疏林地1100公顷；园林绿化地23公顷；苗圃地144公顷。全市森林覆盖率达到36.9%，其中人工林面积32186.6公顷，占森林面积的35.8%；人工林蓄积1047537立方米，占森林蓄积的33.2%；天然林面积57813.3公顷，占森林面积的64.2%；天然林蓄积 2105024 立方米，占森林蓄积的 66.8%。

黄石市所具有的农业生产条件为发展生态农业提供了良好的自然资源。

三 显著的区位优势

区位对经济发展主要有两大作用：一是吸引力，有利的区位可以吸引外部资源注入；二是辐射力，良好的区位可以将经济更好地辐射出去。黄石市位于长江中游南岸，地处湖北、安徽、湖南、江西四省城市群的中间地带，交通区位优势明显。长江黄金水道建有 5000 吨级外贸码头两座，外轮可直接通江达海；铁路与全国铁路网连通，武大线与京广线、大沙线与京九线联结，距京九铁路 25 公里；公路运输非常便捷，106、316 国道穿市而过，距京珠高速公路交汇点 40 公里。截至 2014 年底，黄石市综合交通运输网络总里程完成数千公里，整体交通网密度为 154.63 公里/百平方公里。便利的交通条件有利于黄石市生态农业产品的向外辐射。同时，黄石市显著的区位优势和低生产要素成本有利于吸引外部资源，有利于黄石市发展生态农业。

四 有力的政策支持

农业是基础产业，比较收益低于其他产业，同时农业也是国民经济的基础，政府有责任、有义务对农业提供财政支持。生态农业更注重生态效益，常常要牺牲一定的经济效益，政府的政策是支持生态农业发展的必要条件。为了推动黄石市生态农业发展，市政府推出了一系列扶植生态农业的政策。例如，对种植业直接进行种粮直补政策，以补贴玉米、水稻等粮食作物为主；对农民购买国家指定地点出售的优质良种也可以获得补贴；给予生态农业企业减息贷款，服务性规费按最低标准减半征收；如果相关企业的产品被评为国家级有机农产品、绿色产品，则按照每个认定证书分别给予 5 万元、2 万元奖励；对玉米、水稻等种植业给予每亩 80 元补贴，家禽养殖业和渔业达到一定数量和规模也会有相应的资金补贴；农业机械购置按照市价的 30% 给予补贴；对种植茶树、食用菌和花卉苗木的农户给予 200—300 元/亩的补贴，另外，政府加大农村休闲观光农业的扶持力度，聘请专家对农户进行专业化指导，为生态农业的发展提供了有利的政策支持。

第四节 黄石市生态农业发展的制约因素

一 农业基础设施不完善

生态农业作为新型农业，它的发展离不开农业基础设施。黄石市现有的农业基础设施比较薄弱，一部分基础设施陈旧老化，不利于生态农业发展。一些大中型水库、江河湖堤、排水站等重要水利设施都建于改革开放前，相当一部分年久失修，抵御旱涝灾害能力较低，有效灌溉面积增加缓慢；特别是在丘陵地区，灌溉不足严重制约了旱作物、山茶等经济作物的生产。在乡村道路建设方面，虽然近几年农村公路修建取得了很大成就，但并未完全实现农村公路网的全面覆盖，一些偏远地区的道路阻碍了农业技术的推广和农产品的对外销售，不利于生态农业的种植养殖和农业生产活动的发展，这是生态农业建设必须要解决的一个重大问题。

二 农业组织化程度低

大力发展农业合作经济组织，提高农业生产的组织化程度，是推进现代农业的客观要求。改革开放以来，我国解散了人民公社，在农村实行集体经营和家庭经营相结合的双层经营体制，但实际实行过程中强化了家庭经营，逐步弱化了集体统一经营，导致最后黄石市和全国一样基本上没有统一经营和集体经济，农民长期都是以一家一户为单位进行生产经营，规模小，组织化程度低，不适应现代农业发展的需要，也严重制约了黄石市生态农业的发展。2015 年，黄石市农业耕地面积一百多万亩，人均 0.69 亩，有 50% 左右的农户还是以家庭经营为主，大大降低了农业组织化程度。国家曾提出，要着力提高农业生产经营组织化程度，推动家庭经营向采用先进科技和生产手段的方式转变，推动农户联合与合作，向多元化、多层次、多形式经营服务体系的方向转变。黄石市以家庭为主的农业生产组织形式，实际上是小农经营，农户的投资力不强，农业经营规模小，经营手段和经营方式落后，很难进行机械化、规模化、集约化的农业大生产，更阻碍了生态农业发展。

三 农民职业化水平有待提高

发展生态农业，必须培育一批职业农民。职业农民是指经过职业培训专门从事农业生产的农民，不仅要掌握种植和养殖技术，以及专门农机机械的使用和简单维修，还要具备专业的农业经营和管理能力。就全国来说，农民的素质不高，职业技术不专业，青壮年外出打工，妇女和老人构成农业生产主体。黄石市的情况与全国类似。

阳新县是一个农业大县，也是一个劳动力输出大县，多数乡镇的农民收入来源于外出打工。根据阳新县统计资料显示，2008 年 5 月至 2009 年 4 月，阳新县外出农村人口（外出 6 个月以上）为 273782 人，大约是 2001 年外出人数（152754）的 2 倍。其中，外出 20000 人以上的乡镇有龙岗镇、白沙镇、浮屠镇 3 个，外出 10000—20000 人的有枫林镇、王英镇、太子镇等 10 个镇。从外出地点看，属本县的（包括村镇、其他县乡镇及县城区）有 37518 人，属于县外的有 229419 人。部分乡镇单位的外出人数分别如表 8 - 1 所示。

表 8 - 1　　　　　　　阳新县农村人口外出情况表（单位：人）

单位名称	外出人数			单位名称	外出人数		
	合计	村外县内	县外		外出人数	村外县内	县外
兴国镇	8242	1140	7102	洋港镇	11830	865	10965
富池镇	9503	1433	8070	排市镇	14088	4454	9634
黄颡口	13018	636	12382	木港镇	16038	1953	14085
韦源口	8278	1241	7037	枫林镇	19566	3012	16554
太子镇	16308	2145	14163	王英镇	17636	1765	15881
大王镇	14385	2563	11822	综合农场	1914	230	1684

数据来源：2008 年《阳新县统计年鉴》。

　　黄石市大量青壮年劳动力流失，构成农业劳动力主体的是妇女和老人，职业农民缺乏培育对象，严重阻碍了生态农业的发展。主要原因在于，一是改革开放以来，黄石市家庭经营逐渐取代了集体经济和农业合作社经济，家庭农户一家一户的生产模式只需要兼业农民来维持基本的农业生产，对劳动力的要求不高，也不需要专门的职业农民来从事农业生产；二是黄石市农业生产获得的收益低，除了在农业活动中投入的种子、农药、化肥等，还有劳动力的经营和管理，农民收入主要靠青壮年外出打工获得，劳动力流失在一定程度上限制了生态农业的顺利进行。因此，如何不断引导年轻力壮的劳动力向现代农业领域发展，提高他们的专业技能，使之逐渐成为职业化农民，这是黄石市生态农业发展面临的重要挑战。

四　农业社会化服务体系不健全

　　生态农业是一种社会化大农业，在客观上要求建立完善的农业产前、产中、产后社会化服务体系。

　　目前，黄石市已基本建立了农业社会化服务体系，但还很不完善。主要表现有：第一，在农村集体方面，农村集体提供的农业社会化服务应当是基础。但是由于黄石市农村集体双层体制不完善，多数村庄缺乏集体统一经营服务。其原因在于在指导思想上认为农业适合家庭经营，一般采用家庭联产承包责任制，一家一户经营取代了集体经济，因此，本应该让农村集体提供的农业社会化服务基本上不存在。第二，在政府方面，政府提供的社会化服务应当是骨干力量，政府应当免费提供以技术推广和管理服务。但政府提供的服务也不完善，主要是因为国家财政下拨的资金有限，不能满足农业发展的需求。第三，在市场方面，市场提供的社会化服务应当是重要组成部分，包括供销合作社和商务、物资、贸易、金融等部门提供的市场化农业服务。但是这些服务通常都不能很好地满足农民的需求。其原因在于，市场不规范，片面追求利润，没有履行相应的社会责任，政府监管不到位等，导致了市场不能提供完善的农业社会化服务。

五　农业生态环境脆弱

　　农业生态环境是生态农业得以发展的基本要素，良好的生态环境为生态农业发展提供基本条件。生态环境脆弱会严重制约生态农业的发展，主要表现为土地荒漠化、沙化、盐渍化、水土流失、森林植被减少、肥力下降、水质污染等。农业面源污染是我国耕地质量下降、生态环境脆弱的主要原因，会引起耕地有机质含量下降、耕地生产能力下降、土壤重金属污染、土壤板结盐碱化、江河湖泊水质污染等。而农业生产活动中的农药化肥使用不合理是造成农业污染的主要原因。中国是一个农业大国，拥有占世界耕地面积的7%的农业用地，而使用的化肥量却占世界总量的35%，当前我国农用化肥单位面积平均使用量达到434.3千克/公顷，超过安全上限的1.93倍。黄石市的情况与全国类似。据2015年统计，黄石市化肥施用量为111556吨，农药使用量7358吨，农用塑料薄膜使用量3578吨。

以上数据表明，黄石市的农业同全国一样，主要还是一种传统农业，通过使用大量的农药、化肥来提高农产品产量，但是农药、化肥的利用率非常低，只有施用量的30%发挥了作用，剩下百分之六七十直接进入土壤和地面水源，使水质下降，农业污染面积进一步扩大，重金属严重超标，直接影响了农产品的质量安全。因此，合理控制化肥、农药的使用量、防治环境污染，成了黄石市全面持续发展生态农业的重要任务。

第五节　国内的经验借鉴

一　蒋高明的弘毅生态农场

弘毅生态农场于2006年7月18日在山东省平邑县蒋家庄成立，是中国科学院植物研究所创建的试验农场。其主旨在于充分利用生态学原理，创建"低投入、零污染、高产出"农业，实现农业可持续发展。农场摒弃使用化肥、农药、除草剂、农用地膜、添加剂、转基因六项不可持续技术（"六不用"），从秸秆、"害"虫、"杂"草综合开发利用着手，采用种养结合，实现元素循环与能量流动，扩展生物多样性，保持生态稳定；生产绿色无污染农产品，增加就业，提高农民生活水平；

最终实现生态良性循环。弘毅生态农场是在我国面临严重的生态环境问题下，经过十几年实践经验总结出来的符合我国实际国情的发展生态农业的成功案例。该农场的具体措施如下。

害虫控制。农场经过多次实践经验总结，成功探索出物理＋生物的害虫防治方法。脉冲灯、昆虫、野鸟、人工除草等多项防治措施有效控制了农田虫害，这种方法又用于其他蔬菜、水果、花卉的害虫防治，取得了良好效果。

杂草控制。弘毅生态农场以物理除草的方法实现了从源头控制除草剂污染的目标，主要措施是通过聘请有专业技术的职业农民承包除草的工作，又采用乔灌草相结合的隔离带防护，利用"以草治草"的策略有效控制了田间杂草再生。

低产田变高产田。该农场采取了"六无"栽培模式，经过堆肥、深耕、人工和生物物理方法和生物防虫、保墒等措施，促进粮食生产，增加农民收入。

农田生态环境改善。由于土地严重退化，肥力下降，农场决定停止化肥、农药、除草剂、地膜的使用，在农田四周建立灌木、树草相结合，由本地物种组成的防护林，恢复了部分湿地，吸引鸟类等动物。为了促进耕地有机质的积累，实行有机肥还田，取得了土地肥力从 0.7% 提升到 3.54% 的显著效果。

耕地固碳。农业用地不仅可以提供充足粮食，保证国家安全，而且能有效减少温室气体排放，起到固碳的重要作用。生态农业的现行模式，能够将当年产生的二氧化碳以有机肥的形式固定在土壤中被作物吸收，尽管还会释放出部分碳，但土地有机肥增加可提高耕地固碳能力，有效改善了当前传统农业释放温室气体，使环境变暖的局面。

山东弘毅生态农场的成功经验值得黄石市学习借鉴。

二　那中元的诱导调控（GPIT）技术

诱导调控（GPIT）技术是大范围提高作物的光能利用率，在此基础上又通过诱导调控的原理，平衡作物营养生长和生殖生长的能力，提高作物新陈代谢的强度和速度，增强作物抵抗力，提高作物单位面积产量，提高作物耐盐、抗寒、抗冻、抗旱能力，并传递杂交优势遗传基因等。诱导调控（GPIT）技术的使用，可直接减少化肥、农药的使用量，有利于保持生态平衡，为生产无污染的绿色有机产品创造条件，使农业生产走上"三高、三无、五省"的可持续发展道路——即"高产量、高质量、高抗病性、无毒、无残留、无污染，省肥、省药、省种、省膜、省劳动力"。该项技术已经取得了重大成功，被广泛应用于其他作物领域。

山西省使用诱导调控（GPIT）技术产生了明显的效果。在山西省忻州市曹村盐碱地使用诱导调控（GPIT）技术处理的 0.33 公顷玉米和对照玉米进行了脱粒检收，处理的玉米实产 3910 千克/0.33 公顷，平均 10838 千克/公顷；对照的玉米实产 2389 千克/0.33 公顷，平均为 7344 千克/公顷，增产 3494 千克，增产率为 53.6%。2009 年太原市晋源区镇万花堡村，在含盐量 0.315% 的 26.7 公顷的盐碱地种植玉米，结果用诱导调控（GPIT）技术处理的玉米比对照产量翻了 1 倍还多。2010 年诱导调控（GPIT）技术在山西省 0.67 万公顷盐碱地的开发治理中，也表现出明显的成效。

该项技术不仅能够减少化学农业的污染，改善生态环境，保持生态平衡，还能生产绿色有机食品，提高粮食品质，对保障国家安全具有重大意义。诱导调控（GPIT）技术增加了农民收入，实现了经济、社会和环境的统一。经过 20 多年实验，诱导调控（GPIT）技术已广泛应用于中国，其成功经验值得黄石市学习借鉴。

第六节　黄石市生态农业发展的对策建议

一　加强农业基础设施建设

现代化的农业基础设施对生态农业的发展至关重要。黄石市的农业基础设施相对薄弱，要发展生态农业，必须加强黄石市生态农业基础设施建设。首先，政府必须加大投入，加强水利基础设施建设，合理规划农村道路、大型水利、电网、渔场等基础设施项目，分年解决农业基础设施老化问题，加大对农村环境污染防治的支持，改善农业生产条件，提高农业抗风险能力。其次，农民需要组织起来，通过建立农村合作社，加强集体的维护和管理，要鼓励和支持农民建设和改造小灌区、小机井等小型农田水利设施，重点改造年久失修、抗灾能力差的水利工程。集体经济要加强标准农田建设，加快推广以滴灌、喷灌、测土施肥技术为依托的精准农业、节水农业和特色农业，来提升其基础设施条件。最后，要实行多渠道融资机制，以国家财政投资为主，以社会多渠道融资为辅，加快农田水力设施建设。

二　加快发展农民专业合作社

农民专业合作社有助于农业组织的完善，是加快农民进入市场、降低农民生产成本并增加收入、提高农业组织程度的有效形式。一是要以村集体为单位，大力发展农民专业合作社，积极争取省财政或市财政对农民专业合作社的扶持，发展村社一体的集体经济，并根据农村具体实际，采用多种形式发展，可以是发展生产、加工、销售、科技服务多环节的集体组织，也可以是产销结合和贸、工、农一体化的农民专业合作社。二是要恢复和强化农村集体经济，积极组织提供水利灌溉，提供农业生产所需的种子、化肥、农药等基本服务，加强农业机械耕作、技术推广、农作物病虫害防治等服务。三是要适度发展家庭经营农场和种植大户，要积极引导和鼓励农户发展规模农场，给予资金、技术和政策支持，同时加强对农场和种植大户的监督和管理，促进其健康发展。四是要大力推进农业产业一体化，要根据黄石市生态农业发展的实际需要，加大资金投入和政策倾斜，高度重视农民专业合作社的发展。

三　加快培育现代化职业农民

现代化职业农民是现代农业的主体。为建设现代农业，培育现代化职业农民已成为各级部门关注和支持的重点。首先，政府要做好农民职业化的发展规划。政府需要投入资金，有计划地增设农业职校、农业中专、农业高中等学校，利用学校这个平台，培育现代化职业农民。其次，建立、健全农民教育培训体系。针对农民在职业技能方面的薄弱环节，开展培训。要举办经常性的短期培训。为了促进生态农业的更好发展，当地的农业组织要结合生态农业的需要，定期举办短期培训，使农民能够及时掌握先进的农业生产技术。

四　完善农业社会化服务体系

黄石市存在着社会化服务滞后的问题，严重制约了现代农业发展，为了促进现代农业的长足发展，必须完善黄石市农业社会化服务体系。

第一，要大力发展集体农业社会服务。村级集体在农业社会化服务体系中处于基层的地位，是农业实现现代化的基础。应大力发展村级集体组织，积极发挥集体在生态农业建设中的作用，努力保证农业生产活动的顺利进行，应组织经验丰富人员、科技人才带动农民参与管理和监督集体经营，完善农业社会化服务体系。

第二，要完善政府农业社会化服务。应加强政府干预力度，在领导力量、政策措施、物质保障和资金支持方面加以关注，并更多地运用经济手段和法律手段，积极为社会化服务创造转入完善阶段的必要条件，确保服务体系建设的正常发展。

第三，要促进市场农业社会化服务发展。市场农业社会化服务的内容包括生产资料供应、产品销售和贷款金融支持三个方面。市场主体需要为农户提供优质的生产资料，例如种子。产品销售是农业生产经营活动中相当重要的一个环节，市场主体需要及时提供供销消息，将农户和市场联系在一起。商业银行等市场主体应为农业社会化服务提供便捷的金融服务，为农户提供尽可能的资金支持，为农业社会化服务提供便利条件。

五　提高农业可持续发展能力

黄石市生态农业发展环境脆弱，为了保证生态农业更好地发展，必须解决生态问题。加强污染治理要从农业污染、生活污染和工业污染三大方面入手，从源头上减少污染物的排放，改善生态环境。

第一，要加强农业污染治理。要减少农药化肥的使用，推广有机生态技术，加强绿色虫害防治技术的推广和普及，通过举办各种形式的教育活动来提高农民科学治理虫害的水平，防止盲目用药或乱用药，减少农药使用频率和用药量，控制施药安全期间隔，降低农药残留量。

第二，要加强生活污染治理。市政府应该按照"减量化、再利用、资源化"的循环经济理念，鼓励农村废弃物循环利用，大力推动资源节约型、环境友好型的循环农业发展。农村应加快生态农业发展，提高资源利用率，推广农村沼气，同时引进天然气，鼓励以清洁能源为主要生产活动燃料，维持农村水质、大气、土壤等生态平衡，改善农村生态环境。

第三，要加强工业污染治理。黄石市作为一个从重工业兴家的城市，工业生产给生态环境带来了严重污染，为了避免产业升级和地区转移带来的城市污染向农村扩散，要在工业生产中使用环保技术，减少工业发展带来的各种污染物的排放量，为生态农业发展提供良好的环境基础。

参考文献

[1] 王兆骞：《中国生态农业与农业可持续发展》，北京出版社 2001 年版。

[2] 邱高会：《我国生态农业发展存在的主要问题及对策探析》，《生态经济（学术版）》2006 年第 5 期。

[3] 和炳全、盛薇：《生态农业模式发展现状与问题分析》，《现代化农业》2012 年第 11 期。

[4] 乔桂银：《生态农业发展的制约因素与对策建议》，中央社会主义学院，2009 年第 6 期。

[5] 王松良、陈冬梅：《福建现代生态农业的发展成就、问题与对策》，《福建农林大学学报（浙江社会科学版）》2009 年第 4 期。

[6] 陶爱祥、郑垂勇：《我国农业循环经济的发展策略》，《生态经济（学术版）》2007 年第 2 期。

[7] 杨继学、杨磊：《论城镇化推进中的生态文明建设》，《河北师范大学学

报》2011 年第 34 卷第 6 期。

　　[8] 杨亚茹：《我国生态城市建设问题研究》，大连交通大学硕士学位论文，2010 年。

　　[9] 2010—2015 年《黄石市统计年鉴》。

　　[10] 2008—2012 年《阳新县统计年鉴》。

　　[11] 2009—2013 年《大冶市统计年鉴》。

第九章 黄石市"六不用"生态农业发展研究

本章提要: 推广蒋高明发明的"六不用"生态农业技术,是黄石市治理农业污染、实现全市小康目标的迫切需要。黄石市发展"六不用"生态农业具有市场需求优势、经济区位优势、自然资源优势、政策条件支持等有利条件,但同时存在水利设施老化、农业生产环境污染、农业组织规模化程度低、农业社会化服务体系不健全等不利条件,促进黄石市"六不用"生态农业发展,需要完善水利基础设施建设,加强农业污染治理,提高生态农业组织化程度,完善农业社会化服务体系。

第一节 引言

自改革开放以来,黄石市在农业生产中大量使用化肥、农药、农用地膜,渐渐朝着化学农业的方向发展。在这种模式的影响下,黄石市的农业有了跨越式的发展,农产品有了产量和质量的提升。但随着规模的进一步扩大以及生产周期的变化,其负面效应渐渐显现出来——出现了化肥农药的过度实施导致的水土污染,生活用水的污染,秸秆焚烧造成的大气污染。有资料表明,黄石市农业生产造成的污染在一定程度上超过了工业污染。黄石市在2013年提出了"生态立市"的发展战略,因此,实现化学农业向生态农业转型对黄石市来讲就显得至关重要。

中国科学院植物学研究所研究员蒋高明经过10年的努力,发明了不用化肥、农药、除草剂、农用地膜、添加剂、转基因技术的"六不用"生态农业技术。该技术提高了地力，增强了土地的蓄水能力，提高了产量，把贫瘠的土地改善成良田，增加了收入，吸引了有益生物回归田地林间，实现了能量自由流动和元素自由循环，生产出环保健康的有机食品，恰好能够从源头解决黄石市农业面临的问题，因此很有必要在黄石市应用"六不用"生态农业技术。

第二节　蒋高明"六不用"生态农业概述

一　"六不用"生态农业的由来

2006 年 7 月，蒋高明教授在山东省平邑县蒋家庄成立了弘毅生态农场。蒋高明在反思常规农业生产带来的生态农业环境恶化、污染问题严重、危害居民健康等一系列问题之后，从生态学的角度着手，摒弃使用农药、化肥等一系列化学制剂发展农业的途径，注重生态平衡，吸引有益生物回归田地林间，增加土壤活性，以提高农业生态系统的生产力，增加农民收入，带动农村人口就业。

对于生态农业，蒋高明认为，生态在前，农业在后，重要的是搞好生态的平衡。发达国家利用工业化办法生产食品，食品的价格低廉，而用来购买药物和进行医疗的费用则超过了食品的占比，这就是工业化农业引起的生态与健康代价。而在我们国家工业化进程加快的大背景下，如何避免走这种老路值得我们深思。

蒋高明提出了"六不用"生态农业技术。当时蒋家庄很多人都在质疑，不用农药生产粮食，弄不好会颗粒无收，于是就把村庄里最差的土地（土层厚度只有 20 厘米，下面则是麻石）租给蒋高明。蒋高明也承认，承包之初非常忐忑，开始的收成也不怎么好，但经过几个生产周期的土地休整，完成了农田的生态系统修复，终于在 2012 年的时候实现了目标，经过长达 10 年的生态农业实践，取得了理想的效果。

二　"六不用"生态农业的特点

第一，物理除草。许多农民都知道除草剂污染土壤，危害农民健康，可农民还是愿意用——因为这是最便利的方法，相较于人力除草，除草剂成本低廉。为了从根本上遏制除草剂造成的污染，弘毅生态农场决定以物理的方法除草，不用除草剂，雇佣人工除草。弘毅生态农场还采用"以草治草"策略，种植一些具有固氮固碳功能的本地草类，与农地中的杂草形成竞争，在减少杂草的同时也能实现耕地固碳。

第二，"物理＋生物"方法防治害虫。使用农药后害虫控制是一个很大的难题，第一年使用农药杀死了一批害虫，到了第二年害虫还是会卷土重来，而且抗药性越来越强，又需要研制一批新的农药。蒋高明的做法是从源头控制，在农田中安置脉冲式诱虫灯，将捉到的昆虫做成饲料，喂养鸡鹅等家禽，还通过林下养殖鸡鹅等，捕食害虫。

第三，不使用农用地膜。农用地膜能够保温，保持一定的湿度，可是农民除去农用地膜的方式是就地焚烧，这看起来干净了，实际上焚烧过后的农用地膜不能完全分解，渗透进土壤中污染再次种植的农产品——调查发现，有的地块花生"疯长"，光长秧，不结果。不仅如此，焚烧农用地膜还会产生一种二恶英致癌物，危害人们的健康。

第四，建立完备的生物链。弘毅生态农场在农田周围将乔、灌、草植物结合，恢复部分湿地便于鸟类栖息。还使用大量有机肥还田，促进退化耕地恢复，提高耕地的有机质。经过一段时间，蚯蚓、蛇、燕子、蟾蜍、蜻蜓、蜥蜴等有益于农田的生物都回来了。

三　"六不用"生态农业的成效

第一，改善了地力。首先，弘毅生态农场利用自主研发的大型设施将秸秆制成饲料，供给肉牛食用，秸秆营养丰富，饲料转化率高，据统计，每 3.7 千克秸秆可转化为 0.5 千克活牛的重量。其次，使用诱虫灯捕捉害虫，并将捕捉的害虫供给鸡食用。再次，通过施加有机肥还田，提升土地肥力和有机质，恢复退化的耕地，拒绝使用农药和除草剂，吸引一大批有益生物回到农田，使土壤中的微生物更加活跃，恢复生态系统的平衡。最后，实现耕地固碳。弘毅生态农场大量施加有机肥，其经过土壤中的微生物分解，能够将二氧化碳固定在土壤中，增加土壤中的有机质。

第二，提升了产量。从 2011 年起，弘毅生态农场就成功地将低产田改造为高产稳产的吨粮田（小麦、玉米每年产量）。2015 年，弘毅生态农场玉米和小麦年产量 2324 斤/亩、春花生 807 斤/亩、夏大豆 433 斤/亩。2015 年弘毅生态农场中几种主要作物的平均产量均高于周围地区的产量。2016 年，有 3 户农民的有机小麦产量超过 1000 斤/亩，其他大部分合作农户的有机小麦产量超过普通小麦产量或至少持平。

第三，提高了效益。弘毅生态农场为了打开销量，在淘宝网开了一家店铺，目前已有两千多个粉丝，售卖 60 种农产品，获得了京、津、沪、穗、深等大城市消费者的青睐。2018 年实现年销售收入 1000 万元。这不仅提高了农民的年收入，也给广大消费者提供了健康的有机食品。

第三节　黄石市发展"六不用"生态农业的必要性

一　治理农业污染的客观要求

当前，在黄石市农业生产中，化肥和农药过量使用、农用地膜露天堆积、秸秆焚烧处理等现象依旧存在。这些不科学的处理方式使得大量污染物残存在土壤中，经过地下水的渗透和雨水冲刷，这些污染物流向河流、湖泊、长江，进而汇入大海，造成了农业污染。

2015 年黄石市农用化肥施用量为 54406 吨（折纯），农作物总播种面积为 236.5 千公顷，平均每公顷耕地化肥施用量 230 千克；农药施用量 3639 吨，平均每公顷耕地农药施加量 15.4 千克。在中国，许多农民的农药施加方法不规范，一方面，农药中氮磷元素的利用率低，据统计，我国农用化肥中氮肥平均利用率为 30%—35%，磷肥为 10%—20%，钾肥为 30%—35%，剩余的氮磷钾元素残留在土壤，造成土壤中氮、磷元素富集，造成水质富营养化，使农产品和饮用水有害成分增加，危害人体健康；另一方面，导致大量农药进入土壤当中，造成土壤污染，甚至有些农户在采摘前施加农药，以致农产品上留存有农药，引起食物中毒。2015年黄石市农用地膜覆盖面积达6140公顷，占黄石市耕地面积的5.15%。农用地膜的使用可以保温保湿，但回收机制欠缺，导致大量农用地膜残留在土壤当中，农用地膜残留在田间后，造成土壤板结，通透性变差，土壤微生物的活动减弱，最直接的后果就是造成农作物减产，且残留量越大，农作物减产就越明显。

这些危害引发了对于"六不用"生态农业的要求——使用科学的方法处理害虫，施加有机肥（动物的粪便、草木灰等），增加生物多样性，加强土壤活性，改善地力，以应对黄石农地的污染现状。"六不用"生态农业从源头控制这些问题，与治理黄石市农业污染的期望不谋而合。

二 实现全面小康的迫切需要

党的十八大报告中提出，到2020年全面建成小康社会。黄石市"十三五"规划提出，到2020年，黄石市城乡居民人均可支配收入将达到40000元。要实现这一目标，对于黄石市农业地区来讲，单纯依靠传统的化学农业是不可能的，农业生产必须走生态农业的发展道路，大幅度提高农业增加值。

如果在黄石市农村地区推广"六不用"生态农业，可使农产品价格普遍提高1倍，农业增加值将大幅度提高，这就能极大地提高农民收入，更好、更快地实现黄石市全面小康时期的农民人均收入目标。

三 提供绿色有机食品的必然途径

同全国一样，由于农产品价格低廉，黄石市大批农民撂荒进城，农村出现"三留守"：老人、妇女、孩子。同时各种化肥、农药、除草剂等农业化学品大量使用。食物需求是人最基本的需求，因此，现在越来越多的人青睐绿色有机食品，迫切需要绿色食品来满足他们的物质需求。

而"六不用"生态农业技术以有机肥来代替化肥，把牲畜的排泄物和草木灰施加到农地中会使得地越种越肥;"以草治草"取代除草剂的使用,一方面可以与本地杂草竞争,另一方面可以固定一定的氮素,进而直接提升土地肥力;通过施加有机肥,经土壤中的微生物分解,能够将二氧化碳固定在土壤中,增加土壤中的有机质,生产纯正的有机食品。"六不用"生态农业生产全过程都是绿色环保的,也能通过公开透明的渠道供大众监督,于是在黄石市推广"六不用"能满足大众对于绿色食品的需求。

第四节 黄石市发展"六不用"生态农业的有利条件

一 市场需求优势

在市场经济条件下,市场供给是以市场需求为条件的,有了需求,才会有供给。收入水平是影响消费水平的决定因素,食物支出是人的必须支出,根据理性经济人假设,每个人都会选择最有利的食物支出方式,与常规农产品相比,绿色有机食品从长远角度来看无疑是更有利于人体的健康,因此黄石市会对生态农产品有很大的需求。不仅如此,黄石市周边的武汉、九江等市人均可支配收入非常高,食物支出占收入的比值较小,人们选购食品更愿意从食品品质的角度考虑,主动选择生态农产品。如果在黄石市推广"六不用"生态农业技术,生产纯正的有机食品,就能够打开武汉、九江等市的市场。如表9-1所示,黄石市周围的武汉、黄冈等市人口基数庞大,食品需求也较大,能够带动生态农业的发展。

表9-1　　　　　　　2016 年黄石市及周边城市生活水平状况

指标	黄石市	武汉市	鄂州市	黄冈市	九江市
城镇人均可支配收入（元）	29906	39737	26735	24650	30011
常住人口（万人）	245.8	1060.77	105.95	629.1	480.69

数据来源:中华人民共和国统计局网站。

根据湖北省经济的发展趋势，湖北省的经济还将进一步增长，人均可支配收入还将进一步提高，这能够为黄石市"六不用"生态农业发展提供源源不断的需求。

二　经济区位优势

良好的经济区位具有较强的经济吸引力和辐射力，能把外来的资源吸引到本地来，发展本地经济，也有利于本地产品辐射到外地市场，黄石市发展"六不用"生态农业，具有良好的经济区位优势。

黄石市位于长江中游南岸，地处鄂、赣、皖、湘四省城市群的中间地带，是我国中部地区重要的原材料工业基地、国务院批准的沿江开放城市和武汉城市圈副中心城市，由于东部地区劳动力成本提高，大批企业纷纷向中西部地区转移，黄石市地处中部地区中心城市地带，生活成本相对较低，因此，黄石市有利于吸引外来的资金、技术、人才、项目等投资于黄石的"六不用"生态农业。不仅如此，黄石市位于三大国际综合运输通道交汇处，是国家公路运输枢纽、区域性铁路物流节点城市，黄石港是全国内河主要港口和国家一类对外开放口岸。黄石市境内运输类型较多，多条高速公路、铁路干线、运输管道、水路位于黄石市境内，基本形成四通八达、方便快捷的市域交通网，对于黄石市"六不用"生态农产品的辐射式运输，农产品市场的辐射式发展，有着十分有利的条件。

三　自然资源优势

农产品的生产需要一定的自然条件，包括地势、气候、土壤、水域等。而黄石市的地理气候以及水域等优势条件都为黄石市的农业种植业发展提供了有利的条件。

（一）土地资源丰富

如图 9-1 所示，黄石市土地面积广阔，其中农业用地数量也不少。经过多年的农业开发，形成了 119.13 千公顷耕地，耕地占农业用地的38.9%；林地有 167.79 千公顷，占农业用地的 54.7%。这些土地资源

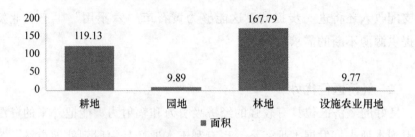

图 9 - 1 黄石市农业用地情况（单位：千公顷）

数据来源：2016 年《黄石市农业统计年鉴》。

为应用"六不用"生态农业技术提供了巨大的空间。

（二）水域面积广阔

黄石市襟江带湖，水资源十分丰富，长江流经黄石市东北边境，上起鄂州市艾家湾，下迄阳新县上巢湖天马岭，市境内河港、湖泊纵横，水库星罗棋布。

全市拥有湖泊 258 处，主要湖泊有：磁湖、青山湖、青港湖、菌湖、游贾湖、大冶湖、保安湖、网湖、朱婆湖、宝塔湖、十里湖、北煞湖、牧羊湖、海口湖、仙岛湖；水库几百座，总库容 25.05 亿立方米，其中大型水库 2 座，中型水库 6 座，小型水库共 212 座；水资源总量 42.43 亿立方米，其中地下水资源量为 8.05 亿平方米。水域面积广阔有利于农田灌溉，可以沉积土壤中的矿物质，稳固土壤中的肥力，充足的水资源是黄石市发展"六不用"生态农业一个较大的优势。

（三）气候条件良好

黄石市属亚热带季风气候，四季分明，雨量充沛。黄石市年平均气温 17℃。通常情况下，7 月份的平均气温为 29℃左右，1 月份平均气温为 4℃左右。无霜期年平均 264 天，年平均降水量 1382.6 毫米，年平均降雨日 132 天左右，全年日照比较长。全境气候温和、湿润，寒冷期较短，雨季时间长，雨水充沛，有利于农作物生长，同时有利的气候条件可以助推"六不用"生态农业技术的应用。

四 政策条件优势

政策是产业发展的有力支撑，农业的良性发展需要有利的政策支持，发展"六不用"生态农业也离不开政策的强有力支持。农业既是国民经济基础，又是弱势产业，农民单纯从事农业生产，比较收益低，且农业生产易受恶劣天气的危害，很难为国民经济提供稳定的基础。由于生态农业追求生态效益，在黄石市发展"六不用"生态农业，会为了追求生态效益而放弃一部分经济效益，因此，黄石市市政府有责任通过财政手段支持农业发展。

截至 2016 年 6 月 30 日，黄石市阳新县农业支持保护补贴发放到户面积 792650 亩，占 2015 年底阳新县农业用地面积的 27.4%。补贴资金 66043625 元，涵盖了全县 22 个镇、场、区，433 个村，涉及农户 144708 户。

农业补贴和政策支持不仅为黄石市农业良性发展提供支持，也将进一步为黄石市发展"六不用"生态农业提供直接的帮助。

第五节 黄石市发展"六不用"生态农业的不利条件

一 水利设施老化严重

水利是农业的命脉，没有完善的水利设施，就难以形成高效的农业生产。"六不用"生态农业技术在黄石市的应用，同样也离不开完善的水利设施。

同全国一样，黄石市水利设施存在老化的现象。以黄石市所辖阳新县的水利设施条件为例，阳新县大部分农业水利工程均修建于 20 世纪六七十年代，到如今已经进入老化和效能衰退期，部分农业水利设施老化严重：在现有农田水利工程中，建成于 20 世纪五六十年代的占 51%，70 年代的占 35%，80 年代以后的仅占 14%，且大都标准不高，渠道建筑率低，抵御自然灾害能力脆弱；水力泵站因为老化并不能正常运转，在农业抗旱急需泵站发挥作用时，泵站"罢工"现象屡见不鲜。

黄石市的水利设施大部分建成于改革开放之前。改革开放以后，黄石市农业经营由集体经营转变为家庭联产承包经营，由于没有了集体经营，水利设施的管理和维护功能被极大地弱化，农民对水利设施基本只用而维修不足，导致大量水利设施老化，灌溉渠道往往不能正常发挥作用。抗旱泵站承包给私人，靠收取使用泵站费用来支付泵站管理人员工资和泵站维护资金。然而，因为习惯了大集体时期泵站公共使用，农民一般不愿意为使用泵站支付费用，导致泵站维护资金缺乏。由此，落后的水利设施成为了制约黄石市应用"六不用"生态农业技术的一大因素。

二 环境污染问题严重

生态农业发展需要良好的生态环境，土壤是与作物最直接接触的物质，如果土壤受到污染，就无法生产健康的食品。绝大多数作物的生长离不开水，环保的水体资源对于农业生产也至关重要。

黄石市农药、化肥的使用量较大，容易造成土壤污染，加上地下水渗透，导致出现水体富营养化等问题。黄石市农用地膜的覆盖占耕地面积的5.15%，据统计，有近半的农用地膜残留在土壤中，给土壤带来批量污染，影响农作物根系的伸展，容易造成农作物倒伏、死苗、弱苗和减产；农用地膜留在土地里，影响土壤结构，影响正常灌溉；农用地膜残片容易随秸秆作饲料，混入牛羊等家畜的食物中，造成家畜误食农用地膜残片而死亡。

土壤、水质的状况与农业生产息息相关，过去的农业生产方式给黄石市农业生产环境带来了种种污染，因此，环境污染问题严重制约"六不用"生态农业的发展。

三 农业组织规模化程度低

生态农业要求提高农业的组织化程度，实现适度规模经营。否则，农业机械化、农业科学化、农业产业化、农业循环经济都难以实现。

自从实行家庭联产承包责任制以来，黄石市土地承包到户，导致土地经营规模偏小。随着现代农业的发展，这种经营适应不了生态农业实行规模化经营的需要，因此，黄石市政府应积极采取措施，推动土地流转，以扩大农村土地经营规模，提高组织化程度。2012年黄石市耕地流转面积达到28.6万亩，占全市家庭承包耕地面积的24.4%。近几年耕地流转面积有所提升，但总的来说不足50%。这表明目前黄石市至少还有一半左右的耕地未进行流转，仍然是家庭经营，组织化程度低，经营规模很小，无法推进生态农业的发展。

导致农业组织化程度低的直接原因，就在于家庭经营以及土地流转制度的欠缺。一方面，黄石市分散的农户难以形成专业的现代职业农民队伍，另一方面，黄石市大批农村劳动力外出务工，其中有相当一部分从事并不稳定的工作，收入的不确定性令他们不愿意放弃自己的土地，而且部分农民在流转土地过程中大都通过口头方式承诺，发生了纠纷难以解决，致使大多数农民并不愿意流转自己的土地。农业土地经营规模小，组织化程度低，制约了"六不用"生态农业技术在黄石市的应用。

四 农业社会化服务体系不健全

农业社会化服务体系应当为农业生产提供产前、产中、产后一系列服务，必须借助于农业产前、产中、产后的社会化服务体系，通过分工协作来完成农业生产，这也是现代化农业发展的客观需要。农业社会化服务体系的主体包括集体、政府和市场商业机构。

首先，农业集体经营是农业社会化服务发展的基础，包括集体统一经营和农民专业合作社。黄石市农民专业合作社规模较小，发展数量不多，其提供的服务比较有限。截至2014年底，黄石市登记在册的农民专业合作社共1427个，其中县级以上示范社有100个，优秀合作社较少，带动农户15万户，带动的农户规模较小；其次，由于实行体制改革，原本的农业服务站被撤销，将财政预算改为政府购买社会服务，经费严重不足，员工没有编制，待遇很低。本来由黄石市政府提供的农业服务极不完善。最后，由市场主体提供的农业社会化服务是农业社会化服务体系的重要组成部分。市场化农业社会化服务包括化肥、农药、种子销售服务，农产品的收购，金融保险服务，运输服务等。市场主体以利润最大化为目标，必然与农业生产主体的利益相矛盾，造成假冒伪劣产品充斥市场，市场秩序不规范，加上政府监管不严，就会农民的利益。

黄石市农业社会化服务存在农民专业合作社数量少、规模小，政府提供的社会化服务不够完善，市场提供的社会化服务体系不健全等问题，这在一定程度制约了"六不用"生态农业的发展。

第六节　黄石市发展"六不用"生态农业的对策思考

一　完善水利基础设施

一是政府加大财政投入，兴修水利。财政投入是发展水利建设的首要前提，政府应当承担水利建设中的责任。各级政府在农业水利化发展过程中要制定明确的预算规划，建立相应的机构和管理制度，逐年加大投入。在增加自身资金投入的同时，应当积极争取国家资金的支持，加快完善农业水利基础设施修复。

二是多方共建，提高水利设施使用效率。对一些受益人口较分散、产权难以分割的农业水利设施应在尽可能明晰设施所有权的前提下，通过租赁、承包等各种方式，分离所有权和经营权，实现经营权和农业水利设施维护责任的统一，或者将部分所有权转移给受益农户，从而明确由农户负责农业水利设施的维护工作。对一些少数农户受益的农业水利设施则将实行"自筹、自建、自有、自用、自管"的原则，同时明确国家资金补助标准，设施建成后的维护责任归农户个人或小集体所有。对于一些具有较强收益性、适合经营的农业水利设施可通过公开拍卖，转让设施的所有权或使用权，由购买者实行自主经营，同时负责设施的后期维护，而地方政府和主管部门主要负责对其进行指导和监督。

二 治理农业污染

要加快传统农业向生态农业转型。对实行"六不用"生态农业的试点地区，可以全面推广"六不用"生态农业技术，通过"以草治草"固定土壤中的氮素，大量施加有机肥以增加土壤肥力，构建完整的能量循环流动体系，吸引有益生物回归田地，改善农田质量。

对于没有实行"六不用"生态农业的地区，一是要逐渐减少农药、化肥的使用量，积极引用生物肥等新型高效化肥，做好农田生态环境保护工作，恢复土壤肥力。二是要大力推广稀薄、可降解的农用地膜；鼓励农用地膜回收加工企业的发展，提高农民的自觉性，积极做好农用地膜的回收。

三 提高生态农业组织化程度

要大力发展农民专业合作社。发展农民专业合作社是提高农业生产效率的有效途径，政府应当扶持农民专业合作社，使农户参与到农业组织化生产之中，提高农业科技化规模经营程度。当前阶段，黄石市应借鉴贵州市"塘约道路"的经验，走集体化经营的道路，建村社合一的合作社，把农民的土地集中到合作社，村民变为股东，搞规模化、产业化经营，实现农业生产规模化、集约化；对现有的相当一部分挂名的合作社要进行清理；对其他的农民专业合作社不完善的部分要进行完善，切实发挥合作社的作用。

要适度发展家庭农场。黄石市政府应引导土地优先向家庭农场流转，实行家庭农场工商税费扶持政策。市财政要安排专项资金，对家庭农场给予扶持，对具有一定规模、运行规范且从事农业生产尤其是粮食生产的家庭农场给予重点扶持，积极开展示范型家庭农场的创建活动，调动家庭农场生产积极性。

要健全农村土地流转制度，加快土地流转。在坚持和完善最严格耕地保护制度前提下，在落实农村土地集体所有权的基础上，稳定农户承包权，放活土地经营权，有序扩大土地流转面积，推进规模化经营。不断完善黄石市外出打工家庭的抛荒土地的统计和整理工作，使用网络整理数据，并将其动态化、长期化。

四 完善农业社会化服务体系

要巩固和发展农业集体经济组织。建立和健全村社合一的服务机构和运行机制，恢复集体统一经营，统一提供农业产前、产中、产后的服务。农民专业合作社是我国农村集体经济所有制的一种形式，要加强宣传，鼓励农民创办专业合作社。

政府应增加对农业社会化服务的资金投入，引进专业人才以便更好地提供农业种植服务。应完善政府农业社会化服务体系，深入推进农业公共服务站点建设。应加大农业科技应用力度，不断提高劳动生产率，推广农业社会化服务，提高农业科技入户到田率，及时发布农业合作的信息，加快培育农业社会化服务的人才队伍，开展新型农民培训、农村实用人才培训等项目，提高农村社会化服务主体人员水平。

要规范由市场商业机构提供的农业服务。市场主体要主动承担社会责任，信守承诺，保证产品和服务质量，提供优质服务。政府加强监管，严厉打击违法经营行为，保证市场化农业社会服务体系有序运行。充分利用现代信息技术手段，构建农产品营销网络，推进供产销一体化，减少流通环节，降低生产成本。

参考文献

[1] 蒋高明：《生态农业，未来的重要方向》，《理论参考》2013 年第 8 期。

[2] 习思思：《弘毅农场开辟生态农业新路》，《现代物流报》2012 年 9 月 3 日。

[3] 郝迎聪：《不用化肥农药照样能长好庄稼——蒋高明渴望做大"生态农场"》，《中国科技财富》2013 年 9 月 25 日。

[4] 郑军：《生态农业集群理论与区域实践研究》，山东农业大学博士学位论文，2008 年。

[5] 王文珍：《黄石城市型生态农业模式的探讨》，《黄石理工学院学报》2009

年第 6 期。

　　［6］刘涓、谢谦、倪九派、魏朝富、吕家恪:《基于农业面源污染分区的三峡库区生态农业园建设研究》,《生态学报》2014 年第 9 期。

　　［7］黄祖辉、王朋:《农村土地流转:现状、问题及对策——兼论土地流转对现代农业发展的影响》,《浙江大学学报（人文社会科学版）》2008 年第 2 期。

　　［8］严素定:《黄石市农业面源污染的解析及其空间异质性研究》,《农业工程学报》2008 年第 9 期。

第十章　生态林业发展与黄石市生态城镇化的实现研究

本章提要： 黄石市发展生态林业具有政策支持、自然条件适宜、经济区位优势和市场需求较强等有利条件，但仍然存在林业资源开发利用程度低、林业组织化程度低、林农职业化水平有待提高、林业社会化服务体系不健全等不利条件。促进黄石市生态林业发展和生态城镇化实现，需要加强林业产业资源的综合利用；提高林业的组织化程度；培育造就职业化林农；完善林业社会化服务体系。

第一节　引言

2013 年 9 月，黄石市提出"推动生态立市、产业强市，积极建成鄂东特大城市"的发展战略，并确立了"十三五"末创建国家森林城市和国家生态市、建成国家生态文明先行示范区的目标。由此可见，黄石市的新型城镇化要走的是生态城镇化的发展道路。生态城镇化同任何城镇化一样，都是建立在产业发展基础上的，所不同的是生态城镇化是建立在生态产业基础上，只有大力发展生态产业才能促进生态城镇化的发展，由此黄石市林业发展也要走生态林业的发展道路。

生态林业是生态产业中的重要部分。"十二五"期间，黄石市共完成封山育林 74.15 万亩，植树造林 45.92 万亩，黄石市的森林覆盖率由"十一五"末的 31.15% 提升到 33.19%，年均增长 0.39 个百分点。虽然黄石市生态林业发展取得了一定的成效，但仍然存在林业资源开发利用程度低、林业组织化程度低、林农职业化水平有待提高、林业社会化服务体系不健全等制约因素。对此进行分析，探索黄石市生态林业发展的有效对策，无疑有助于黄石市生态林业发展和黄石市生态城镇化的实现。

第二节　相关理论概述

研究黄石市生态林业发展与生态城镇化的实现，需要运用生态林业理论、生态城镇化理论和可持续发展理论。

一　生态林业理论

生态林业作为现代林业的基本林业生产体系，是依据"生态利用"原则和生态规律而组织起来的。它利用生态经济学原理和生态工程方法，充分利用当地自然资源促进林业发展，能够为人类的发展提供良好的生态环境。它是功能、层次多样，组织结构合理，协调一致的巨大森林生态经济系统。

生态林业的主要功能包括：涵养水源、保持水土、防风固沙、改善气候、净化水质、净化大气、保护物种基因等，并且对水利工程使用寿命也有巨大作用，对农牧畜产、稳产可起到屏障作用。生态林业建设是生态文明建设的重要组成部分，能够为生态城镇的发展提供良好的环境和物质基础，为生态经济发展提供广阔前景。

生态林业的发展要按照地类规划、分类经营、区别对待、统筹协调、优化政策、产业化发展的策略。发展方针要因地制宜，山区要综合利用当地的产品和资源，形成品种和层次多样的加工体系；林区要兼顾眼前利益和长远利益，采取封造结合的办法。要将林业与其他学科结合起来，最大限度地发挥林业的资源价值，实现环境的优化和资源的永续利用。要在立体林业的框架下，提高森林综合生产能力和生态环境功能，提高森林的生产能力，协调林业和有关各业的互惠关系，维护森林的生态功能和经济效益的一致性。

二 生态城镇化理论

在城镇化的进程中，各种生态环境问题越发突出，城镇化的发展已经超出了资源环境的承载能力。这个时候探讨生态城镇化的实现路径就会变得非常的有意义。在城镇化的推进当中，生态城镇化就是要综合考虑经济、文化、人口、资源、社会与城镇建设之间的关系，坚持从实际出发，以生态文明建设为主题，以优化城镇的总体生态环境、产业结构、消费方式等为目的，以方便、和谐、宜居、低碳为目标，全面建设绿色环境、绿色经济、绿色社会、绿色人文、绿色消费的城镇化，就是要谋求新型城镇经济社会的健康可持续发展道路。生态城镇化是对城镇化和城市化发展过程中的不合理因素的剔除，是对其的补充和完善。它协调了政治、经济、社会、文化、生态之间的关系。可以说生态城镇化是新型城镇化建设的生态面。

三 可持续发展理论

可持续发展理论要求采用既满足当代人的需求，又不损害后代人利益的发展方式，保证政治、经济、社会、生态和文化的协调发展；要求将经济与环境有机地结合在一起，而不是互相孤立地发展。在具体内容方面，可持续发展理论涉及可持续社会、可持续生态和可持续经济三方面的协调统一，要求人类在经济社会的发展中追求效率与公平的和谐，关注生态和谐，最终达到人的全面发展，其中实现可持续经济，是实现可持续发展的核心。可持续发展要突出发展的可持续性和发展的主题，以及发展的协调性和公平性，强调人与自然的和谐健康发展。可持续发展是人类对工业文明进程反思的结果，面对全球性的环境污染和广泛的生态破坏，以及它们之间关系的失衡，人们需要做出理性的选择，可持续发展应运而生。这也是人类为了克服一系列环境、经济和社会问题的最佳选择。随着人口的增长和经济的发展，很多资源变得稀缺或者是破坏严重，在环境方面则主要表现为环境污染和生态破坏两大类。实施可持续发展战略，有利于促进人与自然、人与社会的和谐统一，有利于提高人民生活水平，有利于给发展提供强有力的后劲，有利于推进生态城镇化的进程，有利于林业经济结构的调整。保护生态环境，建设生态林业，走可持续发展之路是实现生态文明的最好选择。

第三节　生态林业发展对黄石市生态城镇化的积极作用

一　有利于黄石市绿色经济的发展

生态城镇化不同于传统的城镇化，它提倡保护环境和清洁生产，要在生产过程中减少和治理污染，保持良好的生态环境，走可持续发展道路。绿色经济追求经济与环境的可持续发展，包含着环境友好型和资源节约型经济、循环经济的内涵。所以生态城镇化的实现与绿色经济的发展是相联系的，生态林业属于绿色经济，发展生态林业有助于黄石市生态城镇化的实现。生态城镇化要全面发展绿色经济，实现经济效益与环境效益的统一。要以绿色经济体系为核心，追求城镇经济的可持续发展。

从生态林业本身来说，大部分林业产品都是在不破坏生态平衡，保持原有物种的基础上，对其产出品进行加工利用，体现了绿色经济的可持续发展性。黄石地林产品丰富：大冶的油茶产品、阳新的毛竹产品、黄颡口镇的林果业等在不破坏生态环境的基础上，对林产品进行绿色加工，实现了产业增值。通过发展生态林业经济，使得林业内部生产结构和经济结构得到调整，促进资源循环利用，延长产业链，形成产供销于一体的产业化体系，提高了林业的生产效率，降低了林业的生产成本，保障了经济效益。生态林业在给农民带来较高回报的同时，通过对林业产业链的不断完善，使林业在深度和广度上不断地发展，增加了大量的就业机会，可以有效缓解城镇化进程中的就业压力，维持社会的稳定与和谐；同时有助于增加税收，为生态城镇化的发展提供动力。

林业生态旅游具有绿色化、循环化、生态化的特点。近年来黄石市积极发展以东方山、西塞山、仙岛湖等风景区为主的森林生态旅游，使黄石市旅游总收入达百亿元。不错的产业增值效益，带动了黄石市绿色经济的发展。

生态林业以其自身特有的优越性，在生态城镇化的进程中越来越具有重要的地位和作用。城镇化的发展离不开经济水平的提高和人们生活水平的改善，生态城镇化已经不再是片面追求单一的经济增长，绿色经济才是其发展的主流，生态林业以其特有的生态性，符合了这一发展的规律，必将推动生态城镇化的发展。

二 有利于黄石市国家山水园林城市的建设与发展

国家山水园林城市建设是黄石市生态城镇化进程中的亮点，生态城镇化以宜居低碳为目标，国家山水园林城市的建设对于城镇化的环境保护、生态宜居建设以及生态旅游的发展都具有巨大的提升作用。黄石市山城相依、山水环绕，拥有建设国家山水园林城市得天独厚的条件。自 2008 年被建设部命名为"国家园林城市"以来，黄石市紧紧围绕"建设山水园林生态宜居城市"的总体目标，努力打造国家山水园林城市。而发展生态林业对巩固黄石市国家山水园林城市的地位具有重要的作用。

第一，发展生态林业，充分实现了对黄石市乡土树种的挖掘利用。应按照城市绿化植物选择的一般原则，合理搭配绿化植物，对城市绿地进行系统布局。黄石市植被种类繁多，据统计调查，黄石市目前发展前景较大的野生乡土园林植物共有 246 种。在黄石市园林应用的乔木中，主要是樟树、广玉兰和二球悬铃木。通过对黄石市乡土树种的挖掘利用，既可以使城市绿地规划更加具有多样性，又能充分发挥不同植物对环境的调节作用，做到因地因时制宜。充分利用乡土植物，加大城市绿地建设，既可以构建符合黄石市当地特色的园林景观，也符合黄石市国家山水园林城市的规划。

第二，生态林业的发展，使林业资源与园林建设融合，使林木的空间布局和规模结构更加合理。黄石市资源开采遗留下来的众多的矿山、荒山，严重影响了市容、市貌，种植生态林，可以很好地对其进行修复，同时也可以增加森林覆盖率。国家山水园林城市的城镇扩展边界的划定需要一定的间隔物，通过营造防护林、绿色隔离带、风景林、高标准绿色通道，建设国家山水园林城市，改变了传统林业只能单纯满足人们的物质需要，片面追求林产品的单一利用的状况，将林业发展与美化和改善环境相结合，既注重了环境与生态效益，又使城市规划更加合理。

第三，发展生态林业，推动苗木经济发展。黄石市在创建国家森林城市中评选出"黄石市园林花木苗木有限公司"等十大示范苗圃，对发展苗木经济起到了很好的带头示范作用。2009 年黄石市西塞山区河口镇建立了占地近 34 万平方米、总投资 3000 万元的黄石市花卉苗木高新技术示范中心。该中心年产各类彩叶树种 1000 万余株，中高档花卉20 万余盆，乔灌木造型苗 5 万余株。丰富的苗木资源，既保证了苗木供应，又能用于城市美化，强化了黄石市国家山水园林城市的地位。

经过各方面的不断努力，到 2015 年全市累计造林绿化面积 49.6 万亩，黄石市园林绿地面积到 2015 年增长到 3741 公顷，公园规划更加合理，公园面积增加，市域森林覆盖率提高到 36.09%。

三　有利于黄石市生态环境保护

生态城镇化的"生态"在于经济、社会、环境的和谐共生。生态城镇化要求走可持续发展道路，就是走一条资源节约型、环境友好型的发展道路。城镇化过程中如果不进行合理的规划，则会出现空气污染、固体废弃物污染、噪声污染、自然植被减少等一系列生态环境问题。所以大力加强生态环境保护可以推动城镇化健康、协调、可持续发展。生态林业又正好具有生态环境保护的特有功能。

发展生态林业，可以吸收空气中的有害物质，净化空气，增加空气中的氧气和水分的含量，提高城镇的空气质量。据 2015 年《黄石市统计年鉴》记载，黄石市城市建成区面积、人口数量、机动车保有量等都有大幅增加。黄石市的初级资源型产业和高能耗产业（如矿业、冶金、建材、火力发电等）比重较高，主要污染物二氧化硅、氢氧化物等排放总量较大。绿色植被对空气的净化，可以使大气中的含氧量增加，空气质量改善。

森林和绿地具有保持水土，涵养水源的作用。在夏季，乔灌草型绿地日平均气温比非绿地气温低 4.8℃，相对湿度比非绿地增加 23.1%；有林地湿度比无林地湿度低 2℃以上，夏天可低 10℃。因而大面积的森林绿地可有效防止水的过度蒸发和流失。同时黄石市又有面积广阔的湿地，发展生态林业，对于湿地公园也是很好的保护。

生态林业对于矿山的生态修复，也有利于黄石市的生态环境保护，符合黄石市生态城镇化建设的要求。作为资源枯竭型城市的城镇化转型，黄石市面临的一个很大的问题就是矿区的生态环境恢复问题。资源的开采与重工业的发展，给黄石市留下了近千个开山塘口，以及 5 万多公顷石漠化荒地，据黄石市国土资源局粗略统计，全市有 327 处山体可见一道道难看的"疤痕"。矿山地质灾害、植被破坏、地下水系统破坏等环境问题，在长时间内仍然存在。发展生态林业对矿山的生态环境恢复有着积极的作用。《湖北日报》也曾报道："经过多年的修复和治理，绵延在黄石市中心城区南侧的黄荆山脉发生奇妙变化，石头缝中长出新绿，原本寸草不生的塘口迸发出了生命力。"

"十二五"以来，黄石市城市绿化覆盖率为 39.73%、人均公共绿地面积为 12.81 平方米，中心城区优于国家二级标准空气质量天数近年来都超过 310 天，生态林业的发展为黄石市生态城镇化的环境保护起到了巨大的作用。

第四节　黄石市生态林业发展的有利条件

一　自然条件

林业的发展离不开良好的自然条件，黄石市在林业的发展方面具有良好的地形、气候、物种等自然条件。

黄石市坐落于湖北省东南部、长江中游南岸，地处幕阜山北侧，为低山丘陵区。地形走势为西南高，东北低，境内山峦棋布，湖泊星罗，江河纵横，大小山峰 400 余座，海拔最高 867.7 米，最低处海拔 8.7 米。黄石市北部以平原为主，南部属鄂东南低山丘陵区，地貌差异明显，为林业的发展提供了良好的地形基础。黄石市林地总量尚可，森林资源丰富。

黄石市属于典型的亚热带东亚大陆性气候，四季分明，光照充分，雨量充沛，这为植物的生长提供了良好的气候条件。

黄石市共有植物 152 科 491 属 1045 种，物种丰富。其中有冬青、花桐木、铜钱树、皂荚等有发展潜力的庭荫及行道树；有花海桐、格药枰等良好的篱坛或盆景材料（也可用于疏林地被材料）；有云石、苦糖果等层间蔓性灌木，适合作为修饰景物，坡面绿化。这些丰富的植物物种为城市绿化、生态防护、园林艺术以及林业产业的发展都提供了多样性的选择和丰富的形态，同时也有助于发展休闲观光生态林业。

二　经济区位

黄石市交通便利，经济区位优势明显。黄石市位于长江中游、处湖北东南部，东南与江西省武宁县、瑞昌市接壤，东北临长江，与浠水县、蕲春县、武穴市隔江相望，北接鄂州市，西边连接武汉市江夏区，西南与咸宁市、通山县相邻。溯江而上水路至武汉市有 143 公里（陆地距离 70 公里），顺江东下距九江市 126 公里。黄石市地处武汉城市圈和长江经济带，是全国 53 个重点港口城市和 133 个客货主枢纽城市之一，处于京广、京九两条铁路大动脉与京珠、沪蓉、大广、杭瑞四条高速公路和长江黄金水道的交汇地带，是承东起西、贯南通北之地。《黄石市土地利用总体规划大纲》规定至 2020 年，黄石市将基本建成"三纵五横一环"高等级公路网、"三纵三横"国道和省道干线公路网，以及农村公路网和武汉城市圈中以公路、港口功能为主的区域性综合交通枢纽，即"三网一枢纽"，形成衔接紧密、布局合理、辐射周边、畅达全国、高效安全的一体化综合交通体系，为区域内经济一体化和区域间的产业协作和流通提供交通运输支持。这样便捷的交通以及优越的地理位置，有利于吸引其他地区的资金、技术和人才来黄石市发展生态林业经济。

三　市场需求

在市场经济条件下，任何产业的发展都必须要有市场需求，市场需求是拉动产业发展的动力，并且能决定产能的利用程度。生态林业同任何产业一样，也是以市场需求为前提的，市场需求是生态林业发展的动力，市场需求决定了生态林业的发展规模和它现有的产能利用程度。

生态林业的市场需求由人们的收入构成，收入是消费的基础和前提，随着人们收入水平的提高，人们更加注重生活的质量以及身体的健康，绿色消费的比重也越来越高。尤其是最近几年，国内的食品安全问题频频出现，人们对绿色安全的无公害林业产品更加青睐。生态林业提供的产品属于绿色安全的产品，有些生态林业产品包括生态旅游都属于高档产品的范围，居民收入的增加扩大了这些产品的消费市场。随着收入的增加，人们对林业产品的需求也具有多样性和广泛性，而林业产品丰富的品种，包括茶叶、生物医药、纸及纸制品、木竹家具、建筑装潢材料、化工产品、花卉盆景、林木种苗、工艺品、森林旅游、森林机械、园林景观、果品等也正好满足了人们多样化的消费需求，给生态林业产品带来了不断扩大的消费市场。

与全国居民一样，黄石市及其周边城市的城镇居民人均可支配收入从 2010 年到 2015 年一直呈上涨趋势，收入的增加扩大了消费需求，对黄石市发展生态林业包括生态林业产品、生态林业产品的加工、生态林业的休闲观光等带来了不断扩大的市场需求。相关数据可参见表 10 - 1 以及图 10 - 1。

表 10 - 1　黄石市及周边城市城镇居民人均可支配收入（单位：元）

年份	2010	2011	2012	2013	2014	2015	2016
黄石市	14665	17003	19417	21330	25208	27536	29906
武汉市	20806	23738	27061	29821	33270	36436	39737
鄂州市	14788	17008	19307	20878	22763	22774	26986
黄冈市	12832	14731	16765	18432	20729	22620	24796
咸宁市	12968	14875	16913	18581	21591	23505	25839

数据来源：2016 年《湖北省统计年鉴》、《黄石及周边城市 2016 年国民经济与社会发展统计公报》。

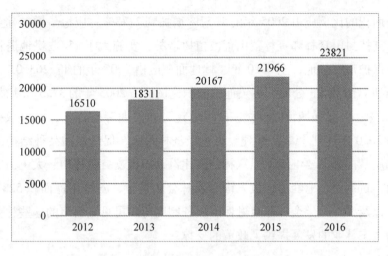

图 10 - 1　2012—2016 年全国居民人均可支配收入（单位：元）

数据来源：《中华人民共和国 2016 年国民经济和社会发展统计公报》。

四　政策支持

生态林业应该把"生态"放在首位，应该首先追求生态效益，力求实现生态效益和经济效益的统一。为此，生态林业就要牺牲一部分的经济效益，所以生态林业的发展离不开政府的政策支持。

首先，黄石市作为一个资源枯竭型城市，中央财政和省财政都应该设置资源枯竭型城市可持续发展专项贷款，加大财政支持力度。其次，"三农"问题一直备受党中央的关注，陆续出台了许多惠农政策，不断加大对农业的支持和扶持力度。生态林业作为生态农业中的重要补充部分，其发展理应得到相当的重视。《中央财政森林生态效益补偿基金管理办法》提出，各级政府要有专门的资金安排用于生态业的保护和管理。当前，国家根据林权的不同对公益林实行不同的补偿标准：国有的国家级公益林平均补助标准为每年每亩 5 元，集体和个人所有的国家级公益林的补偿标准为每年每亩 10 元。再次，地方政府也应不断地制定相关的规划措施，来帮助生态林业的发展。《黄石市城市总体规划（2001—2020）》指出，要大力实施低丘岗地和低产林改造，至 2020年，园地面积应由 2005 年的 7188.53 公顷增加到 12532.52 公顷，占土地总面积的比例应由 2005 年的 1.57% 增加到 2.73%；应稳步增加林业用地，支持封山育林和宜林荒山荒坡植树造林，实施大于 25°坡耕地退耕还林，保护现有林地，至 2020 年，林地面积应由 2005 年的 172263.01 公顷增加到 175235.23 公顷，占土地总面积比例应由 2005 年的 37.57% 增加到 38.21%；应加强城镇以及村庄的绿地建设和"四旁"绿化，确保森林覆盖率 2020 年达到 45%；要建设绿色经济林果区，促进产品品种结构的调整和质量提升；要继续加强森林公园建设，积极支持黄坪山、大王山、东方山、黄荆山、七峰山、大泉沟等森林公园建设，安排用地面积 5280 公顷；以及要建立健全林业金融保险服务制度等。可见黄石市的这些林业政策为生态林业的发展提供了政策的支撑。

第五节　黄石市生态林业发展的制约因素

一　林业产业资源开发程度低

林业产业的发展依赖于对林业产业资源的开发。对林业资源的充分有效的利用，有利于延长林业产业链，促进林业产品由粗放式利用转化为集约式利用，符合生态林业的发展要求。

第一，黄石市林业自然资源丰富，广阔的林业资源带来的是林业产业巨大的发展机遇，但是林业资源也存在未被充分有效利用的情况。黄石市虽然有优势的林业产业，但是知名度不高，没有品牌优势，林业资源没有被充分利用，没有发挥优势林业产业的积极带动作用。例如阳新县的油茶产业作为其优势林业产业，就目前的生产现状而言，仍存在着一些问题：油茶种植处于粗放状态，加工规模不大；油茶种子的培育缺乏科技的支持，群众种油茶种植的积极性不高；油茶产品深加工滞后，油脂加工处于粗放状态，油茶产品的附加值低等问题。阳新县的另外一个有优势的林业资源是竹林资源，竹子的销路广，竹产品多，但是也存在很多的问题：竹加工业以家庭作坊和小企业为主，技术以及产品的开发能力弱，竹产品的市场竞争力不强，没有培育优势龙头企业为其加工、包装、打造品牌，产业链条短，附加值低，竹业发展对农民的增收没有发挥应有的作用。

第二，黄石市目前被列为省级森林公园的有四处：小雷山、东方山、大王山、黄荆山。已被市、县、区政府列入生态旅游风景区的有七峰山、东方山、黄荆山、西塞山等。黄石市有森林旅游优势，但没有充分发挥，知名度不高，森林旅游服务的产业带动能力不强，需要进一步将森林旅游的优势扩大，充分提供休闲、观光等的机会。

总的来说，黄石市作为一个因矿产资源而兴起的城市，虽然具有相应的林业产业资源，但是林业产业发展先天不足，林业经验不足，导致资源综合利用不到位，生态林业的系统和规模化发展还有很长的探索道路要走。

二　林业组织化程度低

生态林业要求规模经营，必须不断提高林业的组织化程度。中央一号文件曾提出：要"着力提高农业生产经营组织化程度，推动家庭经营向采用先进生产手段和技术的方向转变，推动统一经营向发展农户联合与合作，形成多元化、多层次、多形式经营服务体系的方向转变"。林业的组织化程度主要体现在林业土地的集中程度和林业产业的规模经营程度。

从目前黄石市的情况来看，提高林业组织化程度的形式有几种：包括林业专业合作社、股份合作林场、家庭林场等。可以通过林业土地流转，实现林业土地的规模经营。黄石市农村人均林地面积仅 0.087 公顷/人，大多数林地还是属于分散经营、单户单干。到 2010 年，黄石市已经明确产权的面积达 261.7 万亩，林权证的发证面积达到了 117.3 万亩。集体林改虽然使林农获得了经营主体地位，但由于林业规模分散以及经营周期长的特征，导致其不能很好地适应市场和抗击风险，再加上分散经营中林业技术和专业服务的欠缺，信息的不畅通，导致林业生产不能很好地对接市场，就很难取得更多收益。与此同时，受小农经济意识及龙头企业带动弱的影响，农民自主建立和参与林业合作社的积极性不高，林业组织化程度低。

三　林业社会化服务体系不健全

生态林业是一种社会化农业，需要完善的生态林业产前、产中、产后社会化服务体系。林业生态化离不开林业的社会化服务体系的完善与发展，没有这样的社会化服务体系，生态林业的发展就会受到制约。林业社会化服务体系的建设，对于促进林业生态化有重要而又深刻的意义。

目前，黄石市已经基本建立了林业社会化服务体系，但是还不完善。第一，在农村集体方面，村集体提供的社会化服务在总的服务力量中应处于基础性的地位。但黄石市林业集体双层体制不完善，多数村庄缺乏集体经营组织。在广大农村，分散经营导致抵御自然灾害能力较低，而集体经营能够完成一家一户难以承担的生产活动和大规模的基本建设活动。植保、防疫、制种、配种以及各种产前、产后的林业社会化服务等，需要由集体统一经营和统一管理，从而建立起一个统一经营层次。因此，本应该让集体提供的林业社会化服务体系基本上还没有。第二，在政府方面，政府提供的社会化服务应是骨干。黄石森林防火基础设施建设还不完善，据市林业局统计，截止到 2015 年 11 月，全市共发生森林火灾 8 起，其中西塞山区 4 起，大冶市和阳新县各 2 起。过火面积 1240 亩，受害森林面积 80 亩，受害率 0.07‰。在森林火灾的背后显示的是防火基础设施依然薄弱，专业、半专业森林消防力量不足的缺点。虽然各级林业部门在科技推广上做了大量工作，但是因人手不足、农村地域宽广、人员分散等原因，基层林业科技服务站设置不健全，很多农民对怎样造林、造什么样的林根本就不知道，所以就难以满足生态林业发展的需要。因此，由政府提供的社会化服务还不健全。第三，市场方面，市场提供的社会化服务应是主要部分。市场提供的社会化服务包括合作社和商业、物资、外贸、金融等部门开展的以供应生产生活资料，收购、加工、运销、出口产品，以及筹资、保险为重点的服务等，但是通常不能满足农民的需求。供销社在林业产品难以销售时拒收或者压价收购，忽视农民的利益；部分地区假货充斥市场，监管力度不够，损害了林农的利益。这些都与农民的需求不符合。因此,由市场提供的社会化服务还不健全。

第六节 发展生态林业与促进黄石市生态城镇化实现的对策思考

一 加强林业产业资源的综合利用

林业产业是一个涵盖范围广、产业链条长、产品种类多的复合产业群体。林业产业在全面贯彻落实科学发展观、推动生态城镇化建设方面具有独特的优势和巨大的潜力。发展生态林业产业,可以提供经济可持续发展的丰富的、可再生的能源资源;可以为市场提供绿色环保产品,将产业优势转变为经济优势,不断地增加农民的收入;同时又能为节约环境保护成本,改善生态环境,带来巨大的外部经济效益。推进林业产业可持续发展,符合生态城镇的内在要求。要想加快林业资源的综合利用,在基础上需要有资金投入。政府要加大资金投入,搞好林业产业资源开发的基础设施建设。林业集体也要增加开发林业资源的投入。根据需要,还可以引进外来资本,加大资源的开发利用。在有了资金的基础上,则可以在以下几个方面进行开发。

第一,要积极发展优势林业产业。根据黄石市实际,要因地制宜,规划好各地的优势林业产业资源,发挥特色林木优势,大力发展油茶、毛竹、花卉苗木等优势林业品种。在大冶市和阳新县都有广阔的油茶种植面积。政府要积极支持公司开发油茶新品种,为引进的龙头企业提供良好的市场环境;积极推广新技术,重点建设一批种子、种苗基地,引进和培育优良品种,提高供种质量,提高产量和出油率;加大对油茶及其他优势林业产业的宣讲工作,提高农民的种植积极性。公司也要注重油茶产品的深加工和品牌效益,增加与政府和农户的沟通交流,增强企业的社会责任感,提供健康绿色的林业产品,走规模化、市场化、集约化道路。

第二,要加快森林生态休闲旅游业发展。要加强森林公园建设,重点发展东方山、黄荆山等城郊型森林公园，挖掘文化内涵，加快基础设施建设和服务设施配套，改善旅游环境，增强服务功能。要以特色基地、场圃、自然保护区等为载体，加强"农家乐"和林业观光园区建设，开展森林文化、森林观光和森林实践等生态休闲活动，从单一生产走向综合开发。

第三，要大力发展生态林下经济。要充分发挥林下土地资源和环境优势，构建农林复合生态系统，在维持原有的自然景观地貌及野生资源的前提下，以种养结合的农林经济为主导，以林下生产有机食品为突破口，配套发展休闲观光农业。要建立生态园区，可以将园区打造成集农林科普教育、科技示范、农林休闲等一体化的零农药、零化肥、零污染有机生态农林园。带动林粮、林茶、林菌、林药、林油、林禽、林畜等林下经济的发展，将生态林与林下经济产业协同建设，实现改善生态和提升效益的双赢，在发挥林业产业经济效益的同时，发挥其外部经济效益并改善生态环境。

二 提高林业的组织化程度

集体林改在确权发证完成后，林业自然风险和市场风险并存，加上林农又有高度的分散性，个体林农经验缺乏，对市场的敏锐度不高，势力弱小。这就迫切需要让林农组织起来，以便有效地进入市场、规避风险、增强市场竞争力，由单个的"林农"变成组织起来的"林商"。林权改革使与林业相关的生产资料承包到户，林农有了经营林业的自主权，这为林农自主而理性地组织起来提供了可行性，林业规模经济成为林农的自身诉求，使在此基础上成长起来的林业规模经济不断巩固和壮大。

提高林业的组织化程度，需要鼓励发展家庭农场，扩大家庭农场的规模；引进外来资本和林业企业，兴办生态林业企业，通过"公司＋林业基地"的方式从事林业产业化经营，还需要大力发展林业专业合作社。发展林业专业合作组织是提高林业组织化程度，推动林业分散经营向专业化、规模化经营转变，为林农服务的最主要的载体。培育更多的林业专业合作社,要在政策和林农关心的利益方面加强宣传和指导,提高林农根据需求建立林业专业合作社的积极性,增加林业专业合作社的覆盖地区和林业品种种类,同时规范目前已经成立的林业专业合作社,促进其健康快速发展。此外,黄石市要重视林业专业合作社的规模,制定合理的机制维持其高效运转,使其服务方式更加灵活,发展环境更加理想,努力增强其辐射能力。通过林业专业合作社集中进行原料和种子购买、育苗、栽种抚育、病虫害防治、技术服务等,可以增强林业产品的竞争力,增加农民收益。

三 完善林业社会化服务体系

黄石市生态林业存在着社会化服务滞后的问题,为了生态林业的发展,必须克服林业社会化服务不健全的问题。

第一,要发展村级集体经济组织。村集体在林业社会化服务中处于基层地位,是林业实现生态化的基础。因此,需要发展村级集体经济组织,村级干部应该发展村级集体经济组织,努力开展村级经济服务,如统一组织林农育种选苗,统一组织灭虫和销售林副产品等,充分发挥"统分结合"的双层经营体制中的统一经营职能。另外,还可以通过信息服务、科技服务、货物中转等形式,兴办社会化服务组织,推进林业社会化服务的发展。

第二,要完善基层林业技术推广体系。应加强生态示范点的生态林业建设,让其起到科技示范的作用;开展森林可持续经营的试点示范工作,积极探索森林可持续经营的模式和经验;加快培养林业科技人才,加强林业关键岗位和专业技术的人才培训,以适应生态林业建设的需要;加大对优势产区的技术支持,在优势产区优先实施"阳光工程";积极开展林农技术培训活动,完善林农技术培训体系,提高农民的专业技术应用能力。深入开展送科技下乡活动,加大培训推广力度,逐步提高林农素质。在基层设立林业科技服务站,就近接受林农的咨询;坚定不移地抓好科技兴林,加大科技攻关力度,着力提高林业建设的质量与效益;深化林业科技体制改革,加强与大中专院校和科研院所的科技合作，组建不同层次的科技创新平台，加速林业科技成果的产业化进程。

第三，要规范市场化林业服务体系。规范提供林业社会化服务组织的服务，一靠自觉，金融、保险部门以及林业专业合作社等要形成对林业的服务机制，从而形成对林业完善的社会化服务体系。金融部门在贷款上要给予优先照顾，为林业社会化服务组织提供规范的信贷服务和资金扶持；保险部门要健全林业的社会保险服务，为林业生产提供完善的保险服务。二靠政府监督，市场对经济的调节具有自发性、盲目性、滞后性的弊端，政府要在社会林业组织自身的运行基础上，规范其服务，使其合法经营。要加强为林业提供相关信息、仓储、加工、运输服务的社会企业的收费以及服务内容真实性的监管，防止损害林农利益的事件发生。三靠人民参与，在市场服务中建立以中介农户和农资经营户为主的市场服务主体，激发林农从事林业生产的积极性，培养林农的自主参与意识和维权意识，从而形成生态林业发展的良性互动机制。

参考文献

［1］郑世界：《湖北生态城镇化的路径选择和制度安排》，武汉理工大学硕士学位论文，2013 年。

［2］黄志启：《城镇化过程中城市林业生态经济系统建设探讨》，《林业经济》2014 年第 1 期。

［3］韦小满：《生态林业建设及生态林业的发展趋势》，《吉林农业》2011 年第10 期。

［4］邱国强：《生态林业建设现状及发展对策》，《科技创新与应用》2012 年第10 期。

［5］卫夏青、秦国伟：《发展林下经济是生态林业和民生林业的生动实践——以安徽省为例》，《林业经济》2013 年第 3 期。

［6］郑伟、陈龙清：《黄石市乡土植物物种多样性调查及园林应用潜力分析》，《中国园林》2008 年第 7 期。

［7］杨士弘：《城市生态环境学》，科学出版社 2003 年版。

［8］姚启慧：《黄石废弃矿山山体披上"绿装"》，《湖北日报》2010 年 7 月 31 日。

［9］梁锦章：《浅谈传统林业向现代林业转变》，《中国林业》2008 年第 14 期。

［10］《湖北省统计年鉴》（2010—2015 年）。

第十一章 大冶市资源枯竭城市经济转型中的主导产业选择研究

本章提要：资源枯竭城市转型问题，是目前各国在经济和社会发展中都经历过或正在经历的世界性难题，如何寻找新出路是每个资源枯竭型城市面临着的问题。各城市在资源类别、枯竭程度、城市经济发展状况上存在差异，目前国内外的研究多以各资源城市为背景研究其主导产业的选择，选择模式依城市差异而变化，迄今为止，关于主导产业选择研究还处于摸索的阶段。本研究在区域主导产业选择原则和一般过程基础上，结合资源型城市发展周期阶段、产业经济学、可持续发展等理论，运用定量与定性分析的方法，提出资源型城市处于衰退期（即资源枯竭城市）的主导产业选择，并以典型资源枯竭型城市——大冶市为例进行实证研究。最后确定大冶市在转型过程中应该将电气机械和器材制造业、交通运输设备制造业、专用设备制造业、酒饮料和精制茶叶制造业、非金属矿物质制品业这五大产业作为第一主导产业，同时，将有色金属矿采选业、黑色金属矿采选业、农副产品加工、纺织服装作为第二主导产业，并逐年降低资源矿采选业比重，增加农副产品加工、纺织服装业的比重，作为大冶市进入城市衰落期主导产业的接替产业，以期带动大冶市经济的可持续发展。

第一节 绪论

一 研究背景及意义

（一）研究背景

资源型城市发展一般有三个阶段，即早、中、晚期。资源枯竭一般是指城市资源禀赋开采已经达到晚期，且城市资源开采已经达到可采取量的70%以上，城市经济发展开始出现增长缓慢、增长困难的现象，通常把这样的城市称之为资源枯竭型城市。对于资源型城市，一般会有这样的规律，即资源城市产业中经济效益较高，发展较快，产业规模比较大的产业基本上都是资源型产业，这些产业依托城市的自然资源开采不断发展壮大。从以往的资源型城市的例子看，资源型城市产业也如同城市生命周期一样，都会经历建设、繁荣衰退、转型、振兴或消亡的过程，当城市资源逐步枯竭时，城市产业的经济效益也开始递减，城市发展慢慢呈现资源枯竭的后遗症——经济衰退、环境污染严重、失业人数增多等问题，城市未来的发展开始下滑，与可持续发展背道而驰。当资源型城市出现以上特征信息时，就意味着这个城市已经进入了城市的衰退期，必须尽快走出一条转型的道路，逆转城市的现状。

探索资源枯竭型城市转型问题，一直是国内外专家学者热切关注和研究的问题，但是到目前为止，世界各国各地区还没有一套针对资源枯竭型城市转型的完美解决方案，因此资源枯竭型城市转型问题成为了一个世界性的难题，每个资源枯竭型城市都面临着如何寻找新出路的困扰。从国际上看，资源枯竭型城市可持续发展的转型问题，有的国家已成功地解决，如法国、德国、日本等国家，从转型成功的例子可以借鉴部分经验，但由于这是个历史遗留的世界性难题，且各地区资源类别不同，枯竭程度不同，转型成功的城市之转型模式并不能普遍适用所有资源枯竭型城市转型，各国的学者还在为资源枯竭型城市转型模式探索，在探索的过程中，这些成功转型的经验教训将为更好地解决资源枯竭型城市转型的问题，提供宝贵的经验和借鉴。

自从有了资源枯竭概念以来，国内外一直在探索解决的办法，从众多国内外的经验分析总结，资源枯竭型城市通常都会存在以下四大问题：产业结构比较单一，产业效益逐步递减；资源产业随资源开采程度的加深逐步萎缩，可持续发展的替代产业还未萌芽；地方财力薄弱；大量职工收入低于全国城市居民人均水平。大冶市曾"因矿而兴"，经过百余年的工业进程和矿区无规划无节制开采，大冶市矿产资源已濒临枯竭。2008 年，大冶市被确认为国务院首批资源枯竭型城市之一，成为各地关注的经济转型试点城市，大冶市也是中部地区唯一一个在首批资源枯竭型城市中的县级市，可见大冶矿产枯竭程度之深和产业转型之急迫。

从众多国际上转型的成功经验来看，无一不是在政府的规划引导服务下，成功地完成了资源枯竭型城市转型。政府在引导的过程中，根据各地城市背景、经济体制和经济状况等差异，确定资源枯竭型城市在转型中的经济发展方向——即选择确定其当前和未来发展的主导产业。主导产业在经济发展中不仅具有"领头"作用，还能够决定地区的经济发展速度。在产业发展前景等方面，主导产业一个较小的变化，就可能带动区域其他产业和区域经济出现较大变化，对地区经济、城市发展均具有拉动效应。

（二）研究意义

本研究以产业经济学、区域经济学、经济学思想等学科理论作为基础，结合国内和国外资源枯竭型城市转型的经验，借鉴其主导产业选择的成功例子，分析资源枯竭型城市主导产业选择的原则与一般过程。资源枯竭型城市转型是一个长期的过程，转型主要目标是维持城市的可持续发展。城市产业是一个城市的血脉，资源枯竭型城市也不例外，资源枯竭型城市转型的首要问题就是解决产业转型，而主导产业选择就是产业转型非常重要的一个步骤。选择适合城市特色、适合城市发展的产业作为主导产业，对于推进资源枯竭型城市转型，尽快实现城市可持续发展要求具有积极的影响。对资源枯竭型城市大冶市的研究具有代表性，具有比较重要的理论和现实意义。

理论意义：本研究的对象为资源枯竭型城市。资源型城市生命周期虽同其他区域城市一样有早、中、晚期，但又区别于其他城市的生命周期。本研究结合资源型城市发展各个阶段的特征，对城市不同时期，特别是对于衰退期的资源型城市（即资源枯竭型城市）的主导产业选择进行研究，有助于丰富资源枯竭型城市产业发展的研究内容。本研究从新角度提出资源枯竭型城市主导产业选择的原则基准，有助于加深对于资源枯竭型城市的产业转型需求和转型本质的认识。

现实意义：本研究紧密结合我国中部地区典型的资源枯竭型城市——大冶市的实际情况，对大冶市在经济转型过程中面临的主导产业选择问题开展研究，研究的结果可为大冶市及其他类似的资源枯竭型城市，在产业转型与实现可持续发展等方面提供决策参考意见，具有一定的现实意义。

二　相关文献综述

（一）国外主导产业研究现状

国内外的学者在资源枯竭型城市主导产业选择研究上，主要是从理论研究和实践研究两个方面进行展开。很早以前，国外一些学者，对资源枯竭型城市理论进行了大量的研究。随之其后，众多的专家学者对于如何选择主导产业展开了深入的研究。纵观国内外有关的学术成果，不难发现，对于主导产业选择的理论研究，最主要的问题还是在于该以什么样的标准去衡量主导产业这个问题上。其中，莜原、罗斯托和赫希曼这三位专家对这项研究较早，也取得了比较优秀的研究成果，他们的研究成果在近些年来一直被大家作为主导产业选择的研究基础。在这三位学者研究的基础之上，国内外学术界刮起了一股研究主导产业选择的热潮，莜原认为需求收入弹性和生产率这两个指标，作为主导产业选择的标准是非常必要的。他认为，主导产业的重要性一般体现在这个产业具有较大的需求量。罗斯托、赫希曼则分别从新技术推动力、产出增长率、产业影响力、产业关联度、劳动就业率等方面对主导产业选择展开了深入的研究。目前为止，这三位外国学者对主导产业选择基准的研究比较被大众所认可，引起了更多的专家学者对主导产业选择进行了挖掘式的研究。

（二）国内主导产业研究现状

很多学者从我国的基本国情出发，结合我国产业发展现状及经济发展状况、国内外投资环境等方面，也提出了主导产业选择的其他各种指标。在国内，很多学者在莜原研究的主导产业基准上，提出了边际储蓄率、低碳节能、劳动就业、生态环保等指标也可以作为主导产业选择的重要基准。例如，周振华（1992）认为主导产业应该有强劲的增长力，才能够克服发展的瓶颈问题。关爱萍（2002）在其他相关类似的研究基础上，增加了主导产业选择的标准，将技术、竞争优势、效率、产业关联、市场需求、可持续发展能力六项指标作为主导产业选择的标准。孟庆红（2003）认为主导产业应该具备高产出率、高增长性、高收入弹性以及超强的与其他产业的产业关联度，这四个方面相互关联，对于主导产业选择有较强的影响力。刘鸿宵（2008）基于目前中国城市污染较为严重、二氧化碳浓度较高、人们生活环境日益有损健康的背景，提出了低碳经济下资源城市主导产业的选择，他认为未来城市的发展离不开低碳的环境。赵斌（2011）在其他相关类似的研究基础上，通过分析大西北比较恶劣的自然条件和薄弱的经济基础条件下的主导产业选择，提出了应该将资源型产业作为其主导产业，才能使城市在比较恶劣的环境下持续发展。阮甄（2007）认为主导产业应该具备经济拉动效应、生态环保、维护社会安定和谐三个方面的特征，同时他认为主导产业不应该只是由市场需求推动，政府应该制定各种有效的政策来推进区域主导产业的选择，推进城市的可持续发展。

1. 资源枯竭型城市产业转型研究现状

国外学者很早就开始了对资源枯竭型城市产业转型实践的研究，比如吉尔（Gill）（1990）对典型的煤炭城市伯明翰（英国）的产业转型问题展开了研究。巴比尔（Barbier）（2003）对珀斯（澳大利亚）进行了研究。国内外学者对主导产业选择作了许多有益的实践探索，研究的重点依次由主导产业选择基准研究—基准量化—指标体系构建—量化方法等方向发展。在主导产业选择指标体系的构建和选择方法的采用上有了比较突出的成果。如：赵昌昌（2006）提出区域主导产业选择指标应该在被大众比较认知的经济标准的基础上，还要考虑社会标准，并以陕西省为例，按照主导产业指标的选择原则，将劳动投入结构系数作为主导产业选择标准之一进行了研究。王树林（2010）等对资源型城市主导产业选择分析采用了因子分析模型，最后以大庆市为例进行了实证研究，为大庆市提供了需要培育和发展的主导产业参考。徐建中（2010）等采用关联分析中的灰色关联分析法，以各层次产业对目标产业的贡献关联程度为基础，综合确定了东北老工业基地某区域的主导产业。茹少峰（2009）等根据主导产业理论，结合主导产业呈现的特征，从独特的视角构建了主导产业选择的评价指标体系，应用非参数的DEA 模型进一步对陕西省主要八大工业产业做全面深入的分析，确定了陕西省工业主导产业。刘爱文（2010）等采用 BP 逻辑模糊神经网络模型，对陕西省榆林市的主导产业进行了分析。李明、孟戈（2013）等基于湖北省内黄石、鄂州、大冶、钟祥、松滋等七个资源枯竭型城市展开研究，以区域经济发展和资源利用情况差异为基础，提出了循环经济下城市主导产业的升级。刘克利、彭水军（2003）提出特定区域主导产业选择的四原则，分别为客观性、可行性、可比性、区域性，并以此建立了九个指标体系，以湖南省为例验证了主导产业选择的可行性原则。余冬根、周玉江（2006）采用波士顿矩阵理论对廊坊市产业结构进行了量化分析。王艳秋（2009）等人采用了两种不同的数量分析方法——主成分分析法与灰色聚类分析法，提出大庆市主导产业选择。于淼、李悦铮（2011）分别采用灰色关联法、皮尔模型和波士顿矩阵法对海洋资源城市辽宁省进行了主导产业选择分析。在主导产业选择实践的研究中，专家学者对主导产业选择基准的研究，推进了主导产业选择的量化分析，使得主导产业选择的理论体系更加具有科学性、客观性，对于制定城市发展计划具有比较具体的意见参考。

2. 资源枯竭型城市主导产业研究评述

由于早期资源型城市还处于快速发展的阶段，资源枯竭型城市转型的问题在人们心中还不迫切，导致国内学者们对资源枯竭型城市转型的研究还处于摸索阶段，对如何选定主导产业只能借鉴国外的一些转型经验，但由于国内外经济、文化、地域等因素的差异，在进行主导产业选择时，学者们在借鉴国外转型成功经验的基础之上，逐步对国内的资源枯竭型城市转型提出了不同的转型方案。国内学者主要从主导产业选择的基准、模式、结构比例等方面着手研究，主导产业选择基准的不同会导致主导产业比例出现差异，导致主导产业的选择出现差异，国内的学者对主导产业基准的研究主要根据自己的研究对象和角度来提出的一套基准，不具有代表性，到目前为止国内外关于资源枯竭型城市研究还处于完善的阶段。本研究以典型资源枯竭型城市——大冶市为例进行实证研究，目前关于大冶市主导产业选择的研究包括 2 篇对于农业主导产业选择，1 篇关于大冶发展产业阶梯形选择，研究角度较抽象。本研究以大冶市工业为主要研究对象，进行专门性的分析，具有一定深入研究的价值。随着人们对自然资源日益大幅度的采掘，资源匮乏成为世界性的难题，将资源枯竭型城市经济转型为可持续发展的城市经济迫在眉睫，本研究为政府部门制定主导产业选择的方案时，提供一定的参考性建议，通过主导产业选择，缓解大冶市将面临的"矿竭城衰"的窘境，力争通过主导产业的选择和发展研究，让资源枯竭型城市缓解资源枯竭的困境。

三　研究思路方法和创新点

本研究从资源枯竭型城市研究现状出发，通过比较分析资源枯竭型城市同普通城市的差异，总结资源枯竭型城市存在的问题，结合大冶市典型的资源枯竭现状，在区域主导产业选择理论、城市生命周期等理论的基础之上，紧紧围绕如何构造大冶市在转型过程中主导产业选择这一主题，将宏观分析和微观分析、理论研究与实证研究、定性分析与定量分析等方法结合起来，在定性分析的基础上定量分析，采用主成分分析法、因子分析法等对大冶市资源枯竭城市经济转型的主导产业选择进行研究。

创新点：通过研读国内外资源枯竭型城市的相关文献发现，对于研究资源型城市产业转型的定性分析的研究比较多，相对的定量分析较少。在定性研究中，学者们的研究主要集中在资源型城市转型模式、资源型城市接替产业选择等方面，忽视了已经处于资源枯竭期城市这个特殊时期的特点及转型问题。在定量分析中，虽然对资源型城市主导产业选择的研究很多，但大都沿用的是区域主导产业选择的基准和方法或是借鉴国外转型成功城市的选择基准，不具有普适性。

第一，本研究在可持续发展理论、区域主导产业选择理论及接替产业跟进式理论基础之上，结合资源型城市生命周期理论，提出资源型城市处于不同发展阶段时主导产业的选择一般过程。第二，目前关于大冶市主导产业选择的研究比较少，其中有 2 篇关于农业主导产业的选择，1 篇关于大冶市阶梯产业选择，分析角度较广，本研究在此基础之上，运用定量与定性分析的方法，结合大冶市的社会、经济、文化等背景，专门对大冶市主要工业的主导产业进行研究，填补了研究上的空白，具有一定的学术价值和实际应用价值。

四　研究内容与框架

本研究主要关注资源枯竭型城市转型中的主导产业选择，研究内容主要集中在以下几个方面：

一是资源枯竭型城市产业转型中主导产业选择文献综述。本研究通过大量阅读国内外资源型城市主导产业选择的相关文献，分析国内外学者在研究过程中的视角。从文献分析中可知，国外研究成果先于国内数十年，比较成熟，国内的研究大都建立在国外的成功经验基础之上。但资源型城市产业转型是一个世界性难题，至今并无成熟的经济转型模式，关于这方面的研究还有待于进一步完善。

二是资源枯竭型城市产业转型中主导产业选择的理论分析。本研究在可持续发展理论、区域主导产业选择理论及接替产业跟进式理论基础之上，结合资源型城市生命周期理论，提出资源型城市处于不同发展阶段时主导产业的选择一般过程。

三是资源枯竭型城市产业转型中主导产业选择原则与一般过程。资源型城市主导产业选择基础为一般区域城市主导产业选择，之间具有共同点，但资源型城市又具有自身的优势和劣势，本研究在区域主导产业选择原则之上，结合分析大冶市当前所处的内外环境、产业发展现状、经济发展情况等多方面的分析，确定资源枯竭城市主导产业选择原则与一般过程。

四是大冶市资源枯竭城市产业转型现状及评价。选择典型的矿产资源枯竭型城市——大冶市进行实证研究，将矿产资源枯竭型城市产业转型的理论应用到实践的矿产资源型城市大冶市当中，分析大冶市位置、经济、产业等概况，确定大冶市转型的意义，为相关政府机构提出城市经济转型的建设性意见。

五是大冶市资源枯竭城市转型中主导产业选择的实证研究。先分析矿产资源枯竭型城市产业发展现状及经济发展阶段，根据大冶市产业发展存在的问题加以分析，在一般区域主导产业选择过程的基础之上，结合大冶市城市特征和经济现状，城市内外投资环境等方面，采用主成分分析法筛选大冶主导产业的备选范围，运用定量分析与定性分析相结合的原则，最后确定大冶市城市转型的主导产业。

第二节 核心概念与基本理论

一 核心概念界定

（一）资源枯竭型城市与产业转型

一般情况下，城市资源开采达到可采取量的 70% 以上，就可以把这样的资源型城市称之为资源枯竭型城市。资源型城市和产业都会经历建设、繁荣、衰退、转型、振兴或消亡的过程。当城市的资源逐步枯竭时，城市的经济效益也开始递减，城市慢慢呈现资源枯竭的后遗症——经济衰退、环境污染严重、失业人数增多等问题，城市未来的发展无法前进或没有方向，与可持续发展背道而驰，当资源型城市出现以上特征信息时，意味着这个城市已经进入到城市的衰退期，必须尽快走出一条适合城市发展的转型道路，逆转城市的现状。

产业转型到目前为止还没有一个精确统一的概念，现阶段学术界对产业转型的定义主要有宏观和微观的两种解释，宏观的产业转型指在一定的阶段，在符合经济、科技、文化、生态等发展要求时，通过采取一定政府政策——如招商引资，金融等措施，优化产业比例，达到可持续发展的目标。微观指一个行业内，资源现有的可采取量在产业间的再优化配置——即将劳动力、资本、资源等生产要素从衰退产业向新兴产业转移的过程。资源型城市产业转型不管是从产业转型的宏观还是微观上都具有一定的实践意义。

资源枯竭型城市要进行产业转型，其首要问题就是要解决资源枯竭型城市主导产业过于单一的问题。主导产业单一，过于依赖地区不可再生资源，与资源逐步枯竭形成不可逆转的一对矛盾，会导致城市经济逐步衰退甚至衰亡。据此，本研究认为，资源枯竭型城市产业转型要以可持续发展为基础，逐步调整产业结构，使产业结构由单一慢慢调整为多元化。促使以资源粗放式开采业和初级加工业为主要支柱产业的结构，逐步向资源合理有效利用、以非资源产业为主导的产业结构变化。产业转型过程，不仅包括对资源型产业链的升级和延伸，还包括非资源型产业对资源型产业的逐步替代过程。

（二）主导产业和支柱产业

"主导产业"最早是由美国经济学家罗斯托在《经济成长阶段》一书提出来的，罗斯托认为，任何区域或者城市应选择产业关联效应比较强的产业作为这个区域的主导产业，并对这些产业进行重点扶持，推进其发展，从而带动其他产业的发展和社会经济、技术等各方面的进步。本研究定位的主导产业是指资源枯竭型城市主导产业，结合区域主导产业选择的相关理论，本研究认为，资源枯竭型城市主导产业应该选择适应新技术发展、产业关联效应较强、可持续发展、能满足不断增长的市场需求、有较快发展速度的产业。

支柱产业与主导产业具有相似的地方，一般都是发展较快的产业。支柱产业也叫"先导性产业"，具有较强的影响力，一般指在国民经济中，发展速度较快，对经济起推动和引导作用的产业。它与主导产业最大的不同点在于，支柱产业比较侧重产值和利润的水平，而主导产业是在这基础之上注重长期发展。支柱性产业也一般是国家和地方财政的主要收入来源。

资源枯竭型城市的产业接续预示着主导产业将逐步被替代。新的主导产业应该包含两部分：一部分是原有的资源型产业经技术升级改造后延伸产业链的接续产业，另一部分是新型的可持续发展的产业作为替代产业。

（三）接续产业与替代产业

接续产业，主要针对资源型城市设定，特指以城市自然资源开发为基础，以工业、资源型产业为支柱的城市，为了城市的转型和可持续发展，依托城市本身具备的自然资源禀赋条件，利用高科技和高新技术，对原有的资源型产业进行延伸和替代而兴起的产业。通常来说，资源枯竭型城市接续产业大多都是通过对过去传统的资源型产业（即传统的支柱产业）进行技术升级，由粗加工向深加工转变，不断提高产品附加值和市场竞争力的一个过程，在这个过程中，逐渐弱化城市经济对资源的过度依赖的作用，并激发对科技含量高、能源消耗低、产品附加值高等优势高新技术产业的研究，从而增强城市的综合服务功能，以及城市可持续发展的能力，因此，接续产业的选择与培育是资源枯竭型城市转型的一个重要的途径。本研究的接续产业指的是在资源型产业基础上进行技术升级和改造后的替代产业和产业链上的延伸产业。

替代产业，指在前期积累的资金容量、人力资源、高新技术等资源的基础之上，借助引进外商、鼓励投资等一些外部活动，建立独立的能够摆脱城市资源依赖的全新的产业。在通常情况下，替代产业多为第一、第三产业，多适用于资源枯竭型城市，所以替代产业问题在本研究中为重点内容。

二 资源枯竭型城市的产业特征

资源枯竭型城市是资源型城市依赖资源的经济发展步入衰退期时的城市，与其他城市相比，具有以下特征。

（一）随着资源枯竭，产业效益下降

所谓资源型城市，是指以本地区的自然资源如矿、煤、树木等资源开采、加工或以此为基础的延伸产业作为主导产业的城市。资源枯竭型城市则是指资源开采进入末期或衰退期时的城市，此时，资源可采取量不够早期存储量的30%，在资源型城市的早期，城市经济发展比较快，资源价格比较廉价，粗放式开采给当地城市经济发展贡献了不小的力量，也是在这个过程中，政府一度地追求经济的增长而忽视了煤炭、矿产等资源的不可再生性，大肆开采、粗加工和浪费等问题使得资源逐步稀缺。那些曾经过度依托资源的产业生产成本逐年增加，效益呈现递减趋势，城市的经济发展相对以前出现不增长或者倒退的状况，可持续发展的后劲明显严重不足。

（二）主导产业比较单一，经济增长受到严重限制

资源枯竭型城市一般会出现比较统一的产业结构，即以资源型产业为主导产业。主导产业单一严重制约了城市社会经济的发展，以矿产资源为主导的相关产业比重过大，导致农业和服务业的比重低，严重阻碍了农业和服务业的发展，产业结构单一化明显出现严重失衡，与城市的可持续发展相违背，制约了经济的增长。

（三）经济总量不足，地方财力薄弱

资源枯竭型城市表现的经济总量不足主要有两方面原因：一是由于资源型企业的税收是统一由中央支配的，这无形就减少了地方财政的收入，地方政府财力受限制；二是资源城市现有的产业结构比较单一，随着城市资源逐步被开采完，依托资源型的主导产业成本呈递增，收益呈递减的趋势，导致资源型企业的利润呈现不断递减的趋势。一个城市经济发展离不开企业的发展，特别是资源城市，在资源逐渐被开采完这样一个比较特殊的时期，经济难以持续增长明显会出现经济总量不足的状况。

（四）城市空间布局结构比较分散

计划经济政策在我国早期对产业的影响比较大。受计划经济的影响，我国资源城市的空间布局呈现分布广、集中小的特点。由于城市空间结构比较分散，导致各地区实际的土地利用率比较低，各地呈现土地闲置或部分地区拥堵、部分地区土地浪费等问题，再加上城市的聚合度低，资源枯竭型城市在道路、交通、电力等基础性设施建设中明显不足。

（五）产业技术比较落后，扩散效应差

资源枯竭型城市产业技术历史通常比较久远，数十年都在采用原始

的产业技术。少数资金底子比较丰厚的企业，为了扩大利润，会引进较为先进的技术，但这种技术相对成本较高，扩散效应较慢，导致产业技术在这类城市呈现二元性的特点：大型的企业经济底子厚实，会采用更先进的采矿设备和更高的科技，而作坊式的小企业由于本身资金不足，没有能力引进新的技术，则采用的是较为原始的采矿设备，效率低，利用率低，收益低。

（六）产业关联度低，结构之间转换比例小

资源型城市的优势主要在于城市自然资源禀赋，这些资源大多是重要的能源，关乎一个国家的命脉，大多都被政府所掌控，不管是矿产型还是煤炭型的产业，这些产业在生产、销售、产业链延伸等各个环节，都会受到政府的管制调控，与当地市场关联较小，因此，城市其他非资源型产业与资源产业的关联度比较低。

（七）生态环境遭破坏

在早期，资源开采比较频繁，资源利用效率比较低，生态环境保护意识比较薄弱，导致环境污染比较严重，出现"灰都""噪声之源"等。资源过度开采还可能导致地表植被覆盖率下降，矿山山体开裂、崩塌、滑坡等地质灾害增加，水土流失加重等问题。生产产生的"三废"对周围生活环境的影响也比较大。自然生态受到破坏，会给周围的居民、动物等带来一些疾病威胁。还会制约一些新型的高科技产业、旅游业、绿色农业等可持续发展产业的引进，从而制约城市经济的发展。

（八）产业组织结构、人才结构呈单一性

在产业的组织结构上，在资源型城市中占主导地位的产业大多是资源型产业，专业化分工协作的产业较少。在人才结构上，资源型产业技术相对简单，可用人才比较丰富；而现代新兴的产业——如生物医药、电子信息、金融理财等，所需人才相对比较稀缺，难以满足向综合型经济结构转型过程中的人才需要，人才难以引进也成为制约资源枯竭型城市顺利转型的一个非常重要的因素。

（九）市矿关系复杂

由于国家体制等方面的原因，一般而言，资源型城市都存在双面性。大冶市不仅是这个区域主要的城市，还是比较著名的老工业基地。资源型城市肩负着两个使命——城市的综合性服务和大力发展工业。企业与政府权力和义务界限的混淆，使得企业和政府都成为城市使命的承担者，而企业与政府在发展目标与利益取向上又存在不同，导致政府在整个城市规划上不能有效地宏观调控，不能将资源型产业纳入经济发展的总体规划，难以发挥资源型产业对当地经济的带动与辐射作用。

三 资源枯竭型城市主导产业选择的理论基础

理论基础是实践的方向。资源枯竭型城市主导产业选择，一直是国内外学者的重点研究对象。比较被大众认可的理论有城市生命周期理论、产业收益递减规律、替代产业跟进式发展理论等。

（一）矿产资源城市生命周期理论

1929 年，国外就有学者对产业生命周期进行研究，郝瓦特（Herwart，1929）最早提出了资源型城镇发展的阶段周期理论，他分析不同地区资源的使用情况、使用效率等因素，将资源城市发展划分为建设期、人员雇佣期、过渡期、成熟期这四个阶段。在郝瓦特研究的基础上，布拉德伯里（Bradbury，1993）通过考察克拉布多铁矿区（加拿大）的矿业城镇——谢费维尔（Schefferville）的城市实际资源利用率，探讨产业发展阶段不同支柱产业选择等问题，对卢卡斯（Lucas）单一工业城镇周期理论提出了新的看法，并在郝瓦特四阶段的基础上增加了两个阶段，即衰退期和消亡期，为后来城市生命周期更深入的研究奠定了非常重要的基础。

一般来说，资源型城市的周期可分为三阶段——早期、中期、晚期三个大的周期。早期，一般是资源勘探并投入设备进入开采期；中期，资源大量被开采，开采方式是粗放式，初加工产品资源利用率较低；晚期，资源开采成本变高，开采条件受政府管制，资源存储量不足。资源型城市生命与其资源开采息息相关，其资源开采大多是不可再生的资源，如煤炭等。煤炭、森林等资源如城市发展的生命周期一样，一般都是三个阶段——开采、盛产、枯竭。随着资源的演变轨迹,假设一个城市的经济主要依赖资源型支柱产业支撑,那么这个城市的经济发展也会逐步枯竭,如果不积极的培育新的产业进行产业转型,资源型城市必将随着资源开采的枯竭而衰退。

(二)产业收益递减规律

资源开采的难度会随着资源开发程度的深入而不断增大,资源开采的程度与开采成本呈现反比例增长,开采资源除去早期投资的成本,会越来越高。根据经济学观点,当生产要素投入到一定量的时候,边际产量就会开始下降——即边际收益递减规律。资源型城市三阶段周期较长,特别是中期资源盛产期。资源开采早期设备投入成本较高,随着资源逐步枯竭,开采的成本逐步增加,产业实际收益不断递减。

(三)替代产业跟进式发展理论

替代产业跟进式发展理论,指在城市可持续发展要求下大力提倡未来较有发展前景的高科技电子产业、新农业、服务业等产业,根据城市现有的产业状况、经济情况等条件,实施替代产业跟进式持续发展规划,实现资源型产业在旺盛期时,替代产业已经萌芽并开始发展,当资源型产业进入衰退期时,替代产业已经开始显现规模,逐步可以替代资源产业的产业结构。可以通过政策引导、引用新技术、产业结构调整等各种手段实现接替产业稳定、快速、协调地发展。需要特别指出的是,要依据产业生命周期理论,在矿产资源开采初期,开始规划培育接替产业;在矿产资源开发期,替代产业应已经发芽,进入发展初期;在矿产资源开发成熟期时,替代产业应发展趋势良好顺利进入上升期;进入衰退期时,替代产业应顺利进入持续发展的良好期。通过逐步替代的方式,实现替代产业跟进式发展,确保资源型城市的长期可持续发展。

替代产业跟进式发展理论,是从城市产业可持续发展和生命周期不同阶段的角度出发,分析城市各个产业间相互承接、逐步替代、相互促进、综合协调发展的过程。政府和企业在这个过程中扮演了非常重要的角色。首先,政府作为整个城市产业局面的核心,不仅要适时调控资源型产业结构，还要结合产业跟进式理论和城市资源、产业发展情况，确定城市未来产业发展计划；其次，企业是主体，要不断把重点项目作为未来的接替产业培育，结合政府根据城市经济可持续发展需求，不断跟进式替代产业，实现资源型城市的可持续发展。

替代产业的模式一般有四种，分别为资源开发型、产业增长型、政府构建型、技术创新型模式，这四种模式分别从资源深加工高效率利用、多元产业并起发展、政府扶持、技术创新与改造的角度，确定替代产业超前、稳定、协调、可持续的要求标准，以适应资源城市不同发展阶段的变化。

第三节 大冶市资源枯竭型城市转型的现状

一 大冶市区位概况

截至 2012 年底，我国公布共有 69 个资源枯竭城市，另加 9 个县级单位（参照执行）。2008 年 3 月 17 日国务院确定第一批资源枯竭城市共 12 个，其中，大冶市即是 12 个中的一个。所以，把大冶市作为典型的资源枯竭型城市，研究资源枯竭型城市主导产业选择，具有重要的实践性意义。对大冶市主导产业的研究，首先应全面深入地了解大冶市的整体概况。首先，其区位及行政划分可以整体说明大冶市的基本概况；其次，作为资源枯竭型城市，深入了解现有的资源概况也非常必要；最后，大冶市现阶段的经济发展概况是研究其主导产业选择需要考量的重要依据，大冶市现阶段发展过程中存在的问题，可以反映大冶市主导产业选择的必要性和紧迫性。

（一）区位及行政划分

大冶市，位于湖北省东南部，长江中游南岸，地处武汉、鄂州、九江城市带之间，隶属于黄石市，是湖北"冶金走廊"的腹地，也是"武汉城市经济圈"的重要组成部分。大冶市总面积 1566 平方公里，管辖 1 个乡、3 个街道、9 个镇和 1 个国有农场。同时是全国第 12 届和第 13 届县域经济与县域基本竞争力百强县市，也是湖北省唯一上榜的县市。大冶市地处幕阜山脉北侧的边缘丘陵地带，地形分布为南山、北丘、东西湖，全市主要山脉有大同山、天台山、龙角山、云台山、茗山、黄荆山等，全市丘陵地带主要分布在境内中、东、西、北部，占境域面积的67%，具有丰富的资源。

（二）大冶市资源概况

大冶市地域总面积1566.3平方公里。其中，耕地面积为50.15千公顷，占总面积的32.02%；园地面积22.59千公顷，占总面积的14.42%；林地面积36.3千公顷，占总面积的23.18%，大冶市林地面积和耕地面积较大。大冶市含有丰富的矿产资源，从古至今素有"百里黄金地，江南聚宝盆"的美誉。据统计，大冶市现已发现和探明的大大小小矿床共计273处，其中，金属矿、非金属矿53种，是全国六大铜矿的主要生产基地，也是全国十大铁矿的主要生产基地和建材重点产地。大冶市黄金、白银产量居湖北省之首，硅灰石储量居世界第二。

大冶市境内已发现矿产有65种，探明资源储量有42种，其中，能源矿产1种，金属矿产12种，非金属矿产29种。能源矿产主要是煤，储量约有7626万吨；金属矿产主要以铜铁金为主，其中，铜储量有239万吨，铁储量有36451万吨，金储量有13.48万吨。非金属矿产分布点多面广，储量非常丰富，主要种类有石灰石、硅灰石、方解石、白云石、石膏、陶瓷土、水泥用灰岩等。大冶市盛产各种金属矿、非金属矿、煤炭等，在全国著名，给大冶市经济发展带来了较大的好处。2010年，大冶常住人口90多万人。

（三）大冶市产业发展状况

2011年，全市完成地区生产总值332亿元，同比增长18.3%；2012年，全市完成地区生产总值410亿元，增长14.5%；2013年，全市完成地区生产总值455.9亿元，增长11.5%；从近三年的市区生产总值的同比增长率可以看出，大冶市产业增长率在不断下降，自2008年大冶市被国务院确认为首批资源枯竭型城市以来，依托矿产资源的产业开始在走下坡路。2011年，规模以上工业增加值157.2亿元，增长30.9%；2012年，规模以上工业增加值240亿元，增长23.2%；2013

年，规模以上工业增加值 249.01 亿元，增长 11.7%；当地政府和财政的收入来源一般也是依托这些产业的贡献，地区生产总值增长率的下降，也一定程度上标志着大冶市这个资源型城市，必须要尽快走出一条适合自己发展的可持续道路（见图 11-1）。

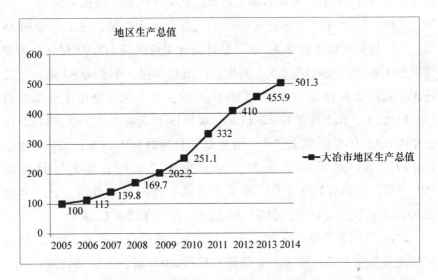

图 11-1　大冶市 2005—2014 年地区生产总值走势图（单位：亿元）
资料来源：《大冶市统计年鉴》。

农业。2010 年，大冶市全年完成农、林、牧、渔业总产值 38.44 亿元，比上年增长 16.1%，总量是 2005 年的 1.82 倍，完成"十一五"目标的 136.36%。其中农业产值 14.53 亿元，比上年增长 17.4%；林业产值 0.15 亿元，比上年下降 12.6%；牧业产值 15.74 亿元，比上年增长 16.6%；渔业产值 7.53 亿元，比上年增长 14.3%。农、林、牧、渔、服务业分别占总产值的 37.79%、0.38%、40.95%、19.58% 和 1.3%。2011 年，全市农副产品加工业产值 78 亿元，同比增长 22%。"东角山"牌有机蔬菜和"楚仙鱼面"等农产品被评为国优、省优名牌产品，全市绿色食品、无公害产品等名优产品达到 54 个。全市新增农村土地流转面积 6.6 万亩。2011 年投入"三农"资金 9.16 亿元，增长

15.4%。2012 年，全市整合投入涉农资金 11.9 亿元，增长 29.9%。全市共申报耕地占补平衡项目 26 个，新增耕地面积 3759 亩。全市共获批黄石市级农业产业化龙头企业 5 家，农产品"三品"品牌 5 个。全市新建畜禽养殖标准化示范场 67 个，新增土地流转面积 7.6 万亩，新增农民专业合作社 75 家，农产品加工产值达到 110 亿元，增长 41%。

工业。2010 年，全市有规模以上工业企业 250 家，比上年增加 58 家。年产值亿元以上企业 83 家，总计完成工业产值 317.72 亿元，占规模以上工业总产值的 82.2%。其中，产值超 2 亿元的企业 42 家；产值超 5 亿元的企业 16 家；产值超 10 亿元的企业 4 家。全市工业增加值 140.11 亿元，比上年增长 22.11%。规模以上工业产值 386.33 亿，比上年增长 65.05%，完成"十一五规划"目标的 199.14%；完成增加值 118.49 亿元，比上年增长 37.9%，完成"十一五规划"目标的 169.27%。产值分轻重工业，重工业完成产值 312.45 亿元，比上年增长 65.8%；轻工业完成产值 73.88 亿元，比上年增长 62.4%。

2011 年，全市农产品加工企业 120 家，规模以上企业 30 家，新增省级龙头企业 4 家。城北工业新区共扩园 2100 亩，入园项目共 55 个，利用外资 129.6 亿元，获批"湖北省高新技术产业园区"。灵成工业园入园项目 45 个，综合实力进入全省开发区四十强，被纳入"湖北省精密铸造工业园"。2012 年，城北工业新区扩园 8350 亩，新入园项目 27 个，到位资金 55.1 亿元。灵成工业园扩园 1500 亩，入园项目 10 个，到位资金 25.6 亿元。全市实际利用市外资金 106.7 亿元，增长 32.5%；共引进项目 209 个，其中亿元以上项目 40 个，5—10 亿元项目 5 个，10 亿元以上项目 4 个；实际利用外资 6500 万美元，增长 31.9%；外贸出口 1.07 亿美元，增长 27.4%。

四 大冶市产业可持续发展存在的问题

(一)产值集中度高

从目前的发展现状来看，矿产资源开采和压延冶炼是大冶市主要的支柱产业，非依托矿资源的产业还没有形成"替代"的趋势，矿资源产业所积累的资金主要集中在部分矿老板家族，并不能带动新的除矿资源产业外的其他替代产业发展。从工业总产值、利润额、从业人数和三产业比例来看，矿资源开采和压延冶炼占有绝对优势，成为大冶市支柱产业也是一个必然的趋势。大冶市财政收入来源因产值集中的原因，也呈现结构单一的特征。2013年大冶市主要工业行业占工业总产值比例较大，而其他工业行业值总产值所占的比重不足。此外，大冶市主要产业为重工业，又以依赖矿产的资源型产业为主，导致产值集中度高。

（二）资源依赖性强

大冶市早前经济的快速发展，在很大程度上都是依赖矿资源产业的粗放式生产和以矿产资源为基础的原材料加工产业链。从2013年大冶市主要行业占工业总产值比重可以看出，排在前几位的都是资源依赖型工业部门，其中矿产资源开采和洗选业的产值在工业总产值中的比例高达70%以上。从2013年大冶市各工业行业的企业单位个数可知，排在较前面的行业大多是资源型的重工业，金属矿开采和洗选业企业占工业企业总数的比重高达50%以上，过于依托资源型产业，对大冶市的未来工业的发展非常不利。金属矿产资源具有不可再生性，且资源开采和利用对环境具有很强的破坏性，不仅非常不利于城市长期的可持续发展，还不利于建设环境友好型城市的要求。大冶市要实现可持续、稳定、健康的发展，必须尽快优化产业结构，降低城市经济发展对矿产资源的强烈的依赖性，同时加强对仅有资源的有效利用率。

（三）产业结构单一

矿产资源产业是大冶市目前现阶段最主要的支柱产业，且矿资源开采和洗选业，以及延伸的机械设备制造业是大冶市目前的主导产业。显然，目前大冶市的主导产业和支柱产业过于依赖矿产资源，也过于单一。根据资源型产业生命周期理论可知，如果大冶市不加快进程，培育新的替代产业作为未来的主导产业，长久时间后，大冶市将面临"矿衰城亡"的悲剧。此外，资源粗放式开采及其产品初级加工一般都是处在产业链的开端，导致产业之间关联度较低，结合中国 2002 年投入产出数据可知，矿产资源开采和洗选业的感应度系数和影响力系数均小于 1，所以，大冶市如果要保持健康快速的发展，必须尽快培育新的、关联度高的主导产业。主导产业重新选择是城市转型重要的基础，大冶市重新选择主导产业已经迫在眉睫。

（四）资金、人才等生产要素制约明显

目前，大冶市主要产业结构偏重工业，且多以资源型产业为主，这些产业存在技术含量低、劳动密集、附加值低、资金密集、污染强、资源消耗大等特征，其他产业融资能力较弱，融资方式和渠道较单一，制约了其发展。依据产业结构理论，大冶市未来的目标应该是产业结构高级化，并逐步优化现有的产业结构，加大对知识密集型产业和技术密集型产业的投资，引进专业的人才，大力发展高新技术的产业，加快优化产业结构进程。

通过上面的分析可知，大冶市那些产业结构单一、矿产资源依赖程度大、技术落后缺乏创新、人才欠缺的企业，会随着矿产资源的逐步枯竭，导致它们之前的优势完全丧失，所谓的优势产业也即将成为"夕阳产业"，在城市转型过程中，如果政府不积极推动主导产业的重新选择，大冶市将面临"矿竭城衰"的困境。因此，逐步优化产业结构，实现产业结构升级，重新选择新的主导产业是大冶市逐步摆脱对矿产资源过度依赖的唯一出路。

第四节　大冶市资源枯竭型城市转型指标体系的建立

一　主导产业选择的原则

资源型城市具有特殊的发展规律和经济基础，在进行主导产业选择时，应以城市的基本属性为前提，注重对资源型城市的经济特征、城市发展状态等现象的分析研究。根据区域主导产业选择的基本理论和实践经验，结合资源型城市发展阶段等原则，在重新确立资源枯竭型城市主导产业时，还应考虑一些适合城市发展要求的特定标准。

根据主导产业相关定义及相关理论，确定主导产业的一般原则有六个：一是所选的产业应该具有增长潜力大、盈利能力强的优势；二是所选的产业应该与资源型城市资源优势相一致，具有比较优势；三是所选的产业应该具有较强的影响力，能带动相关产业的发展，以此解决非资源型产业发展滞后等问题；四是所选的产业应该具有较大规模，对其他产业具有一定的影响带动作用，能够吸纳解决资源型城市日益严重的就业问题；五是所选的产业应该具有较强的技术基础，以技术进步促进经济增长；六是所选的产业要符合低能源消耗环保的要求，避免资源型城市进入又一个新的资源依赖发展的模式。

从以上六个原则可以确定影响区域主导产业的指标很多，但由于把一个宏观的问题具体量化，存在数据收集的可行性问题以及一些宏观问题，还有部分因素只可定性分析不可量化分析等诸多方面的影响因素，导致研究主导产业至今没有一个统一标准的衡量指标体系。本研究结合以上主导产业选择的原则，确定产业增长潜力、产业比较优势、产业技术进步、产业吸纳就业率、产业可持续发展这五个指标来综合量化确定主导产业。

二 主导产业指标分析与计算

（一）产业增长潜力指标

产业增长潜力指标主要是衡量产业发展的潜力，是为了度量一个产业的需求、供给能力及营利能力如何随着国民收入和经济发展变化而变化的趋势。选择一个有发展潜力的产业作为主导产业，首先要考虑的应该是该产业产品在市场上是否有需求潜力，因为只有那些随着人均收入增加而需求量大的产业才能不断地发展壮大，才可能实现长久的发展。产业增长潜力主要包括增加值增长率、需求收入弹性、利润率和营业利润率这四个二级指标。

增加值增长率主要是为了衡量一个产业的发展速度与市场扩张力的程度。增加值增长率值越大，就意味着这个产业在区域经济发展中有着越重要的作用，主导产业就必须具备一个较高的增加值增长率。其计算公式如下：

增加值增长率 =（报告期增加值 - 基期增加值）/基期增加值

需求收入弹性是用来衡量产业生产的产品需求增长对国民收入增长的反应程度。不同的产业有不同的需求收入弹性，以至于不同产业具有不同容量的潜力市场，选择需求收入弹性高的产业作为主导产业会促进产业持续高的增长率，有利于创造更多国民收入。需求收入弹性越大表示该产业产值随着人们收入的增加而增加，从而推测该产业具有较大的市场潜力。其计算公式如下：

$$需求收入弹性：E_m = \frac{\Delta Q / Q_0}{\Delta I / I_0} \times 100\%$$

其中，E_m 是指某产业的需求弹性，Q_0 是指基期的人均需求量，ΔQ 是指人均需求的变化量，ΔI 是指人均收入的变化量，I_0 是指基期的人均收入。

利润率主要度量的是该产业的营业利润能力。一个有发展潜力的行业只有具备盈利能力才能创造利润获得财力支持，不断地壮大与发展，否则就会遭到淘汰。所以利润率是衡量一个产业是否能被作为主导产业的一个很重要的标准，其计算公式如下：

利润率 = 该部门利润额/该部门主营业务收入

营业利润率衡量的是 i 产业的经营效率的一个指标，反映的是在考虑营业成本的情况下，i 产业管理者通过经营获取利润的能力。其计算公式如下：

营业利润率 = i 产业营业利润/i 产业全部业务收入

（二）产业比较优势指标

产品比较优势指标衡量的是一个地区的优势产业在全国同类产业中的竞争优势，主要通过该产业在全国同类产业中所占的产值份额及市场份额来度量。区位熵、市场占有率、产值利税率等指标都可以作为一个产业是否具有比较优势的指标。

区位熵是用来衡量某一种产业在一个特定区域或城市的相对集中度，区位熵越大，意味着该产业在该地区越具备优势，那么这些产业通常都会是该地区的主导产业或是支柱产业。用区位熵来衡量比较优势可以帮助资源型城市找出该城市相关产业在全国所具有的地位优势的程度。其计算公式如下：

区位熵（q_{ij}）：$q_{ij} = \dfrac{f_{ij}/f_i}{F_j/F}$

q_{ij}指 i 区域 j 产业的区位熵，f_i 指 i 区域总产值，f_{ij}指 i 区域 j 产业的产值，F_j 指全国 j 产业总产值，F 指全国总产值。

市场占有率衡量的是该产业在全国所具备的竞争力，市场占有率越大，意味着该产业具备的竞争力越强，同时意味着该产业在该地区具有较强的产业优势。市场占有率可以通过其主营业务收入在全国同类产业中所占的比重来表示，其计算公式如下：

市场占有率 = i 产业主管业务收入／全国 i 产业主营业务收入

产值利税率指报告期已实现的利润、税金总额占同期全部工业总产值的百分比。产值利润率越高，说明该产业经济效益越好，在该地区的发展越具有优势。其公式如下：

产值利税率 =［利税总额／工业总产值（现价）］×100%

（三）产业技术进步指标

在实际生活中，为了让部门产品在市场上具有较强的竞争力，在开发产品时必须与时俱进。在保证产品有较高的需求收入弹性、市场占有率及增加值增长率等条件外，还应该保证产业在发展过程中有较高的创造价值，而技术进步就是创造价值的一个重要表现，它在区域产业结构中的影响也不容小觑。技术进步表现的方面众多，如通过改善生产要素改变资源的配置；通过新技术的引用，改善产品的质量、品种、性能等。产业发展的新陈代谢，在技术进步的背景下，使得产业结构在不断向有力的一方发展，它造成了不同产业增加值增长率的差异，体现了一个产业的创造价值可以从较高的技术系数和效益系数来展现。

技术系数是用来衡量生产要素的一个分配比例。技术进步快的产业在提高生产率基础上具有巨大潜力。技术进步快，一方面可以节约能源，降低成本；另一方面对于实现产品大批量的生产与销售，获得较大的规模经济效益，提高产品质量或者数量都有不可比拟的效应。其计算公式如下：

技术系数 $=i$ 产业新创造的价值$/i$ 产业的总投入

效益系数是指在一定时期内产业的中间投入所增加的产业生产值。它反映了产业增加值与同时期中间投资额的比例关系。其计算公式如下：

效益系数 $=i$ 产业的增加值$/i$ 产业的中间投入

（四）产业吸纳就业率指标

一个产业的就业吸纳率越高，意味着该产业连带的产业影响力越强。产业影响力度量的是一个产业对相关产业及整个地区经济发展影响的程度。确定一个产业作为区域主导产业，应该要保证这个产业能够提供较多的就业岗位，从而带动地区经济的发展。表现较强的产业影响力其实还反映在该产业对其他产业关联作用的效果。越具有较广泛的产业关联，意味着该产业越适合作为主导产业，但是由于数据统计的限制，本研究会在后面单独将所确定的主导产业作定性与定量分析。吸纳就业率计算公式如下：

吸纳就业率 $=i$ 产业就业人数$/$就业总人数

（五）产业可持续发展指标

产业可持续发展是一种注重长远发展的经济增长模式。一个产业作为地区的主导产业，不仅要达到发展经济的目的，还应该保护好人类赖以生存的大气、淡水、土地和森林等自然资源。在资源枯竭型城市环境日益严峻的趋势下，更要注重产业的可持续性发展的问题，发展"环境友好型，能源节约型"的产业是未来产业发展的趋势。体现产业可持续发展的指标很多，以采矿、冶炼等重工业为主的大冶市作为一个典型的资源枯竭型城市与一般城市有较大差别，其能源消耗量比较大，但是有效利用率却很低，所以在选择大冶市主导产业时，能源消耗产值是一个特别重要的衡量指标，其值越大，说明该产业越具有可持续发展性。

能源消耗产值指的是某产业的产值与该产业能源消耗总量的比值。其计算公式如下：

能源消耗产值 $= i$ 产业产值 $/ i$ 产业能源消耗总量

三　主导产业选择指标体系的建立

根据前面所阐述的主导产业选择原则，在资源枯竭型城市不同阶段，结合实际数据的真实性和数据获得可行性，本研究建立以下指标体系作为资源枯竭城市——大冶市主导产业选择的一个基本依据，详见图 11 - 2。

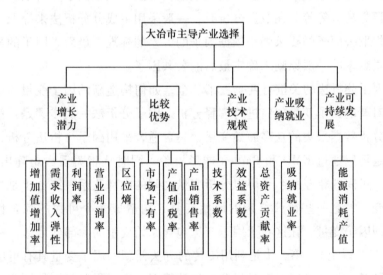

图 11 - 2　大冶市主导产业选择指标体系图

四　主导产业选择的一般方法

根据国内外相关学者研究的区域主导产业选择的一般原则和过程，结合实际的可操作性限制，最后选取的主要指标一定要反应主导产业区别于其他产业的优势，往往这些衡量的指标间具有一定的相关性。考虑到指标变量较多和变量间的相关性两个方面，本研究拟选用因子分析法，对资源型城市进行量化的主导产业选择分析，这样做的好处一方面可以达到客观赋权的目的，另一方面还可以利用降维的思想，将变量间的相关程度较高的因素，线性相关结合为包含大部分变量信息，高度概括大量数据中的主成分因子。

因子分析法一般针对变量间存在较强的相关性的数据指标，这样才能让几个综合性的变量包含原始变量的大部分信息。如果原始变量间不存在相关性或者相关性较弱，一般不适合采用因子分析法。变量间的相关性检测可通过计算变量间的相关系数矩阵、KMO 检验和 Bartlett 球形检验来判定。在实际的研究中，提取众多变量因子的方法很多，用得比较多的方法有主成分分析法、极大似然估计法、主轴因子分解法、综合最小评方法，等等。在数据分析时，一般采用主成分分析法来提取公因子，提取公因子的要求则是依据因子的方差的标准，最后以因子的累计方差贡献率的一般原则来确定最后的公共因子。

因子分析法的关键有两个：第一个，如何构造新的因子变量，第二个，对新的因子变量如何进行解释分析。因子分析法一般步骤是：第一步先分析数据采集的众多原始变量，是否适合采用因子分析法分析，这个判定可以通过 KMO 和 Bartlett 球形检验，同时从相关系数矩阵出发，根据变量间的相互关系，可以分析变量之间的内部联系。第二步是构造因子变量，把一些错综复杂的原始变量，构造成几个可数的综合性变量，即因子变量，让这几个因子变量包含原始变量的大部分信息（一般要求 75% 以上）。第三步是利用旋转的方法使新的因子变量具有可解释性。第四步是计算因子变量得分。在计算因子变量得分时，特别要注意的是要对原始数据标准化处理，目的是消除变量间量纲或数量级上的不同，求特征向量计算方差贡献率与累积方差贡献率，最后以各因子的方差贡献率为权重，得到各因子的综合的评价指标。第五步，根据各因子的表达式，计算各行业各因子的得分和最后的综合排名，确定主导产业选择的备选集。

截至 2012 年底，我国共有 69 个城市被确定为资源枯竭城市，2008 年 3 月 17 日，国务院确定第一批资源枯竭城市共 12 个，其中就有大冶市。所以，把大冶市作为典型的资源枯竭型城市，研究资源枯竭型城市主导产业选择，具有重要的实践性意义。对大冶市主导产业的研究，首先应该全面深入地了解大冶市的整体概况。其区位及行政划分可以整体说明大冶市的基本概况；作为资源枯竭型城市，深入了解大冶市现有的资源概况也非常必要；此外，大冶市现阶段的经济发展概况也是研究其主导产业选择需要考量的重要依据，大冶市现阶段发展过程中存在的问题，可以反映大冶市主导产业选择的必要性和紧迫性。

第五节　大冶市主导产业的选择

大冶市是我国首批被国务院确定的资源枯竭型城市之一，目前已转型近七年，转型取得了不错的成绩，但由于资源枯竭对城市的影响非常深远，主导产业选择也是一个长期不断探索的过程，本研究针对大冶市在转型近七年所取成就的基础之上，结合大冶市具备的产业结构、现在的经济发展状态、产业转型现状等方面确定大冶市主导产业的备选空间，能够为下文的主导产业选择研究奠定基础。

一　大冶市主导产业选择备选空间

根据大冶市经济发展概况可知，大冶市目前处于资源型城市的衰退期，虽然具备比较完整的产业体系，但是由于在城市发展期和成长期资源过度粗放式的开采利用，延伸产业性质较为单一，一旦资源开始枯竭，这些产业也即将成为夕阳产业。根据主导产业选择的原则和一般过程，本研究根据现状，采用分析筛选的方法，筛选出大冶市发展较为乐观的产业进行综合比较分析。通过对国内外学者关于区域主导产业选择的理论研究分析，发现在一般情况下，主导产业选择必须要考虑到区域经济发展所处的阶段，对于不同阶段产业发展现状，形势政策都要有所不同。大冶市目前处于资源枯竭阶段，主要特点表现在有比较深的工业基础，结合罗斯托的城镇生命周期理论，大冶市在资源枯竭的阶段，其主导产业选择，最主要的考虑因素应该是减少依托资源的工业比重，增加农业、服务业的比重。要及时调整城市发展战略，站在可持续发展的角度，注重引进高新技术产业、生态型产业等。综上，大冶市可选择利税率高、产值高、就业岗位多、资产高等具有各方面优势的产业，作为大冶市主导产业的备选空间。

二 大冶市主导产业选择指标体系的分析

本研究根据本研究确定的主导产业选择的一般原则和过程，以及各指标体系的计算方法，根据 2010—2013 年《大冶市统计年鉴》、2012年《湖北省统计年鉴》等相关数据，结合相关指标的计算方法，通过计算，得出了大冶市 28 个产业 11 项指标的数值。由于部分数据较为抽象且无法统计，本研究则对这些因素进行定性分析。

此外，因无法统计大冶市近年来的投入产出系数，导致在对大冶市主导产业选择分析时缺少了产业关联度的相关指标。在选择主导产业时，产业关联度是一个非常重要的指标，不可或缺。本研究依据定量分析排名，选出比较靠前的产业，将其作为主导产业的备选产业，再依据2002 年《湖北省投入产出表》对这些备选产业的关联度加以分析，最终确定大冶市的主导产业。

三 大冶市主导产业选择的综合分析

（一）大冶市主导产业选择指标数值的确定

主导产业选择是实现产业结构优化、区域经济持续发展的重要途径。正确选择和培育区域主导产业健康发展，已成为区域经济特别是区域与工业经济的发展重点所在。本研究选取了大冶 29 个行业的 11 个经济技术指标，见表 11-1。

表11-1　　大冶29个行业的11个经济指标（单位:%）

行业	增加值增长率	利润率	营业利润率	区位熵	市场占有率	产值利税率	总资产贡献率	效益系数	吸纳就业率	能源消耗产值(万/顿)	产品销售率
煤炭开采和洗选业	0.0465	-0.0028	-0.0028	0.07	0.0002	0.0249	0.1009	0.2736	0.0316	9.09	1.0000
黑色金属矿采选业	1.1417	0.0196	0.0195	6.09	0.0189	0.0421	0.3284	0.3631	0.1722	50	0.9925
有色金属矿采选业	0.1767	0.1525	0.1511	3.46	0.0108	0.2072	0.5393	0.6571	0.0885	20	0.9825
非金属矿采选业	1.2568	0.0190	0.0190	1.05	0.0034	0.0482	0.0831	0.4384	0.0205	1.56	0.9919
农副食品加工业	0.2500	0.0134	0.0138	0.16	0.0004	0.0187	0.0504	0.2769	0.0348	50	0.9656
食品制造业	0.4103	0.0146	0.0146	0.07	0.0003	0.0279	0.0745	0.3125	0.0032	20	0.9682
酒、饮料和精制茶制造业	-0.3886	0.2469	0.2342	1.39	0.0039	0.3704	0.1775	0.8379	0.0742	16.67	0.9685
纺织业	0.8705	-0.0139	-0.0139	0.08	0.0002	0.0063	0.0140	0.3390	0.0253	7.69	0.8682
纺织服装、服饰业	-0.1667	0.0220	0.0207	0.22	0.0005	0.0311	0.0676	0.3467	0.0774	100	0.9935
皮革、毛皮、羽毛及其制品和制鞋业	1.5000	0.0222	0.0222	0.03	0.0001	0.0297	0.1157	0.2381	0.0047	100	0.9912
木材加工、藤、棕、草制品业	1.8571	0.1163	0.1163	0.04	0.0001	0.1527	0.4385	0.3774	0.0032	33.3	1.0000
造纸和纸制品业	0.9565	-0.0036	-0.0036	0.13	0.0004	0.0180	0.0879	0.3629	0.0047	16.67	0.9970
印刷和记录媒介复制业	0.3636	0.0089	0.0089	0.08	0.0002	0.0175	0.1109	0.3409	0.0016	50	0.9864
文教体育和娱乐用品制造业	0.1966	0.0085	0.0113	0.31	0.0003	0.0114	0.0663	0.4192	0.0047	25	0.9738
化学原料和化学制品制造业	0.5217	0.0241	0.0241	0.06	0.0002	0.0432	0.1470	0.3359	0.0190	33.3	0.9420

续表

行业	增加值增长率	利润率	营业利润率	区位熵	市场占有率	产值利税率	总资产贡献率	效益系数	吸纳就业率	能源消耗产值（万/吨）	产品销售率
橡胶和塑料制品业	0.1538	0.1118	0.1059	0.02	0.0001	0.1257	0.1328	0.4412	0.0063	25	0.9481
非金属矿物制品业	0.0605	0.0601	0.0567	0.39	0.0011	0.0881	0.1689	0.3862	0.0758	0.75	0.9587
黑色金属冶炼和压延加工业	0.0568	-0.0159	-0.0159	0.48	0.0012	-0.0046	0.0121	0.2657	0.1043	1.16	0.9699
有色金属冶炼和压延加工业	-0.0317	0.0058	0.0058	0.56	0.0015	0.0153	0.0772	0.2582	0.1074	5.88	0.9717
金属制品业	2.3981	0.0334	0.0326	0.34	0.0009	0.0446	0.1173	0.2964	0.0442	11.11	0.9545
通用设备制造业	-0.5640	0.0439	0.0439	0.07	0.0002	0.0559	0.1557	0.3791	0.0205	50	0.9954
专用设备制造业	0.7486	0.0225	0.0225	0.25	0.0008	0.0423	0.2390	0.4602	0.0190	50	0.9805
造纸和纸制品业	0.9565	-0.0036	-0.0036	0.13	0.0004	0.0180	0.0879	0.3629	0.0047	16.67	0.9970
汽车制造业	0.4286	0.0189	0.0189	0.01	0.0001	0.0337	0.3148	0.2419	0.0016	50	0.9946
铁路、船舶、其他运输设备制造业	1.7273	0.0778	0.0721	0.02	0.0003	0.1115	0.1359	0.3030	0.0174	50	1.0254
电气机械和器材制造业	3.1860	0.0969	0.0856	0.04	0.0001	0.1146	0.1289	0.3448	0.0269	25	0.9656
仪器仪表制造业	-0.0909	0.0667	0.0667	0.02	0.0001	0.0488	0.1865	0.4167	0.0016	50	0.7205
燃气生产和供应业	0.3750	0.1595	0.1595	0.27	0.0010	0.1806	0.2168	0.4365	0.0016	100	1.0000
水的生产和供应业	0.0526	0.0513	0.0000	0.13	0.0003	0.0769	0.0159	0.5128	0.0032	6.25	0.8464

（二）实证结果分析

根据采集得到的基础数据表的指标数据，为了消除量纲的影响，先对数据进行标准化处理。本研究拟采用的是统计学上应用较多的统计软件 SPSS，利用主成分分析法降维的思想，提取公因子得到因子载荷矩阵，最后根据成分得分系数矩阵求得主成分，根据累计贡献率确定权重，对所筛选的 29 个行业进行综合排序，将排名比较靠前的产业作为大冶市主导产业的备选产业集。

1. 相关性分析

应用主成分分析法的前提是考虑到变量较多，并且变量彼此间存在着一定的相关性，会使得统计的数据在一定的程度上有所重叠。在统计学因子分析的方法里，一般可以通过计算相关系数矩阵、*Bartlett* 和 *KMO* 检验来判定变量间的相关性以及确定数据是否适合进行因子分析。

从表 11 - 2 可知，相关系数矩阵表可以看出数据之间的部分数据相关性较强，利润率（x_2）与营业利润率（x_3）、产值利税率（x_6）、效益系数（x_8）的相关性较为显著，其他变量之间的相关性较弱。

表 11 - 2　　　　　　　　　　相关矩阵表

	x1	x2	x3	x4	x5	x6	x7	x8	x9	x10	x11
x1	1	- 0. 02	- 0. 013	0. 007	0. 021	- 0. 039	0. 108	- 0. 286	- 0. 129	- 0. 004	0. 191
x2	- 0. 02	1	0. 987	0. 162	0. 161	0. 977	0. 495	0. 769	0. 011	0. 101	0. 016
x3	- 0. 013	0. 987	1	0. 176	0. 175	0. 96	0. 541	0. 729	0. 029	0. 141	0. 074
x4	0. 007	0. 162	0. 176	1	0. 999	0. 213	0. 508	0. 318	0. 751	- 0. 034	0. 148
x5	0. 021	0. 161	0. 175	0. 999	1	0. 209	0. 519	0. 306	0. 739	- 0. 024	0. 151
x6	- 0. 039	0. 977	0. 96	0. 213	0. 209	1	0. 473	0. 817	0. 082	0. 004	0. 092
x7	0. 108	0. 495	0. 541	0. 508	0. 519	0. 473	1	0. 342	0. 18	0. 167	0. 193
x8	- 0. 286	0. 769	0. 729	0. 318	0. 306	0. 817	0. 342	1	0. 105	- 0. 16	- 0. 14
x9	- 0. 129	0. 011	0. 029	0. 751	0. 739	0. 082	0. 18	0. 105	1	- 0. 166	0. 171
x10	- 0. 004	0. 101	0. 141	- 0. 034	- 0. 024	0. 004	0. 167	- 0. 16	- 0. 166	1	0. 175
x11	0. 191	0. 016	0. 074	0. 148	0. 151	0. 092	0. 193	- 0. 14	0. 171	0. 175	1

表 11 - 3   *KMO* 和 *Bartlett* 检验表

	取样足够度的 *Kaiser-Meyer-Olkin* 度量	0 . 623
Bartlett 的球形检验	近似卡方	412. 212
	df	55
	Sig.	0. 000

从上表 11 - 3 这个 *KMO* 和 *Bartlett* 检验表可以得到，*KMO* 的值为 0. 623 > 0. 6，说明所采集的数据比较适合采用因子分析法，*Bartlett* 球形检验的近似卡方系数为 412. 212，显著水平 0. 00 绝对小于 0. 05，这说明数据适合进行下一步的因子分析。

变量共同度表示的是在各变量中所含原始变量信息中，能被提取的公因子所解释的程度。该数据是因子载荷矩阵中每一行因子载荷量的平方和，提取因子的个数不同会导致变量的共同度出现差异。

从表 11 - 4 变量共同度可以看出，表中"提取"列整体上来说变量共同度都接近 70% 以上，说明变量空间转化的因子空间保留了大部分的原始信息，这样可以让因子分析更加的清晰。

表 11 - 4   变量共同度

公因子方差					
	初始	提取		初始	提取
$x1$	1. 000	0. 384	$x7$	1. 000	0. 624
$x2$	1. 000	0. 970	$x8$	1. 000	0. 867
$x3$	1. 000	0. 962	$x9$	1. 000	0. 773
$x4$	1. 000	0. 954	$x10$	1. 000	0. 374
$x5$	1. 000	0. 948	$x11$	1. 000	0. 485
$x6$	1. 000	0. 954			

2. 提取公因子

由表 11 - 5 可知，"初始特征值"一栏显示的有 3 个特征值大于 1，根据方差大于 1 的原则，可选择前面 3 个方差大于 1 的主成分；"提取平方和载入"一栏显示第一主成分的方差贡献率是 39.339，第二主成分的方差贡献率为 22.671，第三主成分的方差贡献率为 13.4%，由此可见，前三个主成分涵盖了原始变量的大部分信息，基本足够代替原始变量。

表 11-5　　　　　　　　　　解释的总方差

成分	初始特征值			提取平方和载入	
	合计	方差的 %	累积 %	合计	方差的 %
1	4.327	39.339	39.339	4.327	39.339
2	2.494	22.671	62.011	2.494	22.671
3	1.474	13.400	75.411	1.474	13.400
4	0.995	9.047	84.459		
5	0.792	7.203	91.662		
6	0.492	4.474	96.136		
7	0.307	2.787	98.923		
8	0.093	0.842	99.765		
9	0.019	0.177	99.942		
10	0.006	0.053	99.995		
11	0.001	0.005	100.000		

表 11-6　　　　　　　　　　旋转成分矩阵

	成分		
	1	2	3
$x1$	-0.089	-0.035	0.613
$x2$	0.984	0.013	0.045
$x3$	0.974	0.034	0.111
$x4$	0.155	0.963	0.042
$x5$	0.153	0.960	0.060
$x6$	0.973	0.082	0.005
$x7$	0.534	0.435	0.386
$x8$	0.836	0.187	-0.366

续表

	成分		
	1	2	3
$x9$	-0.043	0.869	-0.125
$x10$	0.088	-0.136	0.590
$x11$	-0.002	0.205	0.666

如表 11 - 6 旋转成分矩阵可知，第一个因子在利润率（x_2）、营业利润率（x_3）、产值利税率（x_6）、总资产贡献率（x_7）、效益系数（x_8）上具有较大的载荷，第二个因子在区位熵（x_4）、市场占有率（x_5）、吸纳就业率（x_9）上有较大的载荷，第三个因子在产品销售率（x_{11}）、能源消耗产值（x_{10}）、增加值增长率（x_1）上有较大的载荷。

3. 确定主成分

如表 11 - 7 可知主成分的系数矩阵，据此可以直接写出公因子的表达式。分别用 F_1，F_2，F_3 来表示这三个公因子即主成分，则它们的表达式如下：

表 11 - 7　　　　　　　　成分得分系数矩阵

	成分		
	1	2	3
x1	-0.026	-0.024	0.416
x2	0.264	-0.066	0.023
x3	0.259	-0.060	0.067
x4	-0.027	0.339	0.010
x5	-0.027	0.338	0.013
x6	0.257	-0.039	-0.006
x7	0.110	0.110	0.245
x8	0.215	0.019	-0.259
x9	-0.072	0.324	-0.109
x10	0.029	-0.072	0.402
x11	-0.020	0.056	0.444

$$F_1 = 0.026 * x_1 + 0.264 * x_2 + 0.259 * x_3 - 0.027 * x_4 - 0.027 * x_5 + 0.257 * x_6$$
$$+ 0.110 * x_7 + 0.215 * x_8 - 0.072 * x_9 + 0.029 * x_{10} - 0.02 * x_{11}$$

$$F_2 = -0.024 * x_1 - 0.066 * x_2 - 0.06 * x_3 + 0.339 * x_4 + 0.338 * x_5 - 0.039 * x_6$$
$$+ 0.110 * x_7 + 0.019 * x_8 + 0.324 * x_9 - 0.072 * x_{10} + 0.056 * x_{11}$$

$$F_3 = 0.416 * x_1 + 0.023 * x_2 + 0.067 * x_3 + 0.01 * x_4 + 0.013 * x_5 - 0.006 * x_6$$
$$+ 0.245 * x_7 - 0.259 * x_8 - 0.109 * x_9 + 0.402 * x_{10} + 0.444 * x_{11}$$

四　以因子贡献率为权得出行业综合排名

以因子贡献率为权，利用主成分计算各行业的综合排名，用 F 代表各个产业的综合得分，则依公式，最终得到大冶市所筛选出来的 28 个产业排名，如表 11 - 8：

表 11 - 8　　　　　　　大冶市各产业综合得分排名表

行业	F 得分	排名	行业	F 得分	排名
有色金属矿采选业	1.238	1	金属制品业	- 0.111	15
酒、饮料和精制茶制造业	1.082	2	皮革、毛皮、羽毛及其制品和制鞋业	- 0.117	16
黑色金属矿采选业	0.952	3	化学原料和化学制品制造业	- 0.223	17
燃气生产和供应业	0.553	4	印刷和记录媒介复制业	- 0.265	18
木材加工、藤、棕、草制品业	0.501	5	有色金属冶炼和压延加工业	- 0.270	19
电气机械和器材制造业	0.164	6	农副食品加工业	- 0.310	20
铁路、船舶及其他运输设备制造业	0.138	7	造纸和纸制品业	- 0.312	21
橡胶和塑料制品业	0.077	8	仪器仪表制造业	- 0.314	22
专用设备制造业	- 0.004	9	文教、工美、体育和娱乐用品制造业	- 0.318	23
非金属矿物制品业	- 0.004	10	食品制造业	- 0.343	24

续表

行业	F 得分	排名	行业	F 得分	排名
非金属矿采选业	-0.078	11	煤炭开采和洗选业	-0.356	25
汽车制造业	-0.088	12	水的生产和供应业	-0.412	26
通用设备制造业	-0.095	13	黑色金属冶炼和压延加工业	-0.420	27
纺织服装、服饰业	-0.096	14	纺织业	-0.569	28

通过统计数据的定量分析，对大冶市筛选出来的 28 个行业综合排名可以看出，排名比较靠前的产业分别为：有色金属矿采选业，酒、饮料和精制茶制造业，黑色金属矿采选业，燃气生产和供应业，木材加工、藤、棕、草制品业，电气机械和器材制造业，铁路、船舶及其他运输设备制造业，橡胶和塑料制品业，专用设备制造业，非金属矿物制品业等产业。

根据主成分分析法对大冶市主要产业进行定量分析得出的排名只能作为大冶市主导产业选择的重要依据，并非决定性因素。按照前面的思路，资源枯竭型城市主导产业选择，还应该对这些产业的关联度加以分析，以及结合大冶市目前的产业发展状况和内外部经济发展环境等因素进行定性分析。

（一）产业关联度分析

产业关联指的是产业间以各种投入产品和产出品为纽带的技术经济联系。因为投入产品和产出品可能是有形的也可能是无形的，可能是实物也可能是非实物，在通常情况下是难以用计量的方法精确衡量。投入产出表则是分析产业关联性的基本工具，产业之间波及的效果和波及现状通常由产业的感应度系数和影响力系数表现。任何一个产业部门的生产活动通过产业间的联系方式，会影响或受影响于其他产业，影响的程度即为"产业的影响力"，被影响的程度即为"感应度系数"（见表11-9）。

表 11 - 9　　　　　2002 年中国各产业的感应度系数和影响力系数

产业	感应度系数	影响力系数	产业	感应度系数	影响力系数
农业	1.69	0.78	废品废料	0.53	0.40
煤炭开采和洗选业	1.05	0.84	电力、热力的生产和供应业	1.57	0.87
石油和天然气开采业	1.25	0.69	燃气生产和供应业	0.44	1.14
金属矿采选业	0.72	0.98	水的生产和供应业	0.48	0.89
非金属矿采选业	0.55	0.94	建筑业	0.62	1.20
食品制造及烟草加工业	0.94	1.01	交通运输及仓储业	1.88	0.92
纺织业	1.16	1.20	邮政业	0.44	1.03
服装皮革羽绒及其制品业	0.61	1.23	信息传输、计算机服务和软件业	0.89	0.90
木材加工及家具制造业	0.75	1.15	批发和零售贸易业	1.81	0.85
造纸印刷及文教用品制造业	1.33	1.09	住宿和餐饮业	0.86	0.95
石油、炼焦及核燃料加工业	1.30	1.04	金融保险业	1.23	0.73
化学工业	3.27	1.17	房地产业	0.62	0.66
非金属矿物制品业	0.80	1.07	租赁和商务服务业	0.88	1.09
金属冶炼及压延加工业	2.50	1.17	旅游业	0.44	0.82
金属制品业	1.01	1.24	科学研究事业	0.42	1.01
通用、专用设备制造业	1.53	1.21	综合技术服务业	0.52	0.82
交通运输设备制造业	1.23	1.26	其他社会服务业	0.66	0.98

续表

产业	感应度系数	影响力系数	产业	感应度系数	影响力系数
电气机械及器材制造业	1.12	1.26	教育事业	0.46	0.80
通信设备、计算机及其他电子设备制造业	1.91	1.40	卫生、社会保障和社会福利事业	0.44	0.96
仪器仪表及文化办公用机械制造业	0.62	1.28	文化、体育和娱乐业	0.51	0.94

（二）主导产业选择

某产业的感应度大于 1，表明该产业的感应度系数处于全部产业中普通平均水平之上，某产业的影响力系数大于 1，表明该产业的影响力处于全部产业中平均水平以上。从上表 11 - 8 可知，属于食品制造及烟草加工业的酒、饮料和精制茶制造业，燃气生产和供应业，木材加工及家具制品业，非金属矿物制品业影响力系数大于 1；而电气机械和器材制造业，交通运输设备制造业，通用、专用设备制造业，感应度系数和影响力系数均大于 1，比较适合作为大冶市资源枯竭阶段的主导产业。

结合资源城市生命周期不同阶段的理论分析，目前大冶市处于资源衰退期。资源开采难度不断加大，开采成本也较高，曾经以矿产资源为基础的有色金属矿采掘业、黑色金属矿采选业等产业已不适宜作为大冶市的主导产业，但由于这些产业根基较深，不可能一下子弃之，可以通过延长资源型产业链，加强技术创新等方式，逐步减低这些资源型产业的比例，同时增加现代农业、现代服务业和制造业的比例，稳定、快速地实现城市的可持续发展，特别是酒和饮料制造业，可以依托大冶市"劲酒""毛铺"品牌的平台，不断壮大这个产业，使其成为龙头产业，故可以将酒、饮料和精制茶制造业，非金属矿物制品业产业作为转型的主导产业。

从表 11 - 8 可知，在产业综合得分排名下，木材加工制品业、橡胶和塑料制品业综合排名也比较靠前，但是由于木材加工制品业需要大量的木材，木材砍伐对生态环境、水土流失等影响较大，橡胶和塑料制品业对环境、水资源污染都比较严重，根据资源型城市可持续发展的原则，这两个产业在未来发展的前景中不符合环境卫生标准，故不能作为大冶市转型的主导产业。

综上所述，资源枯竭型城市大冶市在城市转型中，电气机械和器材制造业，交通运输设备制造业，酒、饮料和精制茶叶制造业，通用、专用设备制造业，非金属矿物制品业这五大产业可作为第一主导产业。同时，可以将有色金属矿采选业，黑色金属矿采选业，农副产品加工业，纺织服装、服饰业作为第二主导产业。逐年降低矿采选业的比重，增加农副产品加工、纺织服装、服饰业的比重，作为大冶市进入城市衰落期主导产业的接替产业，带动大冶市经济的可持续发展。

第六节　总结与展望

本研究在国内外资源枯竭型城市主导产业研究现状的基础上，结合资源枯竭型城市特征及困境、接替产业跟进式理论与区域主导产业一般选择理论，分析了资源型城市发展各个阶段的特征，对城市不同时期主导产业选择进行研究，丰富了资源型城市（特别是衰退期的资源型城市）产业发展研究内容。从新角度提出资源型城市主导产业选择的原则基准，加深了对资源型产业转型需求和转型本质的认识。基于资源型城市主导产业选择原则和一般过程，结合从统计局统计上来的大量数据，采用定量分析与定性分析相结合的方法，对大冶市现阶段的产业现状以及经济发展现状进行分析，结合大冶市在资源枯竭阶段产业发展存在的问题、现阶段产业结构现状、经济发展状况等方面具体数据，构建大冶市主导产业选择的基本模型和可行的指标体系，选择出了大冶市的主导产业。对比自 2008 年进行城市转型前大冶市的主要产业状况，经过近七年的转型，大冶市主导产业逐步逆转，为实现城市的可持续发展奠定了基础。本研究通过研究得到如下结论：

第一，根据一般区域主导产业选择基准方法，在产业生命周期理论、替代产业跟进式理论等基础上，确定了资源枯竭型城市在资源开采晚期主导产业选择时，应该遵循的六大原则：一是所选的产业应该具有增长潜力大、盈利能力强的优势；二是所选的产业应该与资源枯竭型城市原有的资源优势相一致，具有比较优势；三是所选的产业应该具有较强的影响力，能带动相关产业的发展，以此解决非资源型产业发展滞后等问题；四是所选的产业应该具有较大规模，对其他产业具有一定的影响带动作用，能够吸纳解决资源枯竭型城市日益严重的就业问题；五是所选的产业应该具有较强的技术基础，以技术进步促进经济增长；六是所选的产业要符合低能源消耗和环保的要求，避免资源枯竭型城市进入又一个新的资源依赖发展的模式。并以此为依据确定了资源枯竭型城市主导产业选择的 11 个指标体系，定性分析产业之间的关联性，结合主导产业可持续性发展要求，补充完善了资源枯竭型城市主导产业选择的基本指标体系。

第二，通过分析大冶市现阶段经济发展、产业比例、相关政策扶持等现状，结合对指标数据的量化结果分析，应用主成分分析法，最后确定了大冶市的五大主导产业——电气机械和器材制造业，交通运输设备制造业，酒、饮料和精制茶叶制造业，通用、专用设备制造业，非金属矿物制品业。处于资源型城市衰退期的大冶市在发展矿资源开采业时，要注重逐步延伸矿资源产业链，将有色金属矿采选业，黑色金属矿采选业，农副产品加工业，纺织服装、服饰业作为次要的主导产业，逐年降低矿采选业的比重，增加农副产品加工业等的比重，推进大冶市经济的可持续发展。

此外，本研究还存在一些不足，在研究过程中出现部分数据难以采集的困难：一是本研究在构建主导产业选择的相关指标体系时，按照城市可持续发展的要求，还需要相关的环境类数据指标，但由于环境数据指标较为抽象也难以统计，缺少了环境条件的指标；二是本研究在进行产业关联性分析时，由于数据无法采集，应用的是 2002 年的中国各产业的感应度系数和影响力系数，数据有些陈旧。

参考文献

［1］王开盛、杜跃平：《资源型城市发展接续产业的影响因素分析》，《企业研究》2013 年第 3 期。

［2］马传栋：《我国煤炭城市的可持续发展》，《中国工业经济》1999 年第 2 期。

［3］赵景海、俞滨洋：《资源型城市空间可持续发展战略初探》，《城市规划》1999 年第 8 期。

［4］赵景海：《我国资源型城市发展研究进展综述》，《城市经济》2006 年第 6 期。

［5］贺艳：《关于资源型的可持续发展与再城市化问题》，《中国人口资源与环境》2000 年第 3 期。

［6］毕军贤：《资源型城市经济增长因素相关性分析》，《中国煤炭经济学院学报》2002 年第 6 期。

［7］胡礼梅：《国内资源型城市转型研究综述》，《资源与产业》2011 年第 6 期。

［8］张久铭：《自然资源安全与资源型城市可持续发展》，《平顶山学院学报》2007 年第 10 期。

［9］伍应德：《资源型城市转型路径与策略——以六盘水市为例》，《资源与产业》2013 年第 2 期。

［10］于妃：《我国资源型城市的产业转型研究》，东北财经大学博士学位论文，2003 年。

［11］Jin, J. G. , Li, Y. H. , , Government Management Innovations in Transformation of Resource - based Cities, *Comparative Economic and Social Systems*, 2005, （5）.

［12］李茹宝：《税收政策如何支持资源型城市可持续发展》，《涉外税务》2008 年第 5 期。

［13］田秀兰：《外汇外贸政策调整与资源型城市可持续发展问题研究》，《西部金融》2008 年第 6 期。

［14］叶安宁：《国内主导产业选择研究综述》，《产业与科技论坛》2008 年第 8 期。

［15］李新、王敏：《区域主导产业选择方法研究评述》，《技术经济与管理研

究》2008 年第 5 期。

[16] 王玉昭：《区域主导产业选择方法的探讨》，《问题研究》2008 年第 1 期。

[17] 朱建平：《应用多元统计分析》，科学出版社 2006 年版。

[18] 臧旭恒：《产业经济学》，经济科学出版社 2007 年版。

[19] 汪世银：《区域产业结构调整与主导产业选择研究》，上海人民出版社 2003 年版。

[20] 聂华林、王成勇：《区域经济学通论》，中国社会科学出版社 2006 年版。

[21] 于刃刚：《主导产业论》，人民出版社 2003 年版。

[22] 顾建平：《宏观经济学》，中国财政经济出版社 2004 年版。

[23] 刘志彪：《产业经济分析》，南京大学出版社 1999 年版。

[24] 任晓华：《湖北省主导产业的选择》，《长江流域资源与环境》1999 年第 2 期。

第十二章　大冶市生态产业发展研究

本章提要：大冶市发展生态产业具有一定的条件——市场需求较强，自然资源潜力大，区位和政策相对有优势，但同时也存在压力。农业方面：农业组织化程度低，缺乏现代职业农民，农业环境污染严重；工业方面：支柱性工业行业不景气，资源型工业转型压力大；旅游业方面：旅游资源开发不足，管理体制不完善等。大冶市发展生态产业，需要治理环境污染，提高农业组织化程度，培育现代职业农民，推动工业产业转型，多路径开发旅游资源，提高旅游资源的利用率。

第一节　引言

近年来，国家大力倡导生态文明建设，建设"美丽中国"，为此，必须加强生态修复治理，加快产业转型升级，发展生态产业，积极建设生态文明。2013 年，大冶市做出了"生态立市、产业强市、改革活市，建设美丽大冶"的战略部署，开启了生态转型的道路。在 2014 年市政府工作报告中，大冶市市政府明确提出"牢固确立生态立市理念，加强生态文明建设，进一步增强可持续发展力"这一发展目标。"生态立市"是建立在生态产业发展基础之上的，没有生态产业发展就没有"生态立市"的实现。

大冶市努力发展生态产业，首先是注重环境的治理，近年来大冶市环境良好质量有明显的提高。2009—2014 年大冶市城区空气质量二级以上优良天数分别为 292 天、319 天、300 天、346 天、321 天、330

天，空气质量正在逐步提高，空气中二氧化硫年均浓度为 0.034 毫克/立方米；2013 年大冶市的大冶湖和保安湖水质由之前的中度富营养改善为轻度富营养。其次是大冶市还在一些乡镇兴办生态农庄，打造生态旅游风景区等，促进了大冶市生态产业的发展。同时，大冶市在生态农业、生态工业、生态旅游业发展中面临着许多的问题：农业组织化程度低，缺乏现代职业农民，农业环境污染；工业支柱型行业不景气，产业转型压力大，环境修复和治理污染压力大；旅游资源开发不多，旅游业管理体制不完善。对此进行研究，探索解决问题的有效对策，有助于促进大冶市生态产业的发展。

第二节　理论概述

一　可持续发展理论

可持续发展是一种经济发展模式。可持续发展是在满足当代人需求的前提下，不对后代人满足他们需求的能力造成危害的发展。可持续发展是一个不可分割的系统，在发展经济的同时，又要保护好人类生存所必需的重要的自然资源和环境——如大气、淡水、海洋、土地和森林等，使人类能够实现永续发展，使人类的子孙能够安居乐业。可持续发展与环境保护有关，但二者又不完全相同。环境保护是可持续发展的重要方面。可持续发展的核心是发展，可持续的、长远的发展才是真正的发展。运用这一理论可以更好地促进大冶市生态产业的发展。

二　五大发展理念

五大发展理念包括创新发展、绿色发展、协调发展、开放发展和共享发展。创新发展要求不断推动社会各方面的创新，培育新的发展动力，优化各种要素，激发创新活力，创造新的共赢，是新技术、新产业和新格局的发展。绿色发展要求走生产发展、生活富裕、生态良好的文明发展道路，推进美丽中国建设。协调发展要求正确处理发展中的重大关系，重点促进城乡区域和经济社会的协调发展，促进新型工业化、信息化、城镇化、农业现代化同步发展。大冶市发展生态产业必须坚持五大发展理念。

三　生态经济理论

生态经济是指在生态系统承载能力范围内，运用生态经济学原理和系统工程方法改变生产和消费方式，挖掘一切可以利用的资源潜力，发展一些经济发达、生态高效的产业，建设体制合理、社会和谐的文化以及生态健康、景观适宜的环境。

用生态与经济协同发展的观点指导社会经济建设，首先要进行生态经济区划和规划，以便根据不同地区的自然经济特点发挥其生态经济总体功能，获取生态经济的最佳效益。城市是复杂的人工生态经济系统，人口集中，生产系统与消费系统强大，但还原系统薄弱，生态环境容易恶化。农村直接从事生物性生产，发展生态农业有利于农业稳定、保持生态平衡、改善农村生态环境。大冶市运用生态经济理论指导可以更好地发展生态产业。

第三节　大冶市"生态立市"的优势

一　市场需求

在市场经济条件下，任何产业的发展都是要满足市场需求的。市场需求是产业发展的动力，没有市场需求，产业就不能发展。目前，大冶市正处于产业转型时期，新型产业正处于培育时期，大冶市正大力发展新型电子产业、高端装备制造业、节能环保产业、新能源产业、生物医药产业等，这些产业在中国都属于朝阳产业，发展前景十分广阔。

由表12－1可见，随着生活水平的提高，人们对绿色产品的需求越来越大。尽管生态产品比一般产品贵，但是随着人们收入水平的提高和绿色消费意识的增强，生态产品已逐渐显示出潜在市场，生态产品的经济价值将会大幅度提高。大冶市地处武汉城市群，交通便利，辐射范围广，近年来社会倡导的绿色发展理念也逐渐被社会大众所接受，人们的生活条件也在不断提高，大冶市周边县市的城镇居民可支配收入都在2万元以上，武汉市的城镇居民收入更是达到了3万元以上，这使得人们也有能力负担得起生态产品的消费。随着人们收入的逐渐提高，很多消费者都会选择旅游。大冶市位于武汉城市群，周边县市的年均收入都在逐年增长，人们的旅游意愿也在逐年增加，这为大冶市发展生态旅游业提供了极大的市场。

表12-1　2016年大冶市周边城市居民人均可支配收入（单位：元）

地区	城镇	农村
全国	33616	12363
湖北省	29386	12725
武汉市	39737	19152
黄石市	29906	12925
大冶市	33341	16987
九江市	30011	12157

来源：2016年《国家与地方国民经济和社会发展统计公报》。

二　自然资源

自然资源是人类社会生存发展的基础，生态产业的发展离不开自然资源。

2015年年末大冶市常用耕地面积35.61千公顷，全年播种面积97.07千公顷，其中粮食作物播种面积58.92千公顷，经济作物播种面积38.15千公顷，为大冶市农、林、牧、副、渔发展提供了先决条件。近年来大冶市政府高度重视发展现代农业，在各乡镇发展现代农业试点，为发展全市的生态农业打下了良好的基础。

大冶市境内矿产资源丰富，是全国十大铁矿生产基地、全国六大铜矿生产基地和建材重点产地。黄金、白银产量位居湖北省第一位，硅灰石储量居世界第二。"西气东输""川气东送"工程支线贯通大冶市，气源供应十分稳定，大冶市由华中电网供电，电力供应充足，电价比较优惠。大冶市临近长江，自来水供应能力强，日均供水能力 100 万吨，用水价格较低。

大冶市旅游资源丰富。大冶市铜绿山古矿遗址是迄今为止中国保存最好的一处古铜矿遗址，大冶市的雷山风景区是国家级旅游风景区，同时大冶市还有黄坪山旅游区、董家口风景区、黄金湖旅游区、大泉沟风景区等旅游资源。

丰富的农业、工业、旅游业资源，为大冶市发展生态产业提供了十分有利的条件。

三　经济区位

经济区位与一个地方的经济发展密切相关，良好的经济区位对一个地方的发展有极大的促进作用。大冶市地理位置有很大的优势，位于长江中游城市群"中三角"腹地。大冶市交通便利，距离武汉天河机场 100 公里，距离长江黄石码头仅 20 公里，境内有多条铁路、国道和省道穿过，从大冶市到周边省会城市合肥市、长沙市只需几个小时的车程。随着武九城际铁路的开通，大冶市到武汉市、九江市的时间缩短为半个小时，到南昌市只需 70 分钟。大冶市的经济区位优势为大冶市吸引外来资金、技术、人才提供了便利的条件。同时，便利的交通和强大的经济实力也有利于大冶市产品走出去。

四　政策支持

产业的发展离不开政府的政策支持。生态产业的发展更注重生态效益，往往会需要牺牲一部分经济利益，因此大冶市的生态产业发展更需要政府的政策支持。

大冶市政府鼓励生态产业的发展，在很多方面都为大冶市生态产业的发展提供了便利条件。在招商优惠政策方面和企业的生态用地方面给予优惠，落户大冶市开发区的生态工业项目，单体项目固定资产投资总额必须达到 3 亿元以上，投资强度不低于 200 万元/亩；中小企业集群项目投资总额必须达到 10 亿元以上，投资强度不低于 150 万元/亩。项目投产后年平均税收均不低于 8 万元/亩。税收达到 20 万元/亩/年的生态工业项目，固定资产投资可低于 3 亿元，但原则上投资规模不低于 1 亿元，投资强度不低于 150 万元/亩；税收达到 50 万元/亩/年的生态工业项目，不受固定资产投资额和投资强度限制。在生态农业方面的投资规模和用地方面大冶市政府也予以资金扶持，同时对大型农业投资项目也予以奖励，按照依法、自愿、有偿的原则流转土地。农业招商项目配套的农业生产基地流转耕地、林地、水面连片面积累计达到 1000 亩以上的，并且依法取得流转经营权、不改变用地属性的，大冶市政府一次性给予 10 万—20 万元的补贴。对投资金额巨大的农业项目和旅游项目，大冶市也给予了资金支持和其他方面的支持。大冶市政府对人才引进工作也非常重视，积极支持相关人才的引进。对于开发建设景区获得国家 AAA、AAAA、AAAAA 级旅游景区的，大冶市政府分别给予一次性 50 万元、150 万元、300 万元奖励。这些优惠政策有利于促进大冶市生态产业的发展。

第四节　大冶市"生态立市"的劣势

一　生态农业发展滞后

首先，生态农业组织化程度低。生态农业需要一定的规模经营，但在大冶市农村，农业生产仍以家庭分散经营为主。截止到 2012 年 12 月，大冶市土地流转面积 25.1 万亩，仅占耕地面积的 44.8%，农业生产仍以家庭经营为主，由此造成的农业经营规模小以及土地流转机制不健全，导致难以实现农业机械化。大冶市 2013 年耕作机械总量为 2713 台，收割机械为 4783 台，农业机械化并不高。大冶市农业合作社数量少，占比低，农民依旧习惯以家庭为单位进行生产，农业组织化程度低，生产经营规模小，不适应生态农业发展需要。

其次，缺乏职业农民。生态农业的发展离不开现代职业农民，培育新型职业农民生态农业的客观需要。随着大冶市年轻农民大量外出务工，农村劳动力逐渐向城市转移，大冶市留守农村人群呈现出文化素质不高、数量不足、年龄结构不合理的状况，现代职业农民更是严重不足。2013 年，大冶市农村人口为 68.26 万人，农村劳动力资源为 49.02 万人，而从事农、林、牧、渔的劳动人员只有 7.91 万人，且从事农业的人群大多数是中老年，农村青壮年大多选择外出务工。留守的农村劳动力大多数文化程度不高，不懂农业科技知识。2015 年大冶市农民年均纯收入为 15861 元，而城镇居民可支配收入为 30848 元，这样的差距使农村的年轻劳动力更不愿意从事农业，而且传统的家庭小规模经营需要传统农民就已足够，并不需要现代职业农民。

最后，农业生态环境污染。发展生态农业必须要有良好的农业生态环境，但是在大冶市农村环境方面还存在着一些问题。

在大冶市农村，农民的环境保护意识不强，农民片面地追求经济利益，在处理环境与经济关系时没有重视长远利益和整体利益，对环境污染和破坏的危害性认识还不够。农村的环境保护观念没有深入人心，许多农民只有在涉及自身利益时才会举报破坏环境的行为，而对于自己破坏或影响环境的行为又缺乏克制。

农民盲目追求农产品的产量，使用化肥时往往并不科学还会出现过量使用的情况，在使用农药时也会因为追求产量过量使用或滥用，这都会使粮食、果蔬等农产品受到污染，也不利于生物和生物多样性保护，破坏生态平衡，恶化生态环境。一些农民为了获得更大的经济效益，大量使用农用地膜或塑料大棚，但是在使用农用地膜后，没有对农用地膜进行科学的处理，对土壤十分有害，造成严重的农用地膜污染。2013 年，大冶市的常用耕地面积 35.7 千公顷，农用化肥使用量为 15551 吨，农药使用量为 822 吨，农用薄膜的使用量为 388 吨，塑料薄膜的覆盖面积达 1.07 千公顷，如此大量的农药化肥和农用地膜的使用，导致大冶市农业生态环境污染严重。

二　生态工业发展缓慢

首先，支柱性行业不景气。生态工业的发展需要对传统的行业进行技术改造，以便进行清洁生产，发展循环经济，这些都需要大量的资金，而这些资金投入需要企业的盈利来支撑。大冶市支柱性行业发展不景气，2013 年大冶市规模以上工业企业有 317 个，其中亏损企业有 32 个且主要集中在支柱性行业，支柱性行业（特别是资源型的行业）营业成本大且利润较低，部分支柱性行业出现了亏损的状况（见表 12 - 2），制约了大冶市生态工业的发展。

表 12 - 2　2013 年部分规模以上工业企业亏损金额（单位：亿元）

工业企业	亏损总额
采矿业	0.52
煤炭开采和洗选业	0.22
烟煤和无烟煤开采洗选	0.22
黑色金属矿采洗选	0.25
铁矿采选	0.25
有色金属矿采选业	0.05
常用有色金属矿采选	0.05
铜矿采选	0.05

数据来源：2013 年《大冶市统计年鉴》。

其次，资源型产业转型压力大。资源型产业的转型也需要巨大的资金。大冶市在资源型产业方面呈现负增长，这些产业在大冶市的工业中占比大，迫切需要产业转型；同时资源型产业的劳动力转移也面临巨大压力，这为大冶市生态工业转型发展带来了诸多难题，给整体的传统工业向生态工业转型带来巨大资金压力（见表 12 - 3）。

表 12 - 3　2015 年规模以上部分支柱行业产值及增长速度（单位：亿元）

指标	产值	比上年增长%
黑色金属矿采选业	142.80	− 20.80
有色金属矿采选业	18.60	− 17.80
金属制品业	51.00	− 39.10

资料来源：大冶市 2015 年《国民经济和社会发展统计公报》。

最后，环境修复和治理污染压力大。对政府而言，面对严重的生态污染，把传统工业转型为生态工业需要大量的资金投入，而政府对生态工业发展的资金投入不足，压力很大。对企业而言，按照"谁污染，谁治理"的原则，对大量废弃工矿地的修复，也需要相关企业大量的资金投入，这给企业也造成了巨大的压力。

大冶市的矿产资源经过多年的开发，在促进经济快速发展的同时也造成了大冶市大范围的生态环境破坏。2014年大冶市有塌陷区72处，多处也有滑坡泥石流的情况，地质灾害重点防治区约有180平方公里，次重点防治区约有120平方公里，水土流失严重，流失面积占全市国土面积的33%。大冶市虽然经济发展了，但是环境修复压力却十分巨大。大冶湖、红星湖、三里七湖等主要水体污染严重，发生地质灾害范围分布广，环境治理和生态修复任务十分艰巨。据初步测算，光是大冶湖周边环境综合治理、重金属污染治理、地质灾害防治、城乡居民安全饮用水等环境保护和生态治理项目资金缺口就高达300亿元左右。

三　生态旅游业发展相对滞后

首先，资源开发不够。大冶市的生态旅游业由于一些客观因素，开发资金不足，兴起的较晚，因此现在发展尚未成熟，各种硬件设施还没有全面覆盖，其生态旅游资源还没有进行完全的开发利用，有些生态旅游景点规模不大，基础设施也不健全，通往旅游景点的交通不便利。例如，大冶市的旅游公路尚未完全建成，大冶市的抗战旅游路线尚未完全开发，大冶市灵乡镇大王山森林也尚未完全开发，这些都对发展生态旅游业产生了阻碍。

其次，利用不足。大冶市的旅游资源目前还没有形成旅游品牌，旅游资源的推广也没有有效进行，市场开发不够，使大冶市的旅游资源并没有充分被利用。

大冶市对已开发的旅游资源利用不足。例如大冶市龙港镇就有非常丰富的红色资源，多处旧址是省级、国家级文物保护单位。但大冶市这一红色旅游资源并未充分利用，很多人都不了解这一段红色历史。

大冶市生态旅游的投入不足。大冶市尤其缺乏旅游人力资本，缺乏专门的旅游人才对旅游资源进行经营管理和创新策划高端旅游项目，旅游创新能力十分不足，在吸引游客方面缺乏有效的规划，很难吸引大规模游客，影响了大冶市旅游资源的利用。

管理体制不完善。目前大冶市的生态旅游处于刚刚起步的阶段，旅游管理体制不健全，在有些方面的管理分工还不明确，不能很好地协调各方面的工作，导致大冶市的生态旅游资源难以优化，难以获得有效的保护和利用，影响了大冶市旅游业的快速发展。

第五节 促进大冶市生态产业发展的对策思考

一 加快发展生态农业

一是要提高生态农业组织化程度。农村合作经济组织能够推动农业产业化，增加农民收入。积极培育和发展农村经济合作社，让农民明白农村经济合作组织的意义，引导农民参与农村经济合作组织，不断提高农村经济合作组织的管理水平，增强农村经济合作组织的带动能力，使农村经济合作组织能够促进现代农业的建设。同时要健全土地流转机制、完善土地流转政策，引导和鼓励农民以各种形式，将土地向种田大户、农村经济合作组织等流转，推动农业生产大规模发展，推动农业机械化生产。

二是要培养职业农民。要加强宣传力度，积极引导全社会建立农民职业平等观念。政府应做好农民职业培训规划，大力加强对农民的现代农业知识的培训力度，大力引进农业科技人才，支持农村青壮年回乡，成立不同形式的农业技术学校，使农民能够根据自身情况得到培训。要不断提高农民的自学能力，鼓励农民自学，订阅相关的农业报刊，带领农民通过各种途径获得有用的农业信息。同时，一些涉农企业也可以定期举办农业知识培训，建立和规范学习制度，利用各种途径学习现代农业知识。积极鼓励农民发展成为现代职业农民，促进生态农业的发展。

三是要治理农业污染。必须动员全体社会共同参与农村环境保护工作。要发挥广大农民的力量，使农民树立环境保护的意识。开展各种形式的农村环境保护知识宣传教育，提高农民参与农村环境保护，推广绿色文明的生产生活和消费。

四是要科学施用农药和化肥。推广高效、低毒、低残留农药，尽量减少农药使用量。要学习其他地区先进的农业经验，增加有机肥施用量，减少化肥用量，提高肥料利用率，农民也要掌握发展生态农业的技术，减少农业的污染，积极发展生态农业。

二　大力发展生态工业

首先，要加快企业兼并重组和技术升级进步。大冶市要坚定不移地提高行业的科技创新能力，支持重点龙头企业与咨询机构、科研院所开展战略合作和技术合作，建立技术研发中心等研发机构，提高科技研发水平，提升产品竞争力。要通过企业的兼并重组，发展企业的中高端产品。要延长相关产业的产业链，根据不同产业的发展来增加产品的上下游企业，增加产品的附加值。对于部分行业要实行并购，提高产业集聚度，促进规模化管理，培育一批具有核心竞争力的大型企业集团。

其次，要促进资源型产业转型。一是要创新科技开发机制。要建立健全培养、引进优秀人才的体系，积极鼓励支持发展人才，吸收引进创新创业人才和高端创业团队，为产业转型提供优秀的人才，促进企业发展。二是要创新投融资机制。进一步优化投融资结构，培植投融资优势产业，建立多种形式的综合性投融资体系，政府要加大投入，积极进行招商引资，广泛吸引社会资金的投入，引导社会资金有序、有制地参与政府投资项目建设，鼓励资本市场直接融资。三是要培育新型工业，大力发展高新技术产业等新型工业，增强大冶市工业的竞争能力。

最后，要加强污染治理，修复生态环境。一是要推进节能减排。企业要积极研发和应用先进清洁生产技术与产品，提高技术，更新装备质量，从源头和生产过程减少产生污染物，实施清洁生产。二是要加大生态环境保护力度。对环境污染严重的企业不准引进，推进全面修复生态环境的工程，使矿山地质环境、水环境污染等人们关注的环境问题得到有效治理。三是要大力发展循环经济。要支持企业和民间资本参与生态产业的开发，促进生态产业的发展。要提高各种废料的再利用，不断延伸产业链、实现资源、能源和废弃物的合理有效利用。

三　促进生态旅游业发展

首先，要多条路径进行开发。一是政府要通过制定科学的机制和政策，协调统一生态旅游的多重目标，努力借鉴和运用相关发展生态旅游的先进理念和方法，对旅游资源进行合理布局和开发，对生态价值较高的旅游资源在开发与保护的同时，也要运用科学的方法，重点开发，对生态旅游区进行合理规划，完善旅游景区的基础设施，合理开发旅游资源；二是政府要大力招商引资，引进资金，对大冶市的旅游资源加大开发力度；三是现有企业要多渠道融资，对旅游资源开发加大资金投入，推出多元化的生态旅游产品。

其次，要加大对旅游资源的利用。加大生态旅游的宣传和开展生态旅游促销活动能够促进生态旅游业的发展，对于扩大生态旅游市场份额，提高大冶市国内旅游市场占有率有重要作用。一是要对旅游市场的开发加大投入，积极参与展销会、推介会、博览会等各种促销活动，办好政府的旅游宣传网站，及时更新内容，吸引更多的游客。二是要大力引进旅游方面的人才，培养生态旅游的意识，为大冶市的生态旅游建言献策，促进生态旅游业的发展。

最后，要健全旅游管理体制，明确责任。根据生态旅游发展的需要，大冶市应该建立跨部门的旅游综合管理机构，建立和完善相关的管理和规定，以便更好地履行职能，促进大冶市生态旅游业的更好发展。

参考文献

［1］《关于大力加强生态文明建设的意见》，《中国环境报》2009 年 11 月 23 日。

［2］岳虹：《农村科技信息服务模式的研究》，《现代情报》2014 年第 6 期。

［3］鲍宏礼、管竹笋：《循环经济与生态湖北建设》，《湖北农业学》2006 年

第 5 期。

　　[4] 李霮菲：《实施生态立市战略促进宁德经济社会可持续发展》，《经济与社会发展》2010 年第 10 期。

　　[5] 冯碧梅：《湖北发展低碳经济研究》，武汉大学博士学位论文，2010 年。

　　[6] 杨涛：《经济转型期农业资源环境与经济协调发展研究》，华中农业大学博士学位论文，2003 年。

　　[7] 罗捷茹：《产业联动的跨区域协调机制研究》，兰州大学博士学位论文，2014 年。

　　[8] 张艳红：《关于加强生态文明建设的几点思考》，《学理论》2012 年第 16 期。

　　[9] 冀献民：《人才兴农战略与农业继续教育》，《继续教育》2004 年第 12 期。

　　[10] 蔡亮：《宜都兴发：打造绿色环保生态园区》，《中国建设报》2013 年 7 月 1 日。

　　[11] 刘金石：《推进新型城镇化与农业现代化协调发展》，《党政研究》2014 年第 3 期。

第十三章 大冶市生态环境与经济协调发展研究

本章提要： 实现大冶市生态环境与经济协调发展，具有发展机遇、财政支持、经济区位等优势，但也存在环境治理任务艰巨、企业经济效益不高、历史遗留大量工业废弃地以及政府对环境监管不充分等制约因素。要想促进大冶市生态环境与经济协调发展，需要加大对生态环境的综合治理——比如加强对工业废弃地进行治理以及政府要加大环境监管力度。

第一节 引言

随着经济不断发展，中国的生态环境遭受了严重破坏。面对这一形势，党的十八大提出经济发展要牢牢树立"协调发展、创新发展、绿色发展、开放式发展、共享式发展"五大发展理念。大冶市是一个长期依赖矿产资源开采、金属资源开发以及有色金属冶炼发展起来的城市。伴随着资源的不断开采，不仅生态环境日益恶化，而且大冶市矿产资源的储备量也逐渐减少。2008 年 3 月大冶市被国家确定为首批资源枯竭型城市，面临着经济转型的艰巨任务。2013 年，大冶市市政府提出了"生态立市，产业强市"的发展战略，进一步明确大冶市的经济转型和发展，必须走生态环境与经济协调发展的道路。

2015 年，按空气质量指数 AQI 进行评价，大冶市空气质量优良率为 67.1%，$PM_{2.5}$ 浓度为 68 微克/立方米。磁湖、大冶湖、保安湖水质为Ⅳ类,大冶湖的水质轻度富营养化,与 2014 年相比,大冶湖水质基本持平、保安湖水质略有下降。总的来说,大冶市生态环境有了一定改观,但是还存在环境治理任务艰巨、规模以上企业经济效益不高以及政府对环境的监管不充分等问题。所以政府要牢牢树立绿色发展理念,积极进行产业结构调整,减少矿产资源及有色金属的开采;在工业发展过程中要注重保护生态环境,坚持生态环境保护与经济协调发展,并贯彻落实到具体实践中,努力使大冶市经济与环境能够绿色、健康、可持续发展。

第二节　理论概述

分析生态环境与经济协调发展,需要可持续发展理论、生态经济学理论、协调发展理论指导。

一　可持续发展理论

可持续发展理论指的是一种有利于当代社会以及未来的发展方式,这种发展方式不光能满足现代人的需要,又能保证不损害子孙后代人的需求。可持续发展理论包含两方面的内容:发展限度以及社会发展。通俗的来讲,就是在人类进行生产活动时要考虑到生态环境的承载力。各国政府经过长时间的思考,一致认为可持续发展已经成为现代社会发展的必由之路,也是各国进行生产活动所必须遵守的行为要求。走可持续发展的道路必须注意以下两点。一是人与自然的平衡性。要注重人与自然的关系,追求人与自然的共同发展。二是人与人之间的和谐。可持续发展理念还包括人与人之间的和谐相处。可持续发展理念的最终目标是促进社会的和谐发展。

可持续发展观的核心是发展,基本要求是全面、协调、可持续。要想实现可持续发展,我们必须要保护生态环境,控制人口数量,综合提高人们的环境保护意识,循环利用资源,促进经济与社会的发展。这既满足了当代人的需求,又不会威胁到我们子孙后代的发展。

运用可持续发展理论指导我们的认识与实践活动，需要注重人与生态环境的平衡。在人们利用资源的时候，要考虑到生态环境的承载力，减少浪费和破坏；要走生态可持续化的发展道路。

二 生态经济学理论

第二次世界大战之后，各地区经济开始复苏，工业化的进程开始加快，但是随之而来的是生态环境问题的日益加重。生态环境污染会严重影响我们的生活，在这种情况下，生态经济学应运而生。生态经济学研究与传统的研究略有不同，以前的研究是将生态与经济割裂开的，而现在却是将二者有机地结合在一起，综合地去看待这个问题。

生态经济学理论主要研究的是生态与经济这一复合系统中的结构、功能及其运动规律，即生态经济系统的结构及其矛盾运动发展规律。它是一门由生态学与经济学相结合而形成的交叉学科。生态经济学是生态与经济结合起来的理论，主要是生态规律和经济规律相结合。总的来说，是从生态的角度来研究经济发展。它研究的主要问题有：能源短缺、资源的枯竭和环境污染，经济实体同生态环境之间的相互作用。生态经济学的形成和发展体现了生态环境与经济发展之间相结合的趋势。本研究试图从经济学的角度寻求内部均衡，调整环境与经济发展的不协调。生态经济学最主要的观点为：人类的可持续发展是以生态系统为支柱的。以尤飞为首的著名学者认为，生态经济学其实是进一步补充了可持续发展理念。其认为，随着社会经济的发展，人类的物质需求以及精神需求会不断增长，但是随着增长，环境就需要被不断消耗，要付出巨大的生态代价去满足人们日益增长的物质及文化需求。生态经济学就是要在经济发展与生态环境保护之间去寻求一个平衡点，去解决环境与经济发展之间的矛盾。

企业在追求经济效益的同时，要更加注重节约资源，资源总量是有限的，而人类的需求是无限的。运用生态经济学理论，在经济发展过程中，珍惜和保护生态环境，在经济发展与生态环境保护之间寻求平衡，解决生态环境与经济发展的矛盾。

三　协调发展理论

协调发展理论主要揭示的是：要尊重客观规律，协调系统内部各个要素，不断促进系统内部要素优化，促进总体不断提升，向前发展。要发挥人的主观能动性，加快促进系统内部要素不断优化。

协调发展是在系统内部要素之间配合得当的基础上，从简单到复杂、从没有顺序到规划整齐不断推进的过程。协调发展不是意味着只往一方面发展，而是多方面的发展，强调整体性以及综合性的发展，追求综合效益的增加。换句话说，协调发展指的是两种或者多种要素综合发展，追求的是全局的观念，追求的是长远的整体效益提高。

协调发展理论强调，要追求生态环境与经济的协调发展，使二者效益综合提高，不以牺牲环境为代价去发展经济，但是又不能因为要保护生态环境而放弃了经济的发展，使经济倒退。要实现大冶市生态环境与经济的协调发展，需要统筹二者之间的关系，追求共同发展、协调发展，要有长远的目标规划，做到生态效益与经济效益同时提高。

第三节　生态环境与经济协调发展的有利条件

一　发展机遇

良好的发展机遇，可以带动经济发展。抓住良好的战略发展机遇，可以帮助政府和企业获得更多的资金改善生态环境，促进地区经济发展，可以更好地推动生态环境与经济的协调发展。

2009 年以来，大冶市抢抓资源枯竭型城市转型机遇，大力实施城市转型发展战略，不断改进经济发展方式，优化产业结构，深入推进城乡统筹，使当地经济和社会取得了较快发展。2012 年 10 月，第十一届全国县域经济基本竞争力百强县（市）排行榜揭晓，大冶市排名第 97 位，成为全省唯一上榜县（市），结束了湖北省连续 7 年无百强县（市）的历史。

在"十三五"时期，大冶市拥有国家层面、省市层面的重大发展机遇，规划了很多的重点发展区域。

一是国家推进区域发展战略的机遇。国家继续实施促进中部地区发展战略、促进长江中游发展战略、优化升级老工业基地的战略，通过这些政策的推动可以促进大冶市优化重组地区工业企业，以实现资源枯竭型城市可持续发展的目标。

二是新型城镇化加快推进的机遇。新型城镇化会使农民通过打工获得更多的收入，进而带动消费，同时对城市的基础设施建设、住宅建设以及服务业的发展带来巨大的刺激，将会为大冶市的城市转型增添活力，进一步促进经济的发展。

三是黄石市重大战略深入实施的机遇。2013 年，大冶市市政府坚持"生态立市，工业强市"的发展战略，加快大冶市向一线城市转变，大力支持大冶湖生态新区的建设，为大冶市产业转型发展拓宽新思路。

大冶市市政府需要深入把握这些重大发展机遇，努力协调生态环境和经济发展的关系，大力促进两者的协调发展。

二 财政支持

一个地区越有经济实力，越有财力投入到环境保护当中，就越有助于治理生态环境——比如，可以开展大规模的生态绿化工作，利用自身的经济实力提出解决环境污染的配套措施，加大对水污染、空气污染、工业固体废弃物以及大量的工业废弃地的治理；可以加强财政补贴，减免税收，鼓励企业自身优化。此外，如果政府有强大的经济实力，还可以大规模展开绿化环保工程，从而更合理地整治生态环境。

大冶市是我国的百强县之一。据相关资料显示，大冶市地方政府的财政收入是阳新县地方政府财政收入的 10 倍左右。大冶市市政府要加大对生态环境的保护，更要利用财政收入加强对生态环境的修复性治理，加强大冶市周边的绿化工作。要对污染排放达标的企业进行鼓励，坚持污染排放与经济效益共同发展。在经济的发展过程中，应要求企业不能肆意大规模破坏环境，不能走"先发展，后治理"的老路。政府应积极使用财政力量，对矿产开发破坏的地方，实行专项治理。应积极促进生态环境的改善，因地制宜，坚持绿化工程。应加大对生态环境的投入，利用财政补贴与税收减免，增加大冶市的地表植被面积、改善空气与水的质量，促进大冶市生态环境与经济协调发展（见表 13 - 1）。

表 13 - 1　　　　　　　大冶市财政收入（单位：亿元）

年份	财政收入	财政支出	节能环保支出	环保支出比
2012	51. 5	49. 87	1. 24	2. 50%
2013	54. 13	50. 26	1. 58	3. 10%
2014	58. 15	56. 71	0. 795	1. 40%
2015	61. 15	66. 89	0. 791	1. 20%
2016	64. 33	63. 06	1. 112	1. 80%

资料来源：2016 年《大冶市政府工作报告》。

三　工业园区

工业生产越集中，就越容易集中处理废水、废气等污染物，也越容易从工业源头上将污染排放量降低，实现企业清洁生产，从而减少对生态环境的破坏。

大冶市拥有六大工业园。陈贵工业园是其中之一，主要以纺织服装、食品饮品、铸造制造为主。下设有铸造制造工业园、雨润食品工业园、高新技术工业园。陈贵工业园在矿产开发中转变了传统的粗放式经营模式，积极引进 12 家大型铸造制造企业，延长了产业链，提高了矿产资源的产品附加值。大冶市的灵乡镇，2015 年完成了工业生产总值204 亿元，规模以上工业产值 158 亿元，财政总收入 1. 7 亿元，提供了大量的就业岗位，农民人均纯收入 16468 元，经济实力居全省乡镇前列。大冶市有一定数量的工业园区，可以在工业源头上减少污染排放，实现工业园区的清洁生产，也可以循环利用资源，减少矿产资源的开采，从而减少对生态环境的破坏。可以说，拥有一定数量的工业园，是大冶市实现生态环境与经济协调发展的有利条件。

四 经济区位

拥有良好的经济区位，有利于更好地践行"引进来、走出去"的战略，可以更好地优化本地区的经济资源，更好地吸纳人才和资金，从而带动本地区经济发展，甚至辐射周围城市，产生"辐射效应"，带动周围城市经济共同发展。

大冶市位于湖北省的东南部，居长江中游的南岸，处武汉、鄂州、黄石以及九江城市带之间，水运交通十分便捷。京九铁路，以及湖北省城际铁路，更方便了交通。大冶市还有丰富的劳动力资源以及大量的土地资源。这既有利于吸引东部地区和周边经济比较发达的城市加大对大冶市的资金投入，帮助高素质技术人才来到大冶市实现自身价值，又有利于带动周边城市的发展，使企业产出的产品可以快速地到达其他地区。拥有良好的经济区位有助于带动经济发展，从而有更多的资金去保护生态环境。

第四节 生态环境与经济协调发展不利因素

一 环境污染治理任务艰巨

大冶市环境污染治理任务艰巨，需要投入大量的人力、物力以及资金，去修复生态环境，分流了本应用于经济发展的投入，这样会减缓经济发展速度，对生态环境与经济协调发展产生极大的制约。

（一）水质的污染

大冶市生态环境破坏重要的表现形式是大冶湖与保安湖水质的污染。水体质量下降会影响人们日常用水的使用，水体富营养化不利于水产品的存活，水质污染更不利于农业的灌溉。所以水质的污染会影响到人们生产生活的方方面面。

表 13 - 2 2014 年大冶市地表水水质情况

地表水名称	水质达标率	超标项目	营养状态
大冶湖	91.30%	总磷（1.0 倍） 五日生化需氧量（0.6 倍） 化学需氧量（0.1 倍）	轻度富营养 （50.90）
保安湖	88.90%	总磷（1.1 倍） 五日生化需氧量（0.6 倍） 化学需氧量（0.4 倍） 高锰酸盐指数（0.1 倍）	轻度富营养 （49.80）

资料来源：2014 年《大冶市环境质量公报》。

从表 13 - 2 可以看出，2014 年，大冶市的两大湖泊大冶湖与保安湖的水质都是轻度富营养化。水质污染主要是工业企业的点源污染和居民的生活污水，以及农药化肥的使用造成的面源污染。同时，治理污染的基础设施建设没有跟得上经济发展与污染物、废弃物排放的速度。再加上矿产资源的开采、植被的破坏等，无法全面保护水资源。湖北省的用水区域一般可分为鱼的保护区以及居民的饮用水区。大冶湖的内湖是鱼的保护区，水的执行标准是Ⅲ类标准；大冶湖的外湖为居民的饮用水区，执行的是Ⅱ类标准。大冶市环境保护局的相关监测结果显示：在2001 年至 2010 年 10 年中大冶湖没有Ⅰ、Ⅱ类水质，大冶湖的 65.7%都为Ⅴ类水质，这样的水质不宜于人们的日常生活以及农业的灌溉、水产品的养殖。

（二）固体废弃物的污染

固体废弃物的污染也是环境污染的重要表现形式之一。重金属的排放会污染生态环境，导致寸草不生；排放到江流湖泊中会导致水生物大面积死亡。作为人们日常生活中必不可少的食物——鱼，其自身重金属量增加，人们在食用它们的时候，鱼身上的重金属就会转移到人身上。目前，大冶市的固体废弃物主要是来自矿产资源开采、金属冶炼以及电力行业。这些行业没有循环使用固体废弃物，更没有对这些固体废弃物进行处理。大冶湖中主要有镉、铜、铅三种重金属。据不完全统计，从20 世纪 50 年代以来，大冶湖内鱼的种类，从 90 多种到现在不足 40 多种，并且严重影响人们的生命健康。

（三）空气环境质量状况

空气质量差会危害人的身体健康，会使人患上呼吸道疾病导致生理机能上的障碍。二氧化硫、二氧化氮的含量高，会增加空气中的水分子结合度，产生的酸雨会腐蚀地表植被。工厂产生的废热被排放到空气中会增高大气温度。在大冶市，由于资源的不合理利用，有大量的废热被直接排入空气，导致近地面空气温度高于周边，产生"热岛效应"。近年来，大冶市城区空气污染指数年平均值为88。虽然政府加大力度改善生态环境，空气质量与2015年相比有所改善，但是距离一级标准还相距甚远（见表13-3）。

大冶市的矿业、冶炼有百年历史。在开采的过程中，会产生大量固体粉尘；在进行金属冶炼的过程中，会使用大量的水资源。废水和废渣等废弃物没有经过综合处理直接排放，导致环境质量下降。

表13-3　　　　　　　　目前大冶市空气中主要含量

城市	SO_2	NO_2	PM10	PM2.5	CO	O_3	超标污染物及倍数
大冶	9	40	128	68	1.2	122	PM2.5（0.63）PM10（0.27）

资料来源：2016年《大冶市环境质量监测公报》。

二　企业经济效益不高

企业是经济活动的主体，也是污染制造的主体。企业的经济效益好，可以有更多的资金用于企业设备的升级换代；企业的经济效益好，还可以安装运行环保设施，直接处理工业的废水、废热、废渣等污染物，可以更好地从源头上减少污染物的排放。

表13-4　　　　　大冶市规模以上企业主要经济收入（单位：亿元）

行业	主营业务收入	主营业务成本	利润总额	利润率
煤炭开采和洗选业	6.55	5.68	-0.41	-6.30%

续表

行业	主营业务收入	主营业务成本	利润总额	利润率
黑色金属矿采选业	184.9	163.46	6.57	3.55%
有色金属矿采选业	32.41	31.68	0.73	2.25%
非金属矿采选	33.93	29.69	1.54	4.54%

资料来源：2014 年《大冶市统计年鉴》。

从表 13－4 可以看出，大冶市与矿产资源有关的企业，利润率明显低于 10%，企业经营压力巨大。造成这种结果的原因是因为全国钢铁行业不景气，钢铁价格全面下滑；企业没有更长的产业链，只依靠初级加工生产产品，出现了亏损的局面。企业没有额外的资金用以机器设备的升级换代，不能够安装运行环保设施用于直接处理工业的废水、废热、废渣等，不能够从源头上减少污染物的排放，进而导致了大冶市生态环境的恶化，导致工业排放不达标，产生废气、废水等等，从而阻碍了生态环境与经济的协调发展。

三 工矿废弃地治理压力大

矿产资源的开采会遗留下大量的废弃地，这些废弃地不仅会破坏地表植被，造成土壤恶化、水体污染，还会产生有毒物质使周边生态平衡被打破，生物多样性减少。

据相关资料显示，大冶市有矿山 409 座，占地 31.33 平方公里；有尾矿库 170 座，占地 7.42 平方公里；有开山塘口 327 个，其中城区有开山塘口 140 多处。大冶市需要恢复治理的矿山植被面积约 7 平方公里。全市现有地质灾害隐患点（区）356 个，矿山地质灾害治理形势十分紧迫。

四 政府对环境监管不充分

生态环境是社会公共物品，只靠市场的调节不能完善，必须进行积极的政府干预。国家通过立法，建立生态环境质量标准。政府才能够依法行政，对不合格企业采取取缔或罚款等措施，保护生态环境。

随着大冶市的矿产资源出现枯竭，人们开始对环境污染问题更加关注。例如，2016 年 2 月 28 日，大冶市环保局、环境保护警察支队联合对大冶市狮子山铜矿进行检查，发现该海绵铜生产线未采取任何污染防治措施，且涉嫌利用暗管、溶洞偷排有毒物质。经检测，该企业排放废水中含有镉、铬、铜等重金属，其中铜超标 3 倍以上。大冶市环保局依法对该企业行政处罚 12.4 万余元。

大冶市的环境保护工作取得了一些成就，但是有的政府官员因为要完成一定的经济目标，确保自己的政绩，在主观上有着"重经济，轻环保"的思想。在环境管理的过程中，会优先以经济发展为主，而后才会关注生态环境，这就导致大冶市的环境保护工作只能在一定的区域内取得一部分的生态效益。大冶市环境保护方面缺乏健全的环保监督机制，政府的监管不到位，处罚力度比较轻，致使对环境污染治标不治本，最终导致环境污染问题难以根本治理。

第五节　实现生态环境与经济协调发展对策

一　加大对生态环境的综合治理

（一）水环境治理

一是要调整和优化湖泊流域产业结构。环绕在大冶湖周边的企业，大部分都是以矿产资源开采和冶金业为主导的企业，大部分企业都进行粗放式经营，工业污染物没有经过精细化处理就直接往大冶湖排放，导致了大冶湖的水环境恶化。政府要提高大冶湖周边企业的产业准入门槛，加大对流域内的工业企业进行监管，让它们必须按照国家统一规定的标准进行排放。政府更要依法淘汰污染严重的企业并要积极引进高新技术产业，推动第三产业的发展，促进产业结构优化升级；还要大力提倡企业发展循环经济，从源头上解决大冶湖的水污染问题。

二是要强化农业污染治理。大冶湖水质变差的主要原因之一是农业污染。农业污染的主要表现形式是面积分布广且分散，对水的影响很大。大冶市市政府必须加快现代农业的发展步伐，引导农业生产方式由粗放式向精细化转变，要推广蒋高明的"六不用"生态农业技术，促进绿色生态农业和有机农业的发展，从而使农业污染减少。

（二）固体废弃物治理

一是要拓展融资渠道。大冶市政府要充分调动社会资源积极投入到环境保护这一伟大事业当中：要优化资源配置，科学整治污染。要建立起大冶市政府、工业企业以及社会人员多元化的投入主体，要进一步完善政策性补贴、扶持，拓展融资渠道。要共同推进污染物的治理工程，共同改善生态环境。

二是要集中整治污染。大冶市政府要加快兴建生活垃圾及生产垃圾的处理系统，统筹城乡收集运输的处理体系。要从实际情况出发，采取合理的手段及方式促进固体废弃物的综合整治。要推进"村收集—乡转运—区处理"的综合一体化模式，集中整治固体废弃物，推动生态环境治理与保护。

（三）空气污染治理

政府要积极调整能源结构，加大对使用天然气、太阳能等清洁能源的鼓励，全面整治"五小"企业，加快对重点行业脱硫改造；环保部门要联合地方政府以及相关部门公布重点监管企业名单，对他们进行严格监管，集中整治违法排污的企业，坚决杜绝垃圾露天焚烧，对尾气排放量不达标的车辆杜绝上路，加大对环保工作的支持，拓展天然气等清洁能源的使用范围，从源头上来防治空气污染。

二　提高企业经济效益

一是要推动企业优化重组。大冶市企业数量较多，其中大多规模比较小而且退出的成本比较高，由此导致了市场秩序混乱。大冶市市政府要积极推动矿产企业优化重组，集中整治"五小"企业特别是亏损的中小企业，整合市场资源，优化生产要素。要积极推动矿产资源开发企业合理布局，淘汰污染企业以及粗放式经营的企业。推动企业的优化重组，更好地提高企业的经济效益。

二是要加大企业技术改造。目前我国钢铁企业的产量严重过剩，依靠传统的经济增长方式对生态环境造成的污染越来越大。所以不能采取旧的发展模式，必须加大对企业的技术改造，提高资源的利用效率，减少资源的浪费。要利用技术改造，不断提升产品的品质，提高产品的竞争力，力争在市场竞争中占有一席之地，这样才能更好地提高企业的经济效益，从而更好地保护生态环境。

三是要打造企业品牌。品牌是企业竞争力的综合体现，是一个地区经济实力和发展水平的标志，甚至是一座城市的"名片"。实施知名品牌战略，积极培育地方品牌，对于缓解大冶市资源枯竭劣势，优化产业结构，促进经济转型，提高经济增长的质量，乃至提升大冶市的整体形象都具有十分重要的意义。

大冶市积极保护规模大、市场占有率高、经济效益好的企业。中国劲酒，依靠发酵粮食，依靠独一无二的保健配方，使企业的经济效益不断提高，占领了全国的市场。政府除了要担当好"服务者"的角色，还要切实扮演好"保护者"的角色。要更好地稳定市场秩序，推动公平竞争，最终让品牌红利逐渐显现。

三 对工业废弃地进行治理

一是对塘口的治理。作为一座矿产资源开发城市，大冶市开采资源留下的塘口，像一道道伤疤，影响了城市的面貌，而且这些塘口几乎没有土壤存在，严重破坏了生态环境。在治理塘口的时候要结合实际，做好规划，把土壤回填到塘口之中，还要根据塘口的具体情况——例如水分因素、城市景观等，选取耐旱、易于在贫瘠的土壤中生存的树木、灌木丛进行种植，促进生态环境的修复与美化。

二是对废渣堆放地的处理。工业生产中产生的工业废渣，富含重金属，污染土地，破坏地表植被，更严重的会寸草不生。要通过对土地资源的综合利用，将其变为社会用地——例如科教文卫的办公用地，或打造居住及公共基础设施用地，改善落后的地区形象。对废渣堆放地的合理有效处理，可以进一步推动生态环境的修复，更好地促进生态环境与经济协调发展。

四　政府加强环境监管力度

一是要加强行政执法队伍建设。大冶市要规范对行政执法队伍的管理，加强对行政执法人员的培训教育。要按照从严执政的要求，把加强行政执法队伍建设作为规范行政执法的一项基础性工作来抓。要严格执行行政执法人员资格准入制度，行政执法人员必须要经过培训考试，在领取行政执法证件后才能从事行政执法活动。要建立行政执法人员定期学习制度，加强行政执法人员的职业道德教育，端正执法目的，转变执法作风，树立执法为民的观念。要强化对行政执法人员的管理和监督，严格要求，严肃纪律，坚决纠正在行政执法中的以权谋私、损害群众利益等各种不正之风。

二是要规范评议考核制度，落实行政执法责任制。大冶市要将依法行政工作纳入部门和乡镇年度目标管理考核内容。各行政执法部门也要完善相应的行政执法考核办法。要认真落实行政执法责任制，加大对违法行为的追究力度。

三是要建立健全网络监管体系。要大力提倡企业安装电子污染监测系统，建立健全网络监管体系。政府通过在线监控系统，对废水、废气、噪声等污染排放情况实时跟踪。通过在线监控系统，执法人员要随时掌握各个企业的污染排放状况，并进行分析统计。加强网络监管体系，能够有效防止企业偷偷排放污染物以及超标排放污染物的违法行为，可以更好地保护生态环境，进而促进经济的可持续发展。

四是要加强社会管理。政府要呼吁每个人都积极加入到生态环境保护的队伍中去，要保证人民群众的知情权，要充分发挥人民群众的监督作用，对环保执法部门的工作加强社会监督。环境监管部门也应该按照排污企业的生产量、用电量以及用水量等其他的一些数据，结合排污点的信息采集，进行综合评估，对社会公开，让公众监督，防止污染物偷排，从而更好地加强社会管理，保护生态环境。

参考文献

［1］张何有：《天津市生态环境与经济协调发展研究》，天津财经大学硕士学位论文，2014年。

［2］周玮：《黄石市城区内湖水环境现状评价及生态环境保护研究》，武汉工程大学硕士学位论文，2015年。

［3］刘修海：《资源型经济可持续发展研究——湖北省黄石市个案研究》，华中农业大学硕士学位论文，2005年。

［4］李明：《湖北省资源枯竭型城市工业转型升级效果研究》，武汉工程大学硕士学位论文，2015年。

［5］宋盛邦：《湖北省可持续发展能力研究》，中国地质大学硕士学位论文，2010年。

［6］李立：《中国资源枯竭型地区经济转型政策研究》，中国地质大学博士学位论文，2010年。

［7］徐佳豪：《湖北省资源枯竭型城市转型发展的研究途径——以湖北省大冶市为例》，《中国矿业》2009年第2卷第3期。

［8］石晓宏：《青海湖流域生态环境保护与治理的意义》，《现代农业科技》2015年第12卷第2期。

［9］王雷：《煤矿废弃地生态修复研究》，《安徽农学通报》2015年第11卷第30期。

［10］颜士志：《基于生态环境补偿的矿业城市转型研究——以大冶市发展转型为例》，《中国国土资源经济》2014年第10卷第4期。

［11］高宏贵：《资源枯竭型城市生态转型研究——以黄石市为例》，《湖北师范学院学报》2016年第5卷第2期。

［12］王海洁：《改变产业结构单一现状促进资源性城市可持续发展——以黄石市可持续发展面临的困境及解决建议为例》，《吉林农业》2016年第13卷第2期。

第十四章　阳新县小城镇经济协调发展研究

本章提要：阳新县小城镇经济协调发展，有着自然资源优势、劳动力优势、先进镇带动后进镇的协同优势、经济区位优势以及政策优势。近年来，阳新县在促进小城镇经济协调发展过程中取得了很大成绩，但依然存在经济不发达、财政收入偏低、现代农业发展落后、各城镇经济发展不平衡、环境污染治理压力大等制约因素。促进阳新县小城镇经济协调发展，需要立足本地实际，加强环境污染治理，协调镇域经济发展，加快现代农业发展。

第一节　引言

我国区域辽阔，人口众多。这些人口不可能全部进入大中城市就业；同时为了减少大中城市的"城市病"，缓解人口集中迁移的压力，应当大力发展中小城镇。"十一五"规划提出，"要坚持大中城市和小城镇协调发展，积极稳妥地推进城镇化"。"十二五"规划提出，要"以大城市为依托，以中小城市为重点，逐步形成辐射作用大的城市群，促进大中小城市和小城镇协调发展"。"十三五"规划提出，"要坚持以创新、协调、绿色、开放、共享的发展理念为引领，以人的城镇化为核心，更加注重提高户籍人口城镇化率"。城镇化发展建立在经济发展基础之上，小城镇要协调发展，首先经济要协调发展。

阳新县地处湖北省东部，下辖 16 个镇，107.99 万户籍人口，其中常住人口 82.75 万人，常住人口城镇化率 34.85%，自实施"十二五"规划以来，全县镇域经济不断增长，兴国镇、富池镇进入全省百强乡镇。2016 年全县地区生产总值达到 199.43 亿元，比 2015 年增长 5.6%；固定资产投资 272.85 亿元，比 2015 年增长 18.1%；财政收入达到 18.92 亿元，比 2015 年增长 4.6%；全县居民人均可支配收入 13777 元，比 2015 年增长 9.19%，其中城镇居民人均可支配收入达到 21946 元，比 2015 年增长 9.95%，农村居民人均可支配收入达到 10050 元，比 2015 年增长 8.45%。

在"十二五"规划期间，阳新县小城镇经济协调发展取得了一定成效，但是也存在经济不发达、财政收入偏低、现代农业发展落后、各城镇经济发展不平衡、环境污染治理压力大等问题，城镇化经济协调发展严重不足。在这样的背景下，研究阳新县城镇经济发展中的问题，深刻分析其原因，探索其有效解决对策，可以有助于促进阳新县小城镇经济的协调发展。

第二节　相关理论概述

分析阳新县小城镇经济协调发展需要运用以下理论。

一　五大发展理念

习近平同志指出，实现"十三五"规划发展目标，破解发展难题，必须牢固树立并且切实贯彻"创新、协调、绿色、开放、共享"的五大发展理念。要以人的城镇化为核心，更加注重提高户籍人口城镇化率，更加注重城乡基本公共服务均等化，更加注重环境宜居和历史文脉传承，更加注重提升人民群众的获得感和幸福感。要遵循科学规律，加强顶层设计，统筹推进相关配套改革，鼓励各地因地制宜、突出特色、大胆创新，积极引导社会资本参与，促进中国特色新型城镇化持续健康发展。针对小城镇发展，五大发展理论提出，要加快培育中小城市和特色小城镇，全面提升城市综合承载能力。要充分发挥新型城镇化对新农村建设的辐射带动作用，推动基础设施和公共服务向农村延伸，搭建多层次、宽领域、广覆盖的融合发展平台，带动第一、第二、第三产业融合发展。要做好"地""钱""房"三个方面的改革，完善土地利用机制，创新投融资机制，完善城镇住房制度，为新型城镇化提供科学合理的制度保障。

二　不平衡发展理论

不平衡发展理论又称为不平衡增长理论，是以美国经济学家赫希曼为代表的。该理论认为经济增长过程是不平衡的，发展中国家应该集中有限的资金和其他资源，有选择地在某些部门进行投资，通过其外部经济使其他部门逐步得到发展。这一不平衡发展理论对于小城镇经济协调发展同样适用。

三　多元增长理论

多元增长理论认为，要根据区域差别选择不同的城市化发展方向。在我国西部地区，大城市发展不足，要率先发展大城市；而在我国中部地区，经济水平有明显提高，需要发展的是小城市、中心镇、县级城关镇；在我国东部地区，发挥大都市圈的带动作用则更好。该理论强调，多元发展模式不必单纯强调发展哪一种，而应该因地制宜，适宜发展哪一种就发展哪一种。因此，处于县城中心的城关镇，由于集聚大量人口且具有交通区位优势，应当重点发展工业园区经济和服务经济；县域中心城镇和沿江城镇拥有交通区位优势，可以发展小商品市场、小型工业企业、港口贸易；其他城镇或拥有矿业资源或拥有农林资源或拥有旅游资源，可以发展特色农林产品加工和旅游经济。不同城镇采用不同的发展模式，可以实现城镇化的多元发展。

第三节　阳新县小城镇经济协调发展的有利条件

阳新县地处湖北省的东南部，虽然是国家级贫困县，但是在小城镇协调发展方面依然有着其自身的优势。

一 自然资源优势

任何经济发展都需要有一定的自然资源，农业离不开土地，土地是农业的基本生产资料，工业则要对自然界的矿产资源进行加工并把它变成人类所需要的各种产品。第一、第二、第三产业的发展都依赖于自然资源，自然资源条件越好，产业经济发展越快，反之相反。由此可见，经济的发展离不开自然资源的支撑。阳新县在其小城镇经济协调发展过程中具有丰富的自然资源优势。

一是农业资源。阳新县素有"百湖之县"和"鱼米之乡"的美称，土地资源、林地资源和水产资源都很丰富。全县面积2782.8平方公里，占全省国土总面积的1.50%，其中耕地面积58984.61公顷，占21.20%；园地面积7165.32公顷，占2.60%；林地面积86228.43公顷，占31.00%；牧地面积44.83公顷，占0.02%；草场（荒草地）面积51440.79公顷，占18.50%；水面（含河流、湖泊、水库、坑塘）面积34355.21公顷，占12.30%；其他土地面积40057.74公顷，占14.38%。全县林业用地面积124千公顷，占国土面积的44.80%，森林覆盖率为43%，全县林木活立木蓄积量197.5万立方米，其中森林蓄积量190.6万立方米。阳新县盛产楠竹、把竹、香樟，并进行了茶叶和油茶的大面积专业化种植。阳新县水产资源丰富，为传统水产大县，全县水域70万亩，占国土面积的17.2%。境内鱼类有10目21科93种。其中阳新春鱼和绢丝丽蚌为稀世水产品，中华鲟、白鳍豚、胭脂鱼为国家一、二级水生保护动物。主要淡水养殖品种有"四大家鱼"（鲢、鳙、青、草），水生经济植物有芡实、莲藕、湘莲、菱角。

二是旅游资源。阳新县山川秀丽，景色迷人，旅游资源丰富，有曾是三国战场和太平天国战场的半壁山古遗迹和枫林坡山风景区等十余处人文、自然景观。例如，有省级生态旅游风景区——王英仙岛湖，有湖北省第二大水库——富水水库，有黄石市唯一的动态自然景观——后垴山瀑布漂流景区，有全国重点文物保护单位——龙港革命旧址、第八乡苏维埃政府旧址，有湖北省文物保护单位——白沙镇墩福影壁，还有七峰山、网湖湿地特色景观和石田古驿、梁氏宗祠等。通过开发这些旅游资源以及相关的特色农庄，可以形成各个小城镇的经济增长点。

三是矿产资源。阳新县是全国有名的富矿县，地下矿藏种类多，分布广，储量大，富藏金、银、铜、锌等金属矿藏，目前已发现的各类矿藏 40 余种，已探明的矿产有 35 种（其中金属矿 19 种，非金属矿产 16 种），矿产地 112 处，是全国八大铜生产基地之一、全国百个重点产煤县之一。其中，金矿和银矿集中分布于白沙镇和浮屠街镇，铜矿集中分布于富池镇。阳新县建材资源非常丰富，有大量的石灰石、大理石、方解石、石英石、花岗石和钟乳石，开发前景十分广阔。

可见，阳新县自然资源丰富，为其产业发展提供了资源优势。合理利用这些资源优势，有利于各乡镇发展各具特色的农业、工业和服务业。

二　劳动力资源优势

产业经济发展需要具备两个基本条件：生产资料和劳动力。产业经济发展离不开劳动力这个基本条件。劳动力是社会生产赖以进行的最基本、最活跃的要素。阳新县作为一个百万人口大县，拥有丰富的劳动力资源。

表 14-1　　　　　　　　阳新县近五年人口总数（万人）

2012 年	2013 年	2014 年	2015 年	2016 年
102.07	103.25	105.94	107.99	109.17

数据来源：2012—2016 年《阳新县国民经济和社会发展统计公报》。

从表 14-1 可知，阳新县拥有庞大的人口基数，并且人口总量呈正增长。庞大的人口数量使阳新县的劳动力基本上处于一个供大于求的状态，并且由于经济发展水平偏低，导致阳新县的劳动力价格比较低。在

2017 年发布最低工资标准中，阳新县月最低工资标准是 900 元，时工资标准是 9.5 元。劳动力数量巨大，价格低廉，有利于吸引一些劳动密集型企业，如制鞋、纺织企业来本地投资办厂。

阳新县是百万人口大县，同时也是国家级贫困县，经济发展水平滞后，导致该县大量青壮劳动力常年在外务工，常住人口远远少于人口总数。

表 14 - 2　　　　　　　阳新县 2011—2015 年常住人口（万人）

2011 年	2012 年	2013 年	2014 年	2015 年
82.76	83.00	82.17	82.34	82.75

数据来源：2011—2015 年《阳新县国民经济和社会发展统计公报》。

由表 14 - 1 和表 14 - 2 可知，阳新县平均每年都有 20 多万外出务工人员，他们主要集中在长三角、珠三角等沿海经济发达地区，主要分布在第二、第三产业。长期在发达地区工作，他们不仅积累了一定经验，也掌握了一定的劳动技能，有些人还积累了一些资金。这些人随时可以返乡为阳新县的经济发展提供技术性人才、资金等，为阳新县经济协调发展提供人力资源保证。

三　先进镇带动落后镇的协同优势

一个地区的经济不可能同步发展，在同一时期，有的地区发展快，有的地区发展慢。可以让发展快的和发展慢的相互帮扶，先发展的带动后发展的，最终实现共同发展。2017 年，国家扶贫政策提出要优化结对关系、深化结对帮扶、聚焦脱贫攻坚，要提高东西部扶贫协作和对口支援工作水平，推动西部贫困地区与全国一道迈入全面小康社会。这一政策为阳新县先进镇带动落后镇提供了良好的思路。

阳新县在城镇化的发展中，各城镇经济发展水平不平衡，在工农业总产值上差距较大。

表 14 - 3　　　　2013 年阳新县各镇工农业总产值（单位：万元）

镇（乡）	工农业总产值
富池镇	665031
兴国镇	384919
韦源口镇	271661
白沙镇	225277
陶港镇	129001
浮屠镇	127753
木港镇	122904
枫林镇	115719
大王镇	87796
龙港镇	60473
黄颡口镇	58526
三溪镇	41494
排市镇	36852
洋港镇	30560
太子镇	26483
王英镇	23517

数据来源：2014 年《黄石市统计年鉴》。

　　从表 14 - 3 可知，富池镇、兴国镇、韦源口镇和白沙镇工农业总产值都远远高于其他城镇，其中富池镇和兴国镇更是位列湖北省榜单，而其他城镇发展则比较落后，尤其是排市镇、杨港镇、太子镇和王英镇，与其他发达城镇差距较大。

　　王英镇紧挨三溪镇和龙港镇，太子镇紧邻白沙镇和韦源口镇，排市镇和木港镇相邻，三溪镇紧挨浮屠镇和白沙镇，黄颡口镇与韦源口镇和陶港镇毗邻。先进镇和落后镇在地理位置上相互接近，这就为其协同发展创造了良好的条件。阳新县在政策支持下开展结对帮扶，沿江镇、沿公路镇和山区镇结成对子，先进镇和落后镇在经济建设、城镇建设过程中加强交流，可以组织落后镇人员到先进城镇相关单位参观学习，甚至可以借鉴周边比较成功的大冶市城镇建设经验，从而实现先进镇带动落后镇，各镇齐头并进的协调发展趋势。

四　经济区位优势

地理位置在一个地区的发展中有着举足轻重的作用，一般来讲，沿海沿江地区比内陆地区发展要快。"要想富，先修路"，通俗地佐证了交通在地区经济发展中所起到的重要作用。经济区位较好不仅有助于吸引外来资金和技术，还有利于把产品和服务辐射出去。欠发达地区要想吸引外来资金，交通的便捷程度显得十分重要。

阳新县地处武汉"1+8"城市圈，是承接珠三角和长三角沿海发达地区产业转移的黄金地带。其东临长江，西接京广铁路，南及京九铁路，北靠武黄（沪蓉）高速，距武汉市 120 公里，离黄石市 50 公里。武（汉）九（江）铁路和武九高铁纵贯南北，拥有阳新站、白沙站和枫林站三个城际高铁火车站，106 国道、316 国道横穿东西，大（庆）广（州）、杭（州）瑞（丽）两条高速公路（共 100 公里）交汇境内，长江黄金水道过境 45 公里，棋盘洲万吨深水码头（一期 9 个泊位、吞吐量 690 万吨）初具规模，连江支流富河过境 80 公里，龙港、富池、枫林、浮屠等中心镇建设步伐加快，初步形成了县城—中心镇—集镇联动发展的城镇体系。

阳新县东临江西省九江市，西接省内经济发达的武黄城镇经济带，拥有临江港口、高速铁路、高速公路等全方位的交通体系。2008 年以来，随着部分低端劳务密集型产业——如制鞋业、纺织业等产业向中西部地区的转移，优越的地理位置和便捷多样的交通为各城镇承接产业转移，建立特色产业提供了良好的条件。

综上所述，阳新县地理位置优越，交通便利，基础设施完善，有利于阳新县"引进来"和"走出去"，为阳新县的镇域经济发展提供了良好的经济区位支撑。

五　政策优势

一个地区经济的发展，不仅要依靠自身的努力，还要有政策的扶持，要在国家的宏观政策指导下，结合自身的实际情况制定经济政策，激发本地的经济活力。

阳新县自 1986 年来一直被列为国家级贫困县，国家为此每年都安排了各项财政扶贫资金和信贷扶贫资金，各种基金会也有资金对口扶持，并制定了各项优惠的税收政策和招商引资政策。财政上，国家每年会安排 3000 万—5000 万元的中央财政补助。税收上，凡新办企业，享受国家级扶贫开发县优惠政策，以及比照西部大开发和振兴东北老工业基地的优惠政策；企业所得税按 15% 的税率征收（新办的交通、电力、水利、邮政等企业，经营期在 10 年以上的，自获利年度起，第一年至第二年免征企业所得税，第三年至第五年减半征收企业所得税）。招商引资上，针对事业性规费，投资在 1000 万元以上的工业项目和投资 500 万元以上的农产品加工项目，以及投资 500 万元以上的镇（区）招商引资项目，建设期间免收县级应收的行政事业性规费。

针对新办企业和外来企业，阳新县还提供了土地配套、安排"三通一平"、税收返还、特事特办等多项优惠政策，为各个城镇兴办实业提供了优厚的政策条件。

阳新县以农业生产为主，享受了一系列国家农业支持保护政策。在全县范围内，对农民拥有承包权的耕地、村组机动耕地等给予补贴。截止到 2016 年 6 月 30 日，阳新县农业支持补贴发放到户面积 792650 亩，补贴资金 66043625 元，涵盖了全县 22 个镇、场、区，433 个村，涉及农户 144708 户。

可见，阳新县在小城镇经济协调发展过程中，不仅本地政府出台了一系列促进经济发展的政策，还享受了国家的政策扶持，这为本地小城镇经济发展提供了良好的政府政策支持。

第四节 阳新县小城镇经济协调发展的制约因素

阳新县在其小城镇协调发展中有着诸多优势，并且在近几年也取得了不小的成绩，但是阳新县各城镇也面临着一些制约经济协调发展的不利因素——如阳新县各镇域经济发展不均衡，各项经济指标差异较大；财政收入偏少，限制了对城镇基础设施的投入；现代农业发展滞后，限制了农业产业化、工业化的发展；治理环境污染压力大，等等。要加快阳新县小城镇的协调发展，必须正视这些制约因素，分析其产生的原因及影响。

一 经济不发达，财政收入偏低

在实际经济运行中，财政支出依赖于财政收入。财政支出可分为消费性支出和资本性支出。消费性支出通过补贴补助的方式增加居民收入，拉动消费增长；资本性支出通过工程建设和固定资产投资等方式，吸收就业，吸引产业投资。缺乏大型工业企业和服务企业的城镇，基础设施的投资——如交通设施、工业园设施和农田水利设施就特别依赖于财政资金的投入。

阳新县总体经济不发达，财政收入偏少，限制了对各乡镇的财政资金的投入。与周边的大冶市和黄石市相比，其 2013—2015 年各年财政收入总额明显少于大冶市和黄石市，2015 年大冶市是阳新县的 3.38 倍，黄石市是阳新县的 2.68 倍；从各年人均财政收入来看，以 2014 年人口来计算，大冶市和黄石市辖区都是阳新县的 5 倍之多，差异非常明显（见表 14 - 4）。

表 14 - 4 　　　　　　　　 黄石市近三年财政收入状况

区县	总人口（万人）	项目	2013 年	2014 年	2015 年
阳新县	105.94	各年财政收入总额（万元）	126000	151000	180800
大冶市	95.9		541300	581500	611500
黄石市	65.9		393000	443900	485000

续表

区县	总人口（万人）	项目	2013 年	2014 年	2015 年
阳新县	105.94	各年人均财政收入（元）	1189	1425	1707
大冶市	95.9		5644	6064	6376
黄石市	65.9		5964	6736	7360

数据来源：2014—2016 年《黄石市统计年鉴》。

财政收入偏低，会造成许多不利状况出现。一方面，使得县级政府缺乏财政资金统筹建设沟通各乡镇的基础设施——如道路与桥梁，制约各乡镇的共同发展；另一方面，财政收入影响财政支出，县级政府无法通过资金补助和财政转移支付的方式，重点扶持部分经济发展落后的乡镇特色产业、特色经济的发展，乡镇之间经济水平差异可能更加明显。

二　现代农业发展落后

农业现代化，要求采用机械化的手段，以现代农业知识指导农民，以规模化的产销运营方式，实现多样化农业种植和农产品加工。现代农业的发展可以促进产业结构的调整升级，将农村人口大量转移到城镇，为工业和服务业提供大量劳动力，同时推动农产品加工企业发展，实现各乡镇特色种植和特色经济的全面发展。

阳新县作为传统农业大县，具有发展现代农产品种植与渔业养殖、农产品加工的独特优势。全县 2015 年农业总产值 53.2 亿元，在 189.34 亿元的地区生产总值中占有 29.4% 的比重，农业总产值在全县产业结构中占据较高的比重，但阳新县农业发展，在经营规模、产业化程度等方面发展滞后。

一是经营规模小，组织化程度低。现代农业要求走规模化经营的发展道路，而阳新县大部分仍然是小家庭承包经营，土地小块化耕作，据统计，2012 年阳新县农村人口人均耕地面积为 1.10 亩，经营规模非常小。个体家庭承包经营的农业，生产效率低。2015 年全县土地流转总面积 23.2 万亩，占耕地总面积的 27.30%，土地流转率非常低，严重影响了农业规模生产。农业集体化企业、农业合作社和农业合作公司规模小，覆盖范围小。据县农经办统计，截至2013年上半年，全县农业合作社有338家，参加合作社的农户达到12879户，占全县农户总数的8.5%，而全国入社农户占农户总数的27.8%，可见阳新县参加农业合作社的农户占农户总数比例远低于全国水平。农业合作社大部分仍处于发展初级阶段，规模偏小，农民个人意识严重阻碍农业合作社的发展，农业合作社缺乏管理人才和现代农业技术能手，农业合作社难以走向大型化和规模化。土地小块化，既不能实行大面积专业化的种植，又不能实现差异化的集中运营，农产品在产量上和质量上都缺乏竞争力。土地流转率低，一方面使大面积的土地撂荒，土地浪费严重，另一方面阻碍了农业机械化耕作，不利于提高农业生产效率和规模化经营。

二是水利设施老化严重，资金投入不足。农业的持续发展需要水利基础设施的保障。现阶段，阳新县的水库多数都是20世纪六七十年代修建的，由于管理不到位，维修经费缺乏，带病运行情况较多，存在严重的安全隐患，既无法为农业生产起到蓄水的作用，还可能危及水库下游人员的生命与财产安全。有的地方灌溉沟渠堵塞严重，导致部分缺乏水源灌溉的农田大量荒废，耕地面积减少。水利部门的资料显示，2014年全县农田有效灌溉面积有27.53万亩，仅占农田面积的57%，可见还有很大比重的农田处于"望天收"状态，遭遇旱灾涝灾的风险较大。水利设施资金的投入缺乏，导致了水利设施老化严重，新水利设施建设严重滞后，农业的基本生产条件得不到有效的保障。

三是农业社会化服务体系不健全。现代农业需要充分运用农业科学技术，采用市场化的运营方式与市场需求紧密对接。发达地区的农业，在农业科技推广、农业病虫害防治、农产品流通、农业政策法律信息服务和农业融资等方面已经形成农业社会化服务体系。阳新县的农业社会化服务体系尚未完全成型。部分村镇形成了一批农业专业合作社，但是主要体现在种植方面，没有在全县培育出一批服务于农业科技推广、技术研究、农产品专业运输和信息服务的优势企业，农村信用社已经无法满足农户的融资需求。从农业生产的产前生产资料供应（种子、化肥、农药与薄膜）、产中的栽培与病虫防治技术到产后的销售运输加工，缺乏一体化的合作，农业社会化服务体系不健全，导致现代农业的发展遭遇多重风险。

四是农业产业化程度低。农业要发展壮大，必须要向农业产业化方向发展。农业机械化是农业产业化程度的一个重要衡量标准。2015 年末，阳新县农业机械总值仅 9.5 亿元，农作物耕种机械化综合使用率仅64.5%，在农业灌溉、农药喷洒和农产品储存方面更是严重缺乏。农业机械化也主要用于收割和耕种，在精细化的农业灌溉、农药喷洒等方面严重落后，不利于农业的大规模种植。2015 年，全县共有 138 家农产品加工企业，主要集中在毛皮加工、纺织业、制鞋业和农副产品加工业，仅占全县规模以上企业总数的 15.1%，完成产值 14.38 亿元，仅有宝加鞋业（8.83 亿元）和远东麻业（1.05 亿元）两家农产品加工企业产值超过亿元。畜牧业、水产业作为该县的优势农副产品资源，畜牧业加工业和水产业加工业并没有出现一大批规模企业或者产业集群，在产品深加工方面依然存在很大的欠缺。据统计，2016 年全县共出栏生猪 50.75 万头，水产品产量 14.1 万吨，禽蛋产量 1.27 万吨，但是没有一家禽畜产品加工企业产值超过 2000 万元，也没有在周边形成具有一定影响力的农副产品品牌。农业的产业化程度偏低，无法形成具有竞争力的外向型经济，不能带动镇域经济真正地发展壮大。

五是农民职业化程度低。传统农民的主要目的是维持生计，职业农民则是要充分融入市场——将农业作为产业，并使之利润最大化。2015 年，阳新县有农村户籍人口 81.4 万人，远远多于城市人口，占总人口比重的 76.84%。农业人口中绝大多数都只有小学和初中文化水平。目前，有经验有能力的农村人口大部分外出务工，留在农村地区从事农业的是老人和妇女。

现代农业发展的滞后，导致各乡镇的农业和畜牧业资源没有得到合理开发和利用，各乡镇之间不能通过发展特色农业和特色经济提高农村居民人均收入，整体壮大各镇经济；采用家庭个体经营，抗风险能力差，土地承包流转率较低，不利于规模化经营；农产品缺乏深加工和产业一体化，不利于经济的产业升级。由此可见，现代农业发展滞后，严重制约了阳新县小城镇经济的协调发展。

三 镇域经济发展不平衡

区域经济发展不平衡是在经济发展过程中因地理位置、自然资源、市场资源配置等多种因素造成的结果。这种经济发展水平上的差异会进一步造成基础设施建设、教育资源投入、居民人均收入、就业机会及社会福利待遇上的差异——经济相对发达地区对经济欠发达地区存在工业投资、劳动力人口、消费服务产业吸附效应；经济欠发达地区人口增长缓慢甚至逐渐萎缩，消费不活跃，工农业经济发展日渐落后，自然资源和农业资源得不到合理开发和利用，居民收入增长缓慢，经济发展会相对更加落后。

阳新县镇域之间经济也存在发展不平衡现象，各镇在工农业产值、固定资产投资、人均年收入方面存在较大的差异。

表 14 – 5　　　　2013 年阳新县各镇部分经济指标统计表

镇（乡）	工业总产值（万元）	农业总产值（万元）	固定资产投入（万元）	农民人均年收入（元）	工业产值排名
富池镇	631383	33648	343683	11204	1
兴国镇	356231	28688	98000	8955	2
韦源口镇	239360	32301	293500	8878	3
白沙镇	185176	40101	84240	7831	4
木港镇	81998	40906	49980	5296	5
陶港镇	73600	55401	66920	5815	6
枫林镇	71484	44235	89000	4271	7
浮屠镇	68052	59701	68560	6315	8
大王镇	52935	35401	19980	5703	9
龙港镇	27872	32601	66420	5417	10

续表

镇（乡）	工业总产值（万元）	农业总产值（万元）	固定资产投入（万元）	农民人均年收入（元）	工业产值排名
黄颡口镇	25942	32584	60127	6655	11
太子镇	18750	24608	1850	3992	12
三溪镇	15423	26071	44840	4916	13
排市镇	11452	25640	37640	4801	14
洋港镇	8160	22400	45268	4986	15
王英镇	6410	22876	108320	4517	16

数据来源：2014 年《黄石市统计年鉴》。

从表 14-5 可知，富池镇、兴国镇、韦源口镇和白沙镇属于经济相对发达乡镇，富池镇更是在工业总产值、固定资产投入、农民人均年收入都居于县内第一位。而三溪镇、排市镇、洋港镇和王英镇工农业相对较为落后，太子镇、枫林镇、王英镇和排市镇农民人均年收入偏低。从工业总产值来看，前四位乡镇的总和是末四位总和的 34 倍，工业发展差距非常明显；从固定资产投入来看，富池镇和韦源口镇高于一般的乡镇 3—5 倍；从农民人均年收入来看，富池镇人均年收入达 11204 元，是枫林镇的农民人均年收入的 2.6 倍，可见农民收入差距较大。分析各镇之间经济发展不平衡的差异，可以明显发现地理交通位置、政府政策和自然资源是造成差异的主要原因。沿江的富池镇和韦源口镇利用长江的"黄金水道"交通优势，较早开始招商引资，发展工业园区经济，建立了滨江工业园；兴国镇坐拥中心城区，既有产业基础设施优势，又有政府政策大力扶植，建立了城北工业园；白沙镇金银铜矿资源丰富，较早发展了矿业经济。而王英镇和洋港镇位居山区，交通不便，资源匮乏，缺乏发展工业的生产要素优势和区位优势。枫林镇人均收入偏低，工业产值的增加则是得益于近年引进了劲牌酒厂。

镇域之间经济发展的不平衡，导致各镇之间在生活消费、教育消费、财政资源上的竞争。中心城区所在地兴国镇，对周边城镇具有强大的吸附力，吸引了周边乡镇的住房、教育、生活消费，周边乡镇本来就缺乏工业经济，本地消费都被吸走，乡镇经济就更加缺乏活力。经济欠发达乡镇人口纷纷外流至富池镇、白沙镇等相对发达地区或其他大城市，当地经济日益落后，缺乏产业支撑的乡镇不利于营造招商引资的环境。同时，偏远乡镇经济发展需要得到财政的支持反而更得不到，经济发达乡镇拥有话语权反而得到更多财政扶持，这使得两者差异日益扩大。乡镇之间为了争夺发展经济的自然资源和矿产资源，权属纠纷增加。这些都不利于乡镇之间经济的协调发展。

四　环境污染治理压力大

一些小城镇为了发展当地经济，片面追求以 GDP 为目标的政绩，将部分产生严重水污染、土地污染的生物医药企业、化学矿业企业引进当地。生物医药企业排出大量的废水废气，直接影响当地的居民用水、渔业养殖和畜禽养殖；化学矿业企业排出的废水废渣造成土地重金属污染，严重威胁当地居民的生活居住条件。兴国镇城区和白沙、富池、陶港、洋港、浮屠、大王等矿区由于遭受工矿企业长期的污染，耕地重金属含量严重超标，农产品质量安全得不到保障。2013 年阳新县大王镇爆发的 49 名村民砷中毒案，威胁村民生命，也造成了严重的财产损失。根据表 14-6 可知，阳新县工业烟尘污染物在 2012—2014 年间增长了 2.56 倍，总量达到 8700 吨；工业废水排放量 3 年年均增长 12%，总量达到 876 万吨。工业烟尘和废水污染物的增长，会进一步恶化空气环境，造成湖泊和居民用水污染。

表 14-6　　2012—2014 年阳新县主要工业污染物统计（单位：万吨）

年份	2012	2013	2014
烟尘	0.34	0.51	0.87
废水	696.70	741.19	876.56

数据来源：《黄石市环境状况公报》（2012—2014 年）。

在农业生产过程中，过量使用化肥会造成耕地硬化和贫瘠化，不利于土地的循环利用。统计显示，2012—2014 年，阳新县化肥使用量大幅度增长，总量达到了 2.87 万吨（见表 14 – 7）。大面积使用农药，造成耕地附近的水体富营养化，农业灌溉用水污染严重。据调查，阳新县湖泊和河流水体富营养化以及工矿污染情况严重，而农业灌溉水体的污染可造成农副产品残留的重金属和污染物超标，直接威胁到农产品的质量安全。阳新县大部分农村地区没有建立污水处理厂和垃圾处理厂，垃圾回收和处理没有专人管理，农村地区很多村庄垃圾围村，村前屋后塑料垃圾遍地，引起村民不满。为了维持良好的工业生产和居民居住环境，各镇政府需要加大资金投入，建设污水处理设施，严格要求企业废水废气达标后排放。要建设垃圾填埋场处理居民生活垃圾。

表 14 – 7　　2012—2014 年阳新县农业化肥使用量统计（单位：万吨）

年份	2012	2013	2014
化肥施用量	2.47	2.64	2.87

数据来源：《阳新县统计年鉴》（2012—2014 年）。

要促进小城镇经济协调发展，就必须要对这些已经被污染的环境进行治理，这就需要大量的资金投入，由此大大增加了政府的财政资金压力。

第五节　阳新县小城镇经济协调发展的对策思考

一　加快经济发展，增加财政收入

基于这样的发展现状，要想促进阳新县小城镇经济协调发展，就必须加快经济发展，增强经济发展活力，增加财政收入，为其发展提供财力支持。

（一）招商引资

阳新县是一个国家级贫困县，总体工业水平比较落后，要想促进经济发展，就必须完善基础设施建设，落实政策责任，提高服务水平，积极招商引资，促进小城镇经济发展。

首先，要完善基础设施建设，为外来企业提供良好的投资环境。要提高城北工业园和滨江工业园区载体能力，科学合理地规划园区建设，使工业区、生活区和娱乐区布局井然有序，实现园区的亮化、绿化、美化等工程，打造一个宜住宜居的环境。

其次，要进一步改善投资环境，县政府要高度重视投资环境建设，出台招商引资优惠政策，开通"绿色通行证"，实行特事特办，灵活运用政策，时刻坚持着"帮投资者成功，助投资者发展，替投资者着想，为投资者服务"的服务理念。例如，阳新县行政服务中心项目可以实行全程代理制，进一步落实"服务项目、骨干人员、审批职能"集中到"中心"的规定，做到"一步到位"，给投资者减少办事程序，节省时间。企业落户本地后，政府的服务还要继续，安商亲商政策要贯穿于项目落户和企业成立、成长的全过程——如开展定期、不定期的企业交流会，了解企业所需、所急，帮助企业解决实际问题，使企业能引得来、留得住、发展快。

此外，阳新县政府要把全年招商引资任务细化分解，落实到部门单位和具体责任人，将招商引资完成情况纳入工作目标考核和绩效考核的范围内，与各镇、县直部门签订招商引资工作目标责任书，定期召开县"四大家"联席会议，及时解决项目建设过程中出现的问题。主要负责人要积极开拓企业资源，拜会相关企业负责人，召开阳新县在外成功人士联谊会，积极宣传推介阳新县得天独厚的投资优势，促进项目落户本地。

（二）发展农副产品加工业，推动农业产业化发展

阳新县具有丰富的农产品资源和畜牧产品资源，所以，充分利用本县的农业资源和丰富的劳动力资源发展农产品加工业，是发展经济的重要战略方针。要加强特色产业基地建设，特别是要延伸加大现有基地建设力度，真正把产业基地做大、做强，把主导产业做优、做特，要推动腊米、食用菌、油茶等优势产业进一步扩张升级，夯实农副产品加工业

的基础。陶港镇作为水产大镇，应大力创建水产加工、食品加工的工业园。军垦农场要利用国家资金支持，通过食用菌基地和葡萄基地建设富河农业园区。排市镇和白沙镇应利用油麻种植基地的资源优势，大力发展油茶加工和麻布加工产业。要以优势农产品企业为龙头，开展"企业—基地—农民"合作农业，建立农企充分结合，共利共赢的经营机制——农民负责种植，企业负责开拓市场和销售产品，最终企业协议收购农产品。阳新县县政府可以引导农副产品加工业与农户按照"企业＋基地＋农户"等模式，建立风险共担、利益共享的经营机制，一方面保证优质原材料的供应，另一方面全力开拓黄石市、武汉市、南昌市等周边乃至全国市场，保证订单农业的发展壮大。

（三）鼓励外出打工农民返乡创业

据统计，阳新县每年外出打工的农民有 20 多万，他们大多集中在珠三角、长三角等沿海发达城市，主要从事第二、第三产业。这些人中有一部分掌握了先进生产技术，积累了一定资金；有些人还有一定的管理经验。他们是推动阳新县经济发展的巨大力量。因此，阳新县县政府可以通过一系列的优惠政策鼓励他们返乡创业。对返乡创业农民，阳新县县政府不仅要给他们提供担保从银行贷款，还要给他们资金补贴；要完善基础设施建设，为返乡创业农民办厂提供良好的环境条件；要开展各种知识管理培训，为返乡创业农民提供技术指导……通过这样一系列的政策吸引外出农民返乡创业，带动本地经济发展。

二　加快现代农业发展

实现农业现代化，是解决"三农"问题，促进城镇经济协调发展的关键一环。实现农村与城镇的经济协调发展，也应是小城镇经济协调发展的应有之义。阳新县拥有丰富的农产品资源和畜牧产品资源，推进各城镇经济协调发展，需要因地制宜发展现代农业。

（一）大力发展农民专业合作社，提高组织化程度

发展农民专业合作社是建设现代农业、增加农民收入、提高农业组织化程度的有效途径。近几年阳新县农民专业合作社有了一定发展，也

在农村经济中发挥了重要作用，这主要表现在"五促进，一提高"六个方面：促进了农业科学技术的推广与普及，促进了农业产业化的经营与发展，促进了农业产业结构的优化与升级，促进了农村经济的发展和农民的增收，促进了农村经营体制的稳定与完善，提高了农民科学文化素质。可见，农民专业合作社在现代农业发展中有着重要作用。为此，要进一步加大政策法规贯彻落实力度，进一步加大合作知识的宣传培训，进一步加大项目资金的争取和扶持力度，进一步加大典型培训和示范的推广，进一步加大合作社与市场的连接力度。

（二）完善水利设施建设

阳新县的水利设施建设还处在一个比较落后的状态。要完善各镇水利设施，首先，政府要加大财政投入，既要对已经老化的水利设施进行检修更新，又要新修水利设施，要大力推进小青山、罗北口、富水等8处中型灌区续建配套与节水改造工程建设，以及大桥畈等20处小型灌区续建配套与节水改造工程建设；要加快实施灌溉泵站更新改造工程，完成富水大型泵站15处站房更新改造工程，以及105处小型灌排泵站更新改造；要全面开展中小型病险水闸除险加固，完成祝家庄、朱婆湖和沙嘴3座中型水闸及南坦湖等20座小型涵闸除险加固任务。其次，还要加强对水利设施的管理和维护。村社要自觉维护本组本村的沟渠和水库，水利行政主管部门必须依据法规和规划实施水利事务的综合管理，对破坏水利设施的行为要进行严厉处罚。

（三）完善农业社会化服务体系

目前，阳新县内大多数农业经营都是个体家庭式的粗放经营。由于个体经营的资金有限，抗病虫害风险能力弱，农民往往没有经过专业的培训，农业科学知识缺乏，因此农业经营规模总体上偏小。在这样的形式下发展现代农业，可谓困难重重。阳新县可以恢复集体统一经营，让农民共筹资金，共担风险，统一提供生产技术服务。阳新县县政府要加大财政资金投入，加强农业科学知识的宣传，免费推广农业种养技术，指导农民科学种养。此外，阳新县县政府还要对市场进行监管，为现代化农业的发展提供健全的社会化服务体系。

（四）推进农业产业化发展

阳新县现阶段主要是传统农业。首先各镇可以建立自己的特色农业，三溪镇和军垦农场要以省级现代农业示范区为依托，建立葡萄种植加工基地和食用菌种植基地；荆头山农场可以以企业—基地—农户一体化为农业发展方式，带动形成柑橘和猕猴桃生产基地；龙港镇和排市镇土地资源丰富，适宜开展大棚蔬菜种植；富池镇和网湖地区应加快畜禽和鱼虾特种养殖，实现农业和副业协同发展，扩大养殖规模，实现增收；兴国镇周边应发展大棚农业和观光农业，满足中心城区的消费和旅游服务。特色农业基地与农产品加工业的合作，可以使具有特色的农业主导产品逐渐形成，可以全面提高农业的产出经济效益。农业的产业化与规模化，往往需要大量连片的土地，可以对农民的土地进行确权登记后，通过推广土地自由承包、承租经营，吸收企业资本和社会资本，发展产业化农业，大大提高农业生产效率；农民可以以土地的承包经营权参股企业，取得土地租金收入与分红。当然，政府应该保证农民土地流转的自由自愿原则，不得强制流转，并且禁止农业企业改变土地的用途，用于土地的开发，保护农民享受土地流转带来的收益。

（五）培育职业农民

现代化农业的发展要求采用机械化种植，市场化运营。发展现代农业，必须要培养职业农民，由职业农民进行专业化生产。阳新县县政府必须要投入资金开办农校和农业培训班，鼓励各镇农民积极参与，提高农民的科学文化素质，使他们了解相应的农业实用科技知识——例如科学灌溉技术，测土配方施肥技术，绿色种养技术等。另外，农民专业合作社也要组织农民紧跟科技发展的步伐，积极主动学习新的农业技术知识，用新的技术来进行生产。

三 协调镇域经济发展

阳新县 16 个镇的经济发展水平不平衡，有些镇域之间差距极大。协调各镇经济发展，必须要因地制宜，使各镇走适合自己的发展道路，同时先进镇也要带动落后镇，两者共同发展。

（一）重点扶持落后镇的发展，完善基础设施

阳新县县政府应当根据全县财政收入情况，安排专项财政资金，实行有重点的扶持，这样才能实现各个乡镇经济的协调发展。目前，阳新县仍然存在王英、枫林、洋港、陶港等经济较为落后的镇，需要阳新县县政府根据各镇的特色，提供专项的发展资金重点扶持某些镇的特色产业——如利用国家贫困县扶贫资金扶持枫林、洋港、陶港等偏远镇的水利设施建设、道路村村通工程和电信宽带进村工程。在这样的情况下，阳新县县政府必须认真履行职责，一方面要对镇的经济发展规划进行详细指导，另一方面要充分发挥财政资金的引导作用，吸纳本县闲散资金，逐步拓宽社会投资渠道，发展镇域经济，强化对优势龙头的关键性项目的重点扶持——如枫林镇的劲牌酒厂工业园的建设、陶港镇水产养殖与加工、龙港与排市的油茶加工业，形成一批竞争力强，带动力大的龙头企业。每个乡镇培育出一批优势产业，从而可实现差异化的共同发展战略。要对落后镇地区加大基础设施资金投入，吸引外来工业和农产品加工业落户本地，利用后发优势，实现落后镇对先进城镇的追赶态势，从而缩小差距，实现镇域经济的协调发展。

（二）重点镇利用自身优势升级换代

在城镇化进程中，阳新县逐渐形成了以滨江工业园为主的沿江经济带和以城北工业园为主的沿公路经济带，初步形成了四大产业集群：机械制造业、医药化工业、轻工纺织业和水泥建材业。富池镇和兴国镇入选全国重点镇，白沙镇和韦源口镇利用自身优势也得到了很快的发展。在各工业园区建设中，富池镇要继续扶持和引导富池工业园的发展，打造环境污染少、附加值高的生物医药化工产业园区；黄颡口镇和韦源口镇则要利用黄石新港工业园的优势，进一步推进以生产性服务业为主体的现代物流业，建成联结鄂东南综合物流中心、长江中游区域物流结点以及武汉城市圈的水陆联运港口。兴国镇要以城北工业园为基础，重点发展汽车零部件制造业和制鞋轻工纺织产业；要以城南工业园为重点，发展精细化工、冶金和新能源，形成机械制造和轻工纺织两大支柱产业。

（三）先进镇带动落后镇共同发展

要想实现阳新县经济协调发展，各镇不仅要依靠自己的努力，先进镇还要带动落后镇共同发展要在阳新县县政府的政策支持下，做好先进镇和落后镇的结对帮扶工作。在阳新县 16 个镇中，富池镇、陶港镇、黄颡口镇和韦源口镇是沿江镇，白沙、浮屠、兴国和枫林是沿公路镇，王英、龙港和杨港是山区镇，而在阳新县工农业总产值中，排名前五名的分别是富池、兴国、韦源口、白沙和淘港镇，后五名分别是王英、太子、杨港、排市和三溪镇。在分析各镇的经济发展情况基础之上，结合地理位置，可以形成以下结对帮扶关系：韦源口镇帮扶太子镇和黄颡口镇，白沙镇帮扶王英镇、三溪镇和浮屠镇，浮屠镇帮扶龙港镇和排市镇，木港镇帮扶杨港镇，富池镇帮扶枫林镇，兴国镇帮扶木港镇和陶港镇。通过这样的结对，先进镇利用自身的技术和资金优势帮助落后镇，对它们给予技术和资金支持，两者实现共同发展。

此外，落后镇要加大基础设施的资金投入，吸引外来工业和农产品加工业落户，要利用后发优势，实现落后城镇对先进城镇的追赶，从而缩小差距，实现城镇的协调发展。

四　加强环境污染治理

环境污染是经济发展过程中我们必须要重视和解决的一大问题，发展经济不能以破坏环境为代价，不能走"先污染，后治理"的老路，我们要建设"资源节约型"和"环境友好型"社会，走科学发展的道路。阳新县在促进小城镇经济协调发展过程中，必须处理好发展和环境的关系，走可持续发展道路，这就需要政府、企业和农民的共同努力合作。

（一）政府要加大污染治理投入和环境保护执法力度

要加大污染治理投入。政府在环境治理中担任着领导和监督的作用，是环境保护过程中重要的一环。阳新县县政府要加大对农村环境保护投入，完善农村环保基础设施。一是要把农村环保基础设施建设纳入新农村建设的总体规划，统筹考虑、统一安排，在政策和资金上予以扶持；二是要加快小城镇污水处理厂建设，提高农村生活污水无害化处理程度。

要加大环境保护执法力度。一方面，阳新县县政府可以通过派发宣传单、开设专门讲座等方式加强环境保护知识宣传，强化居民的环保意识；可以开办专家讲座，宣传农业污染防治知识，指导农民绿色生产；可以鼓励农民使用有机肥、秸秆还田而不是就地焚烧，学习多种农业科学知识，防治病虫害，减少化肥农药的使用。另一方面，阳新县县政府要加强对污染企业的监管力度，严格按照环保法来监管污染企业，淘汰污染严重企业，不留死角，从源头上防治企业污染物进入农业生态环境；要加大企业的违法成本，对于造成污染的企业，阳新县县政府要依法严格实施处罚，责令其整改，整改合格方可再生产，对于拒不整改或整改不合格的企业，阳新县县政府可以让其关闭或取缔。

另外，阳新县县政府可以建立奖惩制度，鼓励单位和个人积极举报对环境造成污染的企业，对举报者给予奖励。

（二）企业要自觉履行社会责任，积极保护环境

企业在其生产经营管理中需要承担社会责任，因为环境保护本身就是其维持企业可持续发展的不可或缺的职责。阳新县企业生产的大多是高污染、高能耗、低附加值的产品，企业在排放废气、废水、废渣前应严格遵守环境保护的相关法规，符合标准后方可排放。此外，企业要不断提高生产技术水平，促进循环生产，增强资源的循环利用率。环境保护有助于树立企业的正面形象，是维持企业可持续生产的重要一环。企业在追求效益的同时，必须要重视环境保护，不能以环境的破坏来换取自身的发展。

（三）要促进农业生产主体从传统农业向生态农业转型

阳新县是一个农业大县，农业生产主体在生产过程中过度使用化肥、农药造成的环境污染不容忽视。在环境污染治理过程中，广大农民和农业专业合作社成员也要主动承担自己的责任。一是要提高清洁能源使用率，减少农村生活污水和畜禽粪便对农业生态环境造成的污染；二是要使用有机肥、生物肥、高效低毒农药和生物农药，学习病虫害绿色

防控、病虫害群防群治和病虫害综合防治技术，努力减少化肥农药使用量；三是要提高秸秆综合利用率，不焚烧、不丢弃秸秆，循环使用塑料薄膜等，减少对农业生态环境造成威胁。

（四）社会各界要加强监督

社会各界要积极行使自己的监督权利，在环境污染治理中监督各方行为。新闻媒体可以揭示政府不作为、乱作为的现象，通报企业乱排、乱放行为，严格监督社会各方面在环境污染治理过程中的行为。群众可以向政府有关部门举报污染环境行为或向新闻媒体反映，积极参与、监督环境污染治理各个环节。

环境污染治理是一项长期复杂的工作，政府、企业、农业生产主体等都必须主动承担各自的职责，努力提高阳新县的环境质量，实现经济发展和环境保护共赢。

参考文献

［1］李崇明：《小城镇可持续发展协调性理论及应用研究》，华中科技大学博士学位论文，2005 年。

［2］戚建华、李吉：《加快小城镇建设，促进城乡经济协调发展》，《天中学刊》2004 年第 5 期。

［3］周飞：《湖北长江经济带小城市发展研究》，华中师范大学博士学位论文，2014 年。

［4］柯珍堂：《黄冈大别山区小城镇发展分析及对策研究》，《湖北农业科学》2014 年第 53 卷第 4 期。

［5］骆进、吴文胜：《黄石市新型城镇化发展策略与思考》，《中华建设》2013 年第 2 期。

［6］林绍秋、张伟彬：《阳新县农村经济发展问题研究——以农业生产三要素为切入点》，《网络财富》2010 年第 7 期。

［7］方运亮：《阳新县域经济发展研究》，吉林大学硕士学位论文，2011 年。

［8］阳新县统计局：2011—2016 年《阳新县国民经济和社会发展统计公报》。

［9］夏自军：《中小城镇协调发展研究——以郑州市中小城镇发展为例》，《西南大学学报》2011 年第 30 卷第 1 期。

［10］宋先道：《湖北农村小城镇发展模式研究》，《武汉理工大学学报》2007年第29卷第8期。

［11］黄石市环境保护局：2012—2014年《黄石市环境状况公报》。

［12］熊雯：《农民专业合作化发展的现状与问题研究——以湖北省阳新县为例》，华中师范大学硕士学位论文，2016年。

［13］黄石市统计局：2013—2015年《黄石市统计年鉴》。

［14］阳新县统计局：2012—2014年《阳新县统计年鉴》。